ライプニッツ術

モナドは世界を編集する

佐々木能章・著

工作舎

円熟期のライプニッツ

目次

目次

0 まえがき

ライプニッツはつかみきれない——ずいぶん長い間ライプニッツの書いたものに接してきたつもりだが、これが私の偽らざる気持ちである。それでもなお、何とかつかみきりたいと思わせるような魅力がある。それが偉大な才能の証しなのかもしれない。だが、その魅力の前に幾重にも立ちはだかっている壁は一筋縄では越えられない。しかし考えてみると、この壁が実はライプニッツの魅力と密接に結びついているようにも思えてくる。

すぐに気がつく壁は、その仕事が実に多岐にわたっているということである。そのために、ライプニッツには肩書きをつけにくい。哲学者、数学者、法学者、歴史家、外交官、図書館員、……。どれもが、ライプニッツにとって大切な仕事だとは言えても、それが本業だと言い切ることにはためらいを感じてしまう。ライプニッツ自身が自分の仕事ぶりについて書いているものがある。一六九七年七月二日、数学者ヨハン・ベルヌーイに宛てた手紙の一節である。

私には、考えるべきこと、読むべきもの、書かねばならないこと、しなければならないことが、宮廷にも、公務にも、友人に対しても、外国人に対しても、山ほどあります。これらを、直接会ったり手紙のやりとりをしたりして(私は毎年三百通以上の手紙を書いています)こなしています。また、法の原理、ブラウンシュヴァイク家史その他の歴史問題、政治問題、宗教論争についても、論文を書くようにと

ベルヌーイ(ヨハン、1667–1748)——スイスの数学者一族の一人。一六九三年末からライプニッツ死去の直前まで双方合わせて二七〇通以上のやりとりがある。ゲルハルト版『数学著作集』で八四〇ページにも及ぶ。純粋に数学的な問題とともに、いわば学者の楽屋話も散見されて興味深い。ライプニッツは、一族のヤーコプ(1655–1705)、ニコラウス(1687–1759)とも好意的な手紙を交わしている。確率論では特にヤーコプの業績が有名。

催促されています。それに加えて、ヴォルフェンビュッテルのアウグスト公図書館やわが「ハノーファーの」選帝侯図書館の管理もしなければなりませんし、新刊書やそれに関連する図書の調査も必要です。行政や学問で知らないものがあってはいけませんから。昔の羊皮紙に書かれた未刊行の歴史文書（今なら印刷されるようなもの）を公刊して精査しなければなりません。国際公法彙典《いてん》は編集も終って世に出ました。多くのアイデアが毎日のように頭に浮かびます。数学以外にも、自然学、深遠な哲学、歴史、法などについてアイデアが浮かぶと、忘れないように短い言葉でメモをしておくことにしています。さらに、自然法の構成要素について、一般の考えとは全く異なる仕方で検討しています。これについては何年も前に公言して約束していたものです。しかし今でもまだローマ法とその公的効用については考え中です。今主として取り組んでいるのは、人間のあらゆる推論についての流布している説よりもすぐれた新しい分析法です。また、化学、技術、機械とそれらの応用も企てています。こんなわけですから、これでも私が数学に十分に向かうことができるかどうか、お察しがつくことでしょう[GM-III, 434]。

ここに挙げられた項目はどれもが相当の注釈を必要とする。いろいろな経緯が絡み合ったそれぞれが厄介な事柄であった。どういうわけか、数学や哲学はほんのわずかしか触れられていない。相手が数学者だから数学のことはよく知っているし、哲学の問題もたびたび論じている相手なので今さら言う必要もなかったのだろう。この手紙は実は、最後の言い方に見られるように、数学に専念できないことの言い訳をしているのだが、それにしても実にいろいろな仕事を抱え込んでいるものだ。これだけ多くの仕事を同時に抱えている人物なのだから、一断面ならともかく、ある程度の全体像を捉えようとする試みが難しいのは当然である。

しかしライプニッツを捉えがたくさせている壁は、活動が広いということにだけあるのではない。もし広さだけであるなら、とても多芸な器用人といった印象で終りかねない。もっと重要なライプニッツの特徴は幅広い活動が互いに絡み合っているところにある。単にあれもこれもこなしていただけではなく、「あれ」と「これ」との間に何らかのつながりを求めようとしていたのである。そのためだろうか、ライプニッツを読んでいるとしばしば不意打ちを食らう。あるテーマに関して論じていたはずなのに、いつの間にか別のテーマにリンクしてしまっている。途方に暮れながらしばらくすると、またもとの問題に戻ってくる。ただの寄り道のように見えても、ライプニッツにとってはそうではない。あえて視点をずらしてみることによって、当の問題の景色を変えているようである。そして再び戻ってきた時には最初の景色も変わっている。予想外の論点が示されることによって最初の問題の奥深さに気が付くことになる。その時になってやっと、不意打ちの意味が読者にもおぼろげながらにわかってくる。そうしてみると、不意打ちは快感でさえある。

このような不意打ちを生み出す手法は、実はライプニッツの思想の核心に関っているのではないかと私は思うようになってきた。それは、絶えず視点をずらしていく発想の仕方と、そうして捉えられる対象がまた互いに密接にかかわり合った全体をなしているはずだという世界観との両面に見ることができる。一本の糸を順にたぐり寄せていくような仕方ではなく、方々に張りめぐらせたネットワークの中で存在を捉えようとしている。寄せ木のパズルのように、どれか一つだけを他から切り離して扱うことができないような緊密な構造がそこにはある。強引な力業で一気に解読しようと思っても無理な話なのだ。

壁はもう一つある。ライプニッツは決して書斎の人ではなく、常に現実の問題と直面していた。理論的な思索と現実の課題への対処とが互いにフィードバックしていた。一般的普遍的な原理が個別の具体的な事例によってたえず検証されていた。大学に一度も職をもつことのなかったライプニッツの仕事ぶりは、現在の学問状況から見るとあまりに異質である。そのために、特定の学問分類に収まりきらないだけではなく、職業区分にも該当しにくい。肩書きをつけにくいことの理由でもある。理論と実践の乖離、学問の細分化という現在の状況を見るにつけ、ライプニッツが生活のため宮廷に身を置いていたとはいえ、そこには今では考えられないような自由な活動の姿があったことに、越えがたい隔たりを感じてしまう。

このように幾重にも壁があるにもかかわらず、なんとかライプニッツをつかまえたいと私は思ってきた。そう思い続けてきたことの最大の理由は、おそらくはこの越えがたい壁そのものにあったのだろう。壁と思ってきたものは、実はそれがライプニッツの特徴であり魅力でもあったのだ。あるいはひょっとしたら、壁の向こうにライプニッツがいるのではなく、壁と思っていたものがライプニッツだったのかもしれない。

だとしたら、ライプニッツをつかまえるためには、壁を越えようとするよりは壁そのものを見きわめることが大切になる。本書が試みようとしたのはこのことである。私はライプニッツの最もライプニッツらしい姿を浮き彫りにすることを目指した。特定の哲学問題に対するライプニッツの解決法を検討するのではなく、ライプニッツの考え方の根っこを押さえておきたかった。もっと簡単に言うなら、どうしてライプニッツはいろいろなことを手がけることができたのかということに迫りたかったのである。

本書の表題を『ライプニッツ術』としたのはこのためである。ライプニッツの手法を解き明かすことを目指し、私もまた可能な限りライプニッツの手法にならおうとしたからである。「術」という日本語にはいくつかのニュアンスが込められている。学術、技術、芸術のように、人間の営みを幅広くカバーしている。それだけではなく、算術、医術、記憶術などのように、原理的なものを背景におきながらも実用性が何より求められるものでもある。剣術や柔術を剣道、柔道と比べてみれば、その実践的性格ははっきりしている。魔術や奇術でさえ、結果が示されなければ意味がない。かといって実用性だけが問題なのではなく、修練を経て身につけた技により自己を磨きあげる教育的側面ももっている。西洋語でアートとかテクネーといわれてきたものにも同じような響きがある。伝統的な教養科目はリベラル・アーツと呼ばれてきたし、テクノロジーは人間と世界との関係を語っている。アルス・モリエンディは日本で言うなら往生術で、いずれも死を控えた人間の人生への向かい方である。人間や世界の根本に迫るものでもある。書斎や研究室の学問に尽きるものではない。このような思いを私は「術」という文字に込めてみた。

前半の二章はライプニッツの術のいわば表の面である。第1章では考え方の特徴を扱い、第2章ではそれによって示された世界の姿を描いてみた。ここで私は、ライプニッツの哲学をすでにできあがったものとして解説しようとはしなかった。哲学史の簡潔な記述では必ず触れられる「モナド」や「予定調和」という概念は、ライプニッツ自身が試行錯誤の結果ようやく最後に到達したはずのものであり、そこから話を始めてしまっては思索の場面に立ち会うことができなくなってしまう。完成された建造物を見ただけでは建設の妙技はわからない。なるべく建築現場から見ていくように心がけた。

続く第3章は個別の活動に入り込んでみた。ここで取り上げた場面は、いずれもこれまであまり論じられることの少なかった特殊なものであり、マニアックなものと思われるかもしれない。しかしこのような特殊なものの中にライプニッツの精神がしっかり現れていることを示したかった。「術」の術たるゆえんである。

最終章は、いわば裏からライプニッツの活動を覗いたものである。ライプニッツの活動は情報という概念抜きに語ることはできない。この点に光を当ててみた。そしてやがてはそれがまた、世界観へとつながってしまうのである。

すべてがすべてと響き合うようすを示すのは至難の業である。しかしこの難しさこそがライプニッツの特徴であり、同時に魅力でもある。本書はその難しさと魅力とを味わうガイド役となることを目指している。

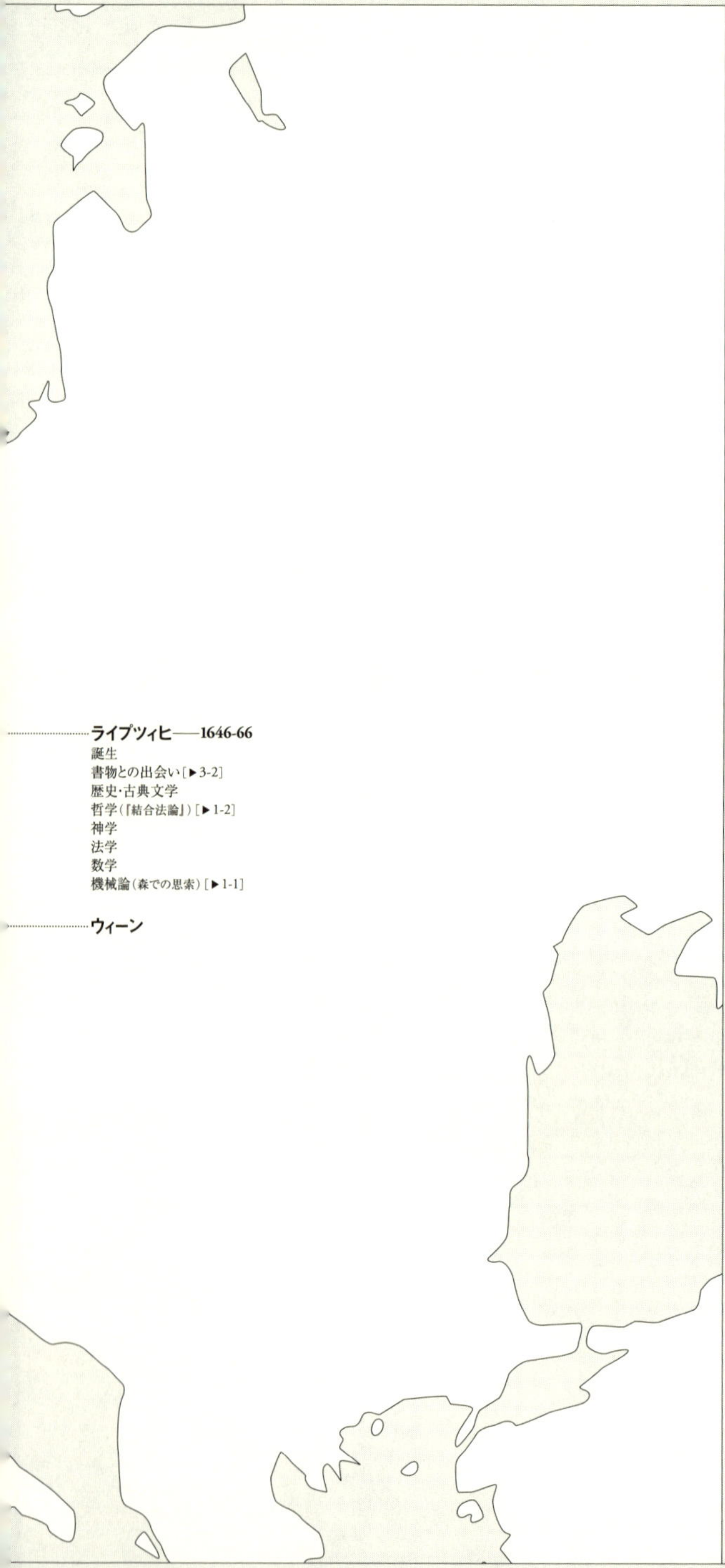

【略年譜】

西暦	年齢	できごと　　関連事項†
1646		誕生(7月1日)　ライプツィヒ
1648	2	30年戦争終結
1650	4	デカルト死去
1653	7	ニコライ学院入学
1661	15	ライプツィヒ大学入学
1661	17	『個体の原理』
1663	19	イエナ大学へ1学期間数学等を学ぶ
1666	20	『結合法論』 アルトドルフ大学で法学博士
1667	21	フランクフルトで法律実務に就く
1668	22	マインツで宮廷顧問官ボイネブルクの補佐 外交、教会合同問題
1671	25	『自然学の新仮説』
1672	26	『エジプト計画』をルイ14世に進言 パリに行き(〜1676)、数学、哲学、神学など最先端の知識に触れる
1673	27	ロンドンで計算機披露
1675	29	微積分の着想 スピノザ『エチカ』†
1676	30	パリを発ち、ロンドン、オランダ経由でハノーファーに赴く 途中スピノザ、レーヴェンフックなどと対面 ハノーファー(君主はヨハン・フリードリッヒ)の宮廷顧問官、図書館司書として働き始める

ライプニッツ・マップ——❶

遊歴期［1646-1676］

1646年にライプツィヒで生まれてハノーファーに至る遊歴の時代。1653年にニコライ学院に入るや神童ぶりを発揮し、歴史や古典にいそしみ、論理学や神学も独学で学ぶ。1661年にライプツィヒ大学に入学し、哲学、法学、数学を学んだ。一学期だけイエナ大学で学びヴァイゲルから数学と哲学を学ぶ。ライプツィヒ大学からは学位を得られなかったので、やむなくニュルンベルク近郊のアルトドルフ大学で1666年に法学の学位を取得した。ここで勧められた大学の職を辞退し、自由な職を求めて移動し、翌年マインツに落着いた。ここで政治、法廷実務、図書整理などにたずさわった。国土の拡大を図るフランスの矛先をドイツからそらすための「エジプト遠征計画」を太陽王ルイ14世に提案したのもこの時期である。1672年に外交特使としてパリに赴いた。これがライプニッツ飛躍の年である。本務のかたわら数学研究に没頭し、ホイヘンス、チルンハウスなどと知り合った。無限についての着想を得たのもこのときである。哲学ではアルノーとの知遇を得た。その一方で計算機の制作を試み、外交交渉で訪れたロンドンで披露している。4年に及んだパリ滞在は、ハノーファーへのトレードで終わりを告げる。任地に赴く途中再びロンドンを訪れ、さらにオランダにも立ち寄ってスピノザ、レーヴェンフックなどとも対面し、ようやく1676年にハノーファーに到着する。この後ライプニッツは英仏両国に足を踏み入れることはなかった。

◉———この時期に訪れた主な地名
◎———この時期に訪れていない主要都市
❖———関わった主要人物
［▶n-n］—本書該当箇所

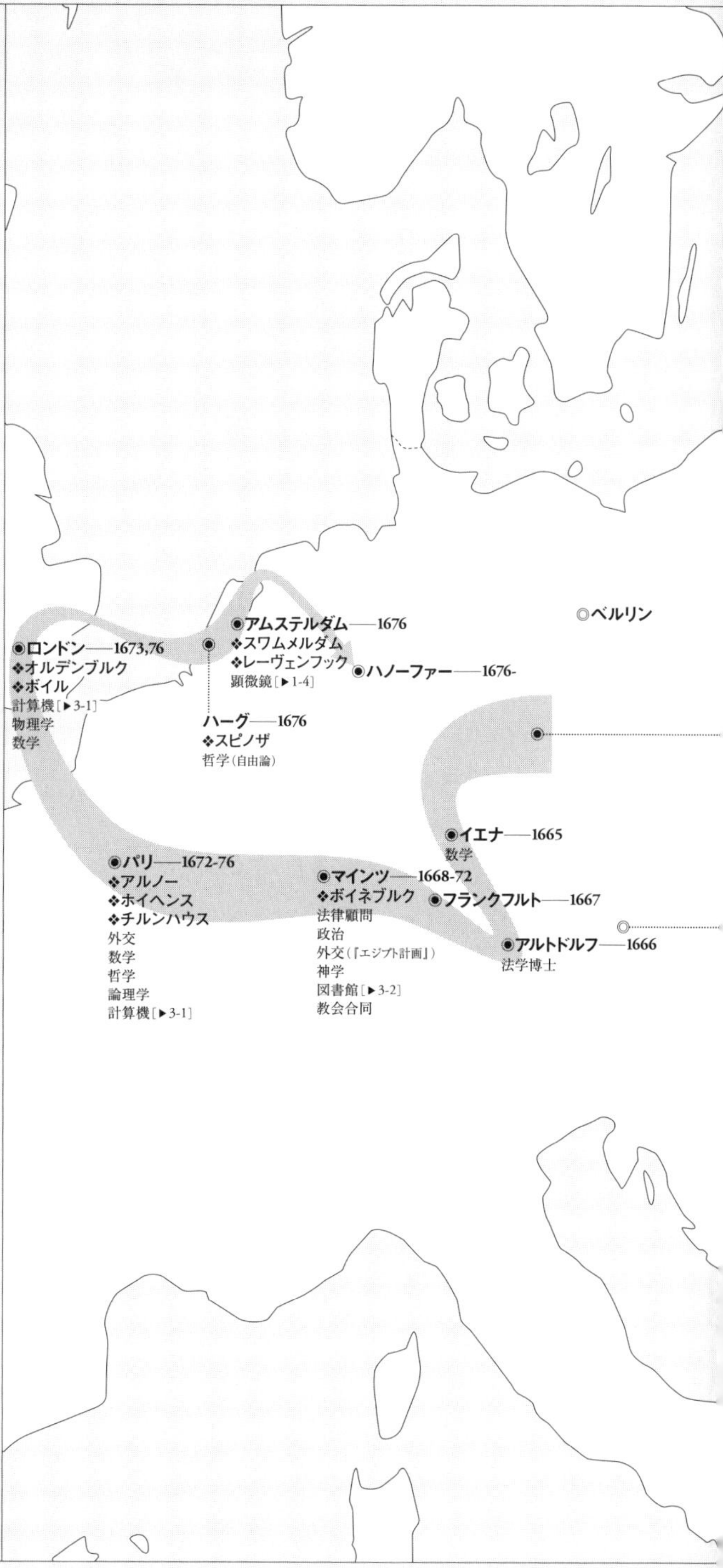

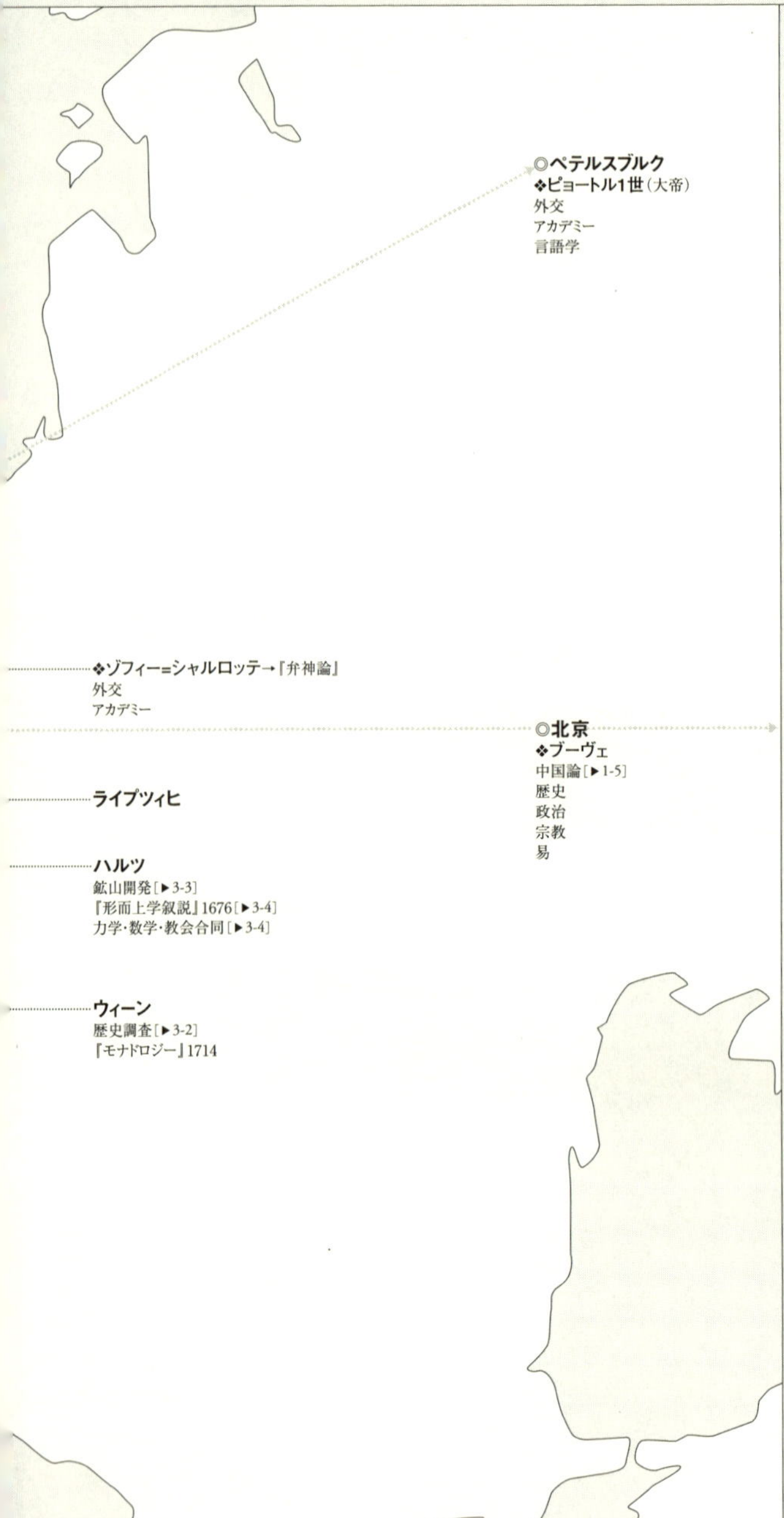

【略年譜】

1676	30	ハノーファーの宮廷顧問官、図書館司書として働き始める
1677	31	『対話——事物と言葉の結合』
1679	33	ハルツ鉱山開発計画承認
1680	34	ハノーファー君主急死で弟エルンスト・アウグスト即位
1683	35	ルイ14世批判論文
1685	39	ヴェルフェン家史編纂事業開始
1686	40	ハルツ開発計画終了 『形而上学叙説』その後アルノーとの論争へ 自然法則をめぐるデカルト批判論文 『神学体系』
1687	41	南ドイツ、オーストリア、イタリアへ資料調査（1690まで） ニュートン『プリンキピア』†
1688	42	イギリス名誉革命
1689	43	ローマでヴァティカン図書館の司書の話を辞退。グリマルディと中国情報で意見交換
1690	44	ボシュエと教会合同で議論 ケンペル来日†
1691	45	ヴォルフェンビュッテルの図書館長 『プロトガイア』
1695	49	『動力学試論』
1698	52	ハノーファー君主死去。子ゲオルク・ルートヴィッヒ即位
1700	54	ベルリン科学協会（後のアカデミー）創設、初代院長
1704	58	『人間知性新論』
1705	59	ゾフィー=シャルロッテ急逝
1710	64	『弁神論』
1712	66	ロシアのピョートル大帝の顧問官。ペテルスブルク・アカデミー計画
1713	67	ウィーン・アカデミー計画
1714	68	『モナドロジー』『理性に基づく自然と恩寵の原理』 ゾフィー死去 ゲオルク・ルートヴィッヒが英国国王ジョージ1世となる
1715	69	クラークとの論争
1716	70	『中国自然神学論』（レモン宛の手紙） 死去（11月14日）

ライプニッツ・マップ——❷

遊撃期［1676-1716］

ハノーファーをホーム・グラウンドとしてからも、じっとしていることはなかった。ゲリラ的な活動の時期が始まる。帰るところがあるとはいえ、長短の旅の連続であった。ハルツ鉱山への頻繁な行き来、長期のイタリア旅行、何度かに及ぶウィーン滞在、ベルリンとの二重生活など、落着く暇もない。実際に訪ねることのできない相手とは手紙でやりとりをした。ハノーファーでの本務は、歴史編纂、図書館整備、それと鉱山開発だった。これに、政治、外交、教会合同計画、アカデミー建設などの公務が加わる。大学に職を持つことのなかったライプニッツにとって、学問研究はどちらと言えば私的なものだった。数学、哲学、言語学、さらには地質学や中国学にいたるまで、関心の及ばない分野はなかった。これらの仕事がいつも同時に進行していたというのが、ライプニッツの活動スタイルである。

休むことなく全面展開をし続けた万能人が最初にして最後の休息をしたのは1716年、本拠地ハノーファーの図書館内の自室においてであった。

◉———この時期に訪れた主な地名

◎———この時期に訪れていない主要都市

❖———関わった主要人物

［▶n-n］—本書該当箇所

1……………発想術

◉まず多岐にわたるライプニッツの活動の底流となっていた発想術について考える。

◉もし、「哲学」という言葉を「考え方の根本」として理解するなら、発想術はまさしく哲学である。どこに問題を見いだし、その問題をどのような方向で扱おうとするか、この姿勢を問いただしてみたい。これは思索の体質とも言えそうなものであって、肌合いが違う人には最初から受け入れられないものとなるかもしれない。しかしだからこそ、哲学というのは自分自身を試す場なのであろう。ライプニッツの発想術はライプニッツ自身を作っているものであり、ライプニッツそのものでさえある。多彩な活動のあらゆる面にこの発想術は貫かれているのだが、ややもすると個別の事情の陰に隠れて見えにくくなっているかもしれない。それを掘り起こしてみたい。

I-1 ポジティブな姿勢

主張と否定

ライプニッツは、取り入れられるものなら何でも取り入れようとする。食わず嫌いというものがない。もちろん、結果として受け入れられないものもあるにはある。だがそれはそれなりの審査をした上での受け入れ拒否によるものである。最初から門前払いという姿勢はない。「あれか、これか」で迷うのではなく、可能な限り「あれも、これも」を目指すのである。しばしば引きに合い出される一節がある。

多くの学派は、自分たちが主張する点の大部分においては正当なのに、否定する点においてはそれほど正当ではない。

このくだりは、これだけだとあまりよくわからない。そこでもう一度、その後まで続けて引用しよう。

多くの学派は、自分たちが主張する点の大部分においては正当なのに、否定する点においてはそれほど正当ではないようです。プラトン主義者やアリストテレス主義者のような形相《けいそう》主義者(Formalistes)が事物の源泉を目的因や形相因の中に求めているのは正当です。しかし作用因や質料因を否定し、英国のヘンリー・モア氏やその他のプラトン主義者が言ったように機械的には説明できない現象がある

プラトン(前428/427–348/347)――古代ギリシアの哲学者。多くの問題を対話形式で文学的に表現した。ホワイトヘッドは西洋の哲学の歩みはすべてがプラトンの著作への脚注だと言ったが、アリストテレスと並ぶ西洋の思想の源流として現在に至るまで影響力は絶大である。ライプニッツは幼少の頃からよく読んでいて、一部をギリシア語から訳してもいる。自分はアリストテレスよりはプラトンに近いとも言っている。

アリストテレス(前384–322)――プラトンと並んでギリシア哲学の最高峰に立つ。伝統的に「哲学者」と言うだけでこの人を指していた。万学に通じ全分野に業績を残した。その意味ではライプニッツの大先輩にあたる。ライプニッツはライプツィヒ時代にアリストテレス風の学問の教育をみっちり受けていたこともあるが、その論理学、形而上学、自然学、政治学、倫理学など全分野にていねいな目配りをし、ことあるごとに言及している。

モア(ヘンリー、1614–1687)――イギリスのケンブリッジ・プラトン主義の哲学者。プロティノス[▼二二

などと考えた点では誤っています。しかし他方で、唯物論者(Materialistes)つまり機械論の哲学にべったりの人たちは、形而上学的考察を拒んだり形に見えるものですべてを説明しようとしたりしている点で誤っています[一七一四年一月一〇日レモン宛、GP-III, 607]。

哲学史の専門用語(一種の方言)が多いのでこれでもまだ難しいところがあるが、少しはましだ。細かいことを気にしなければ、言いたいことはずっとよくわかる。どの学派でも、「学派」と言われるからには何らかの主張がある。その主張には、それだけの根拠もあるに違いない。もちろん、どの学派でも自分たちの主張のすべてにはっきりとした根拠を与えることはできないかもしれない。しかしそれでも何らかの主張をするというのは、世界や自然や人間の中に真理を見ようとしているからに違いない。「主張する点において正当だ」とライプニッツが言うのは、その主張の中には多少なりとも真理に至る可能性があると考えているからである。たとえその主張がそのままで受け入れられるとは限らないとしても、もしその可能性に最初から目をつぶってしまったら、得られたかもしれない真理を自ら捨ててしまうことになる。「否定する点においては正当ではない」というのが、そのことを言っている。

否定する対象は、何らかの学説、あるいはそれに基づく概念である。それを否定するのは、自分たちの主張と相容れないと考えるからである。ライプニッツはそこに短慮を見る。はたしてそれは本当に相容れないものなのか。どんなことをしても両立が不可能ならば、しかたがない。だがはたして徹底的に考え抜いた末の結論なのだろうか。ひょっとして、自分の主張が確立されたと思うやいなや、守りの体制に入ってしまい、少しでも違うような説に対しては固く門戸を閉ざしてしまうということになってはいないか。もしそうであるとするなら、その姿勢は間違っている。否定の姿勢とは排除の思想である。それは真理への可能性を排除することになる。ライプニッツはこう言いたいのだろう。ライプニッツがさまざまな学問分野に手を染めたことの理由は、もちろん第一には関心の広さということがあるが、それと同時に、なるべく多くの考え

頁」の影響を強く受ける。デカルトとも論争した。物質に生命的原理を認める生気論的思想を説き、ライプニッツからは部分的には認められながらも批判される。

方からよいところを取り入れ、一見対立する考え方であっても両立できるような見方が得られないか、と模索する姿勢があったからである。このような姿勢は幼い頃から次第に醸成されてきたものであった。今引用した文章の前後に、いわばライプニッツの幼少時からの学問の経歴が簡単に述べられている。

私はこれまで啓蒙活動に精を出してきましたが、それだけではなく、哲学上のさまざまな学派の考え方の下に埋もれたり散らばっていたりする真理を掘り出し結び合わせることにも努めてきました。それらの考え方に私の考え方の何ほどかを付け加えて幾分なりとも前進させたものと思っております。こうしたことが私にとって難しくなかったのは、少年時代から折に触れていろいろと勉強をしてきたおかげです。子どもの頃にはアリストテレスを学びました。スコラの学者たちも私は嫌ではありませんでした。いまも毛嫌いしているわけではありません。しかしその頃から、プラトンやプロティノスにも満足を覚えるようになりました。その後に目にした他の古代の人々もそうです。ありきたりの学校教育★1から解放されてからは、近代の人々にのめり込みました。いまでも思い出しますが、一五歳の時にライプツィヒ近郊のローゼンタールという森を一人で散歩しながら実体形相の説を支持したものかどうかじっくりと考えたものでした。結局は機械論が勝ち、数学に身を入れることにしたのです。もちろん、私が数学の最も深いところにまで入り込んだのはパリでホイヘンス氏と出会ってからのことでした。ところが、機械論の究極根拠や運動の法則それ自体の根拠を求めたとき、それを数学的なものの中に探すことはできない、形而上学に立ち戻らなければならない、ということがわかって、たいそう驚きました。…

自慢ではありませんが、私は異なる領域の間の調和については深く思索をめぐらせてきました。それで、右の二つの派［実体形相というスコラ哲学的な考え方と機械論という新しいデカルト的な考え方］も、互いに衝突しない限りはそれぞれに言い分があるのだということがわかりました。自然の現象においてはす

スコラ哲学――ヨーロッパ中世に形成発展した哲学スタイル。厳密な概念規定に終始するように見えるため「煩瑣哲学」などと揶揄されることもあるが、緻密な文献研究と自由で激しい討議とによって学問研究の厳密さを練り上げていった。近代の思想家や科学者の多くはスコラ的な方法に激しく反発し対立したが、ライプニッツはその中にも汲み取るべきものがあるとして、敬意を持って冷静に扱っている。

プロティノス（205–270）――新プラトン主義の哲学者。エジプト人と言われるが不詳。万物を一者からの流出によって説く。

★1――学校教育（les Ecoles Triviales）　中世以来のいわゆる「自由学芸七科」のうち基本的な論理学、文法、修辞学は「三科（trivium）」と呼ばれていた。「陳腐な triviale」という語が同じ起源であるところがおもしろい。

ホイヘンス（1629–1695）――オランダの数学者、物理学者、天文学者。機械論的世界観の内実を与える研究を多方面にわたり行った。ライプ

図1——ローゼンタールの森での思索——古い銅版画から。

ニッツはパリ時代に会って影響を受けている。その後も多数の手紙を交わしている。工作舎 ③,540–の解説「ライプニッツとホイヘンス」参照。

べてが機械的にまた同時に形而上学的に生じているのです。しかし機械論の源泉は形而上学にあるのです[GP–III, 606–07]。

実はこの箇所はいわく付きで、「一五歳」は記憶違いで実際はその数年後の一六六五年あたりのことだという考証があり[Kabitz, 51]、なかば定説となっている。それ以前ではまだアリストテレスの影響下にあり、機械論の見方に立ってはいないから、というのがその理由である。しかし私は字面のまま受け取ってもよいと思っている。同じような述懐が一六九七年五月一八日のトマス・バーネット宛の手紙にもある[GP–III, 205]ことだし、「結局は機械論が勝ち」というくだりも、一五歳の時のこととはせず、しばらく迷ったあげく数年後に、という意味で理解すれば、一五歳の迷いで少しもおかしくはないからである。アリストテレスの考え方を学びながらもどこかに満足しない少年ライプニッツがいたと理解したい。だいたい、一五歳の迷いは早すぎることはない。誰もが自分の進路について思いをめぐらせる年頃だし、日本の高校生でも文科系か理科系かというそれ自体では無意味な選択肢の間で迷っている生徒は多いはずだ。早熟のライプニッツが実体形相と機械論との間で迷っていたことを否定する理由はない。

いずれにしても、まず最初に、幼い頃からあらゆる方向に関心を向けていたライプニッツがいた。次の段階として、体系的な学問に触れだしたときに、対立する見方のどちらか一方をとるべきだと思って迷っていた時期があった。そして第三に、ある決心がついて一つの考え方の立場に立った。しかし第四段階として、いったん捨てた見方との統一が必要だと気付いた。この時点で、全体視の思想家ライプニッツが誕生したことになる。この姿勢の自覚は、その後さまざまな局面においても発揮される。この節の冒頭の言葉は、そのようなライプニッツ自身の思想受容史を振り返った上で自覚されたものなのである。

だが、このライプニッツの態度は自己矛盾に陥る、と言う人がいるかもしれない。つまり、「否定する人は正当ではない」というのだから、つまりはライプニッツも否定しているではないか、つまり、「正当ではな

バーネット（トマス、1635–1715）――ケムニーの貴族。ライプニッツとイギリスの学者との仲介役を果たした。多数交わされた書簡では、ライプニッツの学問論などがうかがわれて興味深い。

デカルト（1596–1650）――フランスの哲学者、数学者。近代の科学と哲学の先頭に立つ重要人物。緊張感のある粘り強い思索が身上だ。ライプニッツはデカルトに深い関心と敬意を抱き、細かい文献まで入手して検討していた[▼4–1「情報収集」]。

い」という言い方自体が正当ではないことになるではないか、と。しかしこれは言いがかりである。ライプニッツの真意は、あらゆる思想に対して可能な限りオープンであれ、ということである。最初から排除してはいけない、ということである。これを、形式的に否定形だからといって、それが正当ではないことになる、というのでは、ライプニッツの思想を読み違えることになる。

そうはいってもなお、「否定する……」の言葉にライプニッツ自身が反しているという人もいるだろう。ライプニッツはその七〇年ほどの人生の中で、さまざまな分野でさまざまな相手と論争をしてきた。これは直接に相手と論争を交わした場合もあるが、故人との仮想上の論争も含まれる。当然のことながら、論争の場面では互いに相手を徹底的に打ちのめそうとする。大がかりな論争は多くの場合同じ議論が繰り返されたあげく、最後には水掛け論になり、ときには罵りあって終ることも少なくない。これはどう抗弁しても、排除の意味での否定になっていそうだ。しかし間違ってはいけない。ライプニッツはどんな考え方でも全部ひとまとめに認めてしまえなどとは言っていない。それではただの無節操になってしまう。論争の根本は、自然や宇宙やあるいは神に対して初めから制限を持ち込み単純化し貧相なものにしようとすることへの抗議にあった。鋭い嗅覚でそのような単純化の徴《きざ》しを感じ取るとライプニッツはただちに矛先《ほこさき》を向けた。目指すのはあくまで、多様性を確保することであった。

厳しさと希望をあわせもつ楽天家●

ここでデカルトと対比させて言うと、ライプニッツとデカルトとの間には哲学的思索の性格の違いといったものをどうしても感じてしまう。デカルトは絶対確実で疑う余地のない一点を求めて極度に緊張感のある思索を続けていった。一本の糸を慎重にたぐり寄せつつ一歩一歩進んでいくという感じがする。その歩みを導く最初が「方法的懐疑」と言われているものである。決して疑うことのできないものを見つけるために、少しでも疑えそうなものはすべて排除してしまうというのがデカルトのやり方である。比喩が適切かどうかあやしいが、あるミカン箱の中からとりだした一個がたまたま傷んでいたら他にも傷んでいるのがあるに違いないということで箱ごと捨ててしまうようなものだ。ひょっとしたら、ミカンは金輪際食べないということかもしれない。借金の返済を一度でも滞らせた人には二度と金を貸さない、ということでもあろう。このような厳しい姿勢は哲学的思索の一つのスタイルだと私は思うが、あまりにも被害妄想的にすぎるようにも思われる。もちろんデカルトもいつまでもひがみ根性にとらわれ続けるわけにはいかず、「方法的」でしかない懐疑の果てにつかみ取った「私の存在」から、これまで確実性をいわば括弧に入れていたものの復権に向かう。しかし復権の手続きの中にも方法的懐疑の厳しさは影を落としている。

ライプニッツのやり方は、このデカルト的な被害妄想の態度とはだいぶ異なる。言ってみれば、「お人好し」なのである。一度でも借金を返してくれたなら、たまに踏み倒されたとしても今度は返してくれるだろう。かりに一度も返してくれたことがなかったとしても、それでも絶対返すことがないと言えない以上は返してくれるかもしれない、と期待する。絶対に確実だと言えないならば切り捨てる、というデカルトのやり方に対して、ライプニッツは、絶対に不可能だと言いきれないならば、さしあたっては承認しておこうか、と言う。この姿勢はライプニッツに一貫して見られ、原理だとさえ言える。このことについては後で「連続律」という形で検討する[▼1―3「連続律」]。

しかしただの底抜けのお人好しというわけではない。どんな対立も乗り越えられ両立できると考えたのでもない。ライプニッツは、違いを初めに出すのではなく、共通する地点を確認することを求める。一切の違いにほおかぶりするということではない。譲るところは譲るにしても、どうすれば譲ることができるのか、その論理を構築しようとするのである。両立可能な場面を徹底して模索することが重要となる。宗教上の対立から「寛容」という態度がこの時代は切実に求められていたが、寛容の論理とはまさしくこの共通化の論理の承認なのである。イギリスのロックも歴史的に意義深い寛容論を書いた「『寛容書簡』一六八九年」。それはいわば政教分離を基本とする形の寛容論であり、現代においても十分通用する鋭い内容をもったものだった。

ロック（1632―1704）――イギリスの哲学者。イギリス経験論の創始者とされる。革命権を認める社会契約思想は市民革命に大きな影響を与えた。教育論、宗教的寛容論でも重要。ライプニッツはロックの著作を広く読み高く評価していた。ライプニッツの『人間知性新論』はロックの『人間知性論』の逐条批判で両者の違いを知る上では重宝だ。ただしロックからライプニッツへの返答は一つもない[▼2―4「蓋然性の論理」注1]。

ライプニッツの寛容論は、政治的な思惑を十分に窺わせながらも、表面上はあくまで教義にかかわる宗派同士の対立を前にした寛容論であった。トリエント公会議の決定を譲ることのできない前提とするカトリック側の合同計画に対して、プロテスタント側はそれには決して乗ることはできないとライプニッツは言い、トリエント公会議の決定の撤回を執拗に迫る[▼4―2「例証」]。大同につくために捨てる小異ではない、という主張なのである。これを捨ててまで合同することは決して対立を乗り越えたことにはならないとライプニッツは考えた。

ライプニッツに限らず、寛容の思想は本来、単なる気前の良さではない。したがって、ついつい「お人好し」と言ってはみたものの、能天気なお人好しというわけではない。厳しさはある。しかし決して希望は失わない。「楽天的」という言い方をライプニッツあるいはライプニッツの思想に対して評するのは正当ではないのだが[『弁神論』工作舎⑦「解説」参照]、強いて言うなら、厳しさと希望とが同居した「楽天家」ではあった。

1-2 発見の記号学

ライプニッツは記号の卓越した使い手であった。同時にまた、記号作成の名手でもあった。そしてこのことはライプニッツにとって決して偶然なのではなく、きわめて核心的なことであった。

神秘の記号

記号についての哲学的考察は、一九世紀から二〇世紀にかけてのパース・ソシュールによって幕を切って落とされたことになっているが、記号を重視する発想は新しいものではない。さかのぼるなら、文字の発明以前にさえ何らかの記号が大きな役割を果たしていたに違いない。記号が記号としての役を果たすときには、ソシュールの指摘を待つまでもなく、何かを表現する物理的な存在(シニフィアン)とそれによって示される意味(シニフィエ)とが表裏一体をなしている。その意味を感覚的につかまえることが難しいものである場合には、記号の役割は大きなものとなる。その最たる例が宗教であり、とりわけ神秘的な概念である。これはもともとが感覚を超えているようなものなのだから、「これ」といって指し示すことなどできるはずもない。それでもその存在を確信しているならば何らかの手段で示すことが必要になる。しかし神秘的なものにかかわる人はそれが多くの人に公開されることをえてして望まない。そのとき、神秘は秘教的なものとなり、記号もまた複雑怪奇なものとなる。儀式も記号の一種だとするなら、その扱いが一部の人間に占有されても不思議はない。記号の「向こう」にある意味は一般の人々には閉ざされている。そのため人々は、記号そのものに

パース(1839–1914)――アメリカの哲学者。プラグマティズムの創始者とされている。記号についての考察では、ソシュールと並んで記号論の祖とされる。論理学や確率論でもすぐれた思索を残している。

ソシュール(1857–1913)――スイスの言語学者。構造主義の創始者とされる。記号はそれ自体が恣意的でありながら差異の体系を作るという洞察は記号論の展開に大きな影響を与えた。

ルルス(1232以降–1316)――スペインの神秘主義的思想家。デカルトは怪しげに思っていたが、ライプニッツは記号論的思考法の萌芽を見ている。

何らかの神秘性を見ることになる。図像や呪文や行為や文字、ときには特殊能力を持つとされる人物が神聖性を帯びるようになり、それ自体が崇拝の対象となる。一種の物象化である。水戸黄門の印籠のようなものだ。三つ葉葵に誰もがひれ伏してしまう。

このような記号の独り歩きは、各種の占いや錬金術などにもその傾向が見られるが、ライプニッツとの関連で重要なひとりに一三世紀のスペインの思想家ライムンドゥス・ルルスがいる。ルルスは宇宙を構成する原理を「問い」「絶対的性質」「関係」「実体」「美徳」「悪徳」の六つのカテゴリーに分類し、それぞれに基本的なタームを九個ずつ挙げている。例えば「問い」のカテゴリーには「どちらか」「何か」「どのような」などの概念が属し、「絶対的性質」のカテゴリーには「善」「偉大さ」「持続」などが属す、といった具合である。それぞれのカテゴリーからは一つ以上最高九個のタームを選ぶことができるので、$2^9-1=511$通りある（何も選択しないということはないので、1を引く）。同じことが六つのカテゴリーすべてについて言えるので、全部から選ぶ組み合わせは$511^6=17,804,320,388,674,561$通りあることになる[GP-IV, 62]。これは兆の上の京の単位にまで届くとんでもない数字だ。ルルスは森羅万象がこの中に収まっていると信じていたらしい。つまり、存在がすでに確認されているものだけではなく、未確認の存在、あるいは現に存在していないとしても存在可能なものであれば、それらのすべてがこの組み合わせの中に必ずあるというのである。ルルスの方法がおもしろいのは、それぞれのカテゴリーを金属板にし、九等分された箇所にそれぞれのタームを書き込み、さらに六枚の金属板の中心に穴を開けて一本の軸に通すように考えたことである。金属板を適当に回転させて止めると一直線上に並んだタームの組み合わせができる。これによってあらゆる存在をいともたやすく見つけることができるようになる。ただこれだと全部で$9^6=531,444$通りになり、ずいぶん少なくなってしまう[cf. Couturat : *La logique de Leibniz*, 36-37.541]。ライプニッツは二〇歳のときの『結合法論』（一六六六年）でルルスの方法をわりと詳細に検討した末に、タームの選び方が気まぐれでなされているにすぎない、と批判をしている[GP-IV, 63]。

一七世紀の博物学者アタナジウス・キルヒャー•の名前も『結合法論』に登場してくる[GP-Ⅳ, 64]。キルヒャーは古今東西の奇妙奇天烈な画像を膨大に収集し書物で世に知らしめた百科全書的な人物(今の日本でいえば荒俣宏氏のようだ)[ゴドウィン『キルヒャーの世界図鑑』参照]で、ルルスを批判的に継承して万物を四つのカテゴリーにまとめ、それぞれのタームにアルファベットや絵文字を宛てている[cf. Couturat : *Ibid.*, 542–43]。同じような仕事をした人にやはり一七世紀のウィルキンズ•やダルガーノ•もいる。この人たちは人工的な普遍言語の考案者として取り上げるべきなのだろうが[『人間知性新論』第三部二章一節、工作舎⑤, 18 ; Couturat : *Ibid.*, 58–63 ; ノウルソン『英仏普遍言語計画』など参照]、基礎的な概念をアルファベットで表しその組み合わせによってさまざまな概念を構成していくという手順は、ルルスやキルヒャーに通じるものがある[Couturat : *Ibid.*, 544–52]。

人間の思想のアルファベット

こうしたやり口が荒唐無稽なものであることはライプニッツならずとも予想がつく。しかしライプニッツは同時に、真理へ到達するヒントをこれらの試みの中に感じ取っていた。『結合法論』から一〇年あまりを経たライプニッツは、幼少時からその書へと至る自分の精神史をやや自慢げに回顧している。

> 私は次のような素晴らしい考えにいやおうなく達したのである。その考えとはすなわち、何らかの人間の思想のアルファベットを案出することができ、そのアルファベットの文字の結合とその文字からできている言葉の分析によって、すべてのことを発見し判断することができる、というものである。私はこのことを発見して不思議なくらい有頂天になった。……たまたま、二〇歳の青年のときに学問的な論文を企てることがあった。そこで私は『結合法論』を書き、これを一六六六年に本の形で公刊した。そのなかで私はその素晴らしい発見を公衆に提示したのである[『普遍的記号法』一六七九年頃、工作舎⑩, 282]。

キルヒャー(1602–1680)――ドイツの雑学者。自然、歴史、怪奇など何でもござれの博識家。その百科全書的な知識にライプニッツは目を付けた。

ウィルキンズ(1614–1672)――イギリスの科学者、神学者。ライプニッツは人工言語の創始者の一人としてこの名を挙げる。

ダルガーノ(1627–1688)――イギリスの言語学者。『普遍的記号術』を著し記号による人工言語を考案した。

図2——キルヒャーの普遍記号『大いなる知恵の術』の扉絵。中心部分にある表に注目。

I ALPHABETUM PRIMUM EROTEMATICUM	II ALPHABETUM PRINCIPIORUM ABSOLUTORUM	III ALPHABETUM PRINCIPIORUM RESPECTIVORUM	IV ALPHABETUM PRINCIPIORUM UNIVERSALIUM [1]
1. An.	B. Bonitas.	═ Differentia.	△ Deus.
2. Quid.	M. Magnitudo.	♡ Concordantia.	Angelus.
3. Cur.	D. Duratio.	Contrarietas.	◎ Cœlum.
4. Quantum.	P. Potentia.	ϰ Principium.	□ Elementa.
5. Qui, quomodo.	S. Sapientia.	⊙ Medium.	Homo.
6. Quale.	Vo. Voluntas.	ω Finis.	Animalia.
7. Ubi.	Vi. Virtus.	M Majoritas.	Plantæ.
8. Quando.	Ve. Veritas.	Æ Æqualitas.	⬠ Mineralia et omnia mixta.
9. Quibuscum.	G. Gloria.	Mi Minoritas.	⁝⁝ Materialia, Instrumentalia [2].

図3——『大いなる知恵の術』の扉絵の表。

ルルスやキルヒャーが挙げたカテゴリーもタームも思いつきでしかないことは重々承知の上で、それでもライプニッツはそこに「発見の方法」のヒントを見いだした。つまり、記号が単に何かすでにあるもの、あるいはあると信じているものを示すだけではなく、記号を操作することによって、これまで知られていなかったものまでも指し示すことができるということである。これをライプニッツは「人間の思想のアルファベット」と呼んだ。どんな思想も文学も二十数文字のアルファベットの組み合わせからなっている。これまでの作品はもちろんのこと、これから書かれるすべての文章もアルファベットだけの組み合わせで表現される。これと同じように、いくつかの最も基本的な概念をうまく組み合わせれば、無数の概念を作り出すことができ、これまで誰も知ることのなかった真理もその中に含まれるはずだとライプニッツは考えた。それでこの方法を、記号によりあらゆることを表現できるという意味で「普遍的記号法」と自ら称し、また未知の真理を発見できるという意味で「発見の論理学」とも言うことになるのである。ただしそれが可能になるためにはいくつかの前提がある。第一は、基本的なタームが適切に設定されているかどうかということ。第二は、記号がその対象に対して適切なものになっているかどうかということ。第三は、記号そのものが適切なものになっているかどうかということである。

単純観念

まず基本的なタームだが、何をもって基本的とするかが初めに問われなければいけない。物理や化学でいう原子(アトム)は、これ以上分割できない(と考えられている)もののことである。あるいは数学でいうなら、点や線のような「無定義概念」とか「同じ」や「加える」といった操作概念があたるだろう。ごく簡単に言えば、結合法の基本的なタームもこれと同じで、それ以上他のことばでは説明することができないような、意味の単位のことである。これを「単純観念」あるいは「原始的概念」などと呼んでいる。哲学の世界ではいろいろな人が

デ・フォルダー(1643—1709)——オランダの哲学者、物理学者。デカルト説に近く、ライプニッツと多数交わされた書簡では、実体をめぐる形而上学的な議論が論じられている。工作舎⑨にライプニッツからの手紙の抄訳あり。

自分の学説にとって最も基本的なものを設定している。言ってみればそれぞれがその哲学説にとっての「単純観念」ということになる。だがその中身については哲学者の間で共通理解があるわけではない。むしろ、何をもって単純とするかということがその哲学の性格を決定するとさえ言えるかもしれない［▼1—3「近代科学」］。例えば、自然の物体の本質である「延長」はデカルトにとって単純観念である。しかしライプニッツはこれを、多数性と連続性と共存性とに分解される複合的な概念だと言う［一六九九年三月二四日（四月三日）デ・フォルダー宛、工作舎 ⑨, 63；『概念と真理の解析についての一般的研究』工作舎 ①, 155も参照］。これらの概念の方がより単純で原始的なものだとライプニッツは考えたのだ。ただここでは、どちらがほんとうに「単純」かといった論争に入り込むつもりはない。「単純」ということの意味が押さえられさえすればよい。

その上で、ライプニッツがどのようなものを基本的なターム、つまり単純観念として考えていたかを問わなければならない。ところがここではどうもすっきりとした回答が得られそうにない。確かにライプニッツはそれらしきものを挙げてはいて、例えば『概念と真理の解析についての一般的研究』（一六八六年）では、「項」「存在」「現実存在」「個体」「自我」がそうだと言う［工作舎 ①, 153–54］。しかし複雑な概念を最も単純な原始的概念にまで分析できるかどうかに自信はなさそうで、「そういう認識の完全な例を人間が呈示できるかどうか私には分からない」とまで言う［『認識、真理、観念についての省察』一六八四年、工作舎 ⑧, 28］。私の印象としては、ライプニッツの意図は、ルルスやキルヒャーのように単純観念を列挙した上でそれらを組み合わせて万物を再現する、ということにはなかったように思える。あるいはもともとはそういった意図はあったのかもしれないが、いろいろと試みているうちに、予想以上に厄介な仕事になるということに気がついたのではないだろうか。そう思う根拠は、状況証拠の域を出ないのだが、単純観念の追求がなされるのは比較的初期の頃に限られていることがある。この追求には望みがないと断定したわけでもないだろうが、次第に力点の置き方が変化しているように思えるのである。その背景には、「普遍的記号法」であるためには森羅万象を統一的に理解する「百科学」のようなものがある程度できあがっていなければならないという事情もある。これはキルヒャーのような雑然としたものであってはならない。一方で膨大な知識が、他方でそれを統一する論理が必要になる。どちらもそれだけでは十分な足場を得ることができない。両方が有機的に結びつくことによってこそ、「普遍的記号法」も「百科学」もしっかりとした裏付けをもつことになる。そのため、「単純観念にはどんなものがあるか」という問いは後景に退き、タームを結びつける仕組みを整えることが「普遍学」の中心的課題になったのではないか、と私は推測する。両者がほぼ完璧に結びつけば「単純観念」も明らかにされるのかもしれないが、何しろ他の仕事を山と抱えた人間がほとんど一人で手がける仕事であるだけに、思い通りにならない。結局、単純観念の何たるかは明らかにされても、何が単純観念か、という問いには満足に答えられることはなかったのである。しかしそれでも、「人間の思想のアルファベット」という理念自体が放棄されることはなかった。それは言ってみれば、原子を単体で取り出すことができなくても化合や分解を通じてさまざまな新物質を作り出すことはできるようなもので、観念とそれを表す記号についての考察はその後も続けられたのである。

記号と対象

第二の前提は、記号がその対象に対して適切なものになっているかどうかということである。一般的に言って、あるものをどのような記号で表すかということには人間の側に大幅な自由がある。「ワンワンと吠え人間によくなつき役に立つ四つ足の動物」を、「イヌ」と呼ぼうが、「ドッグ」と呼ぼうが、「フント」と呼ぼうが、その名称を使う人間同士で話が成り立ちさえすれば、なんと呼んでもかまわない。また「イヌ」を「いぬ」と書いても「犬」と書いても「狗」と書いても、通じさえすればよい。「私たちの文字［「アルファベット」や中国の文字］は、人間の意志によってのみ意味を有している」のである［『人間知性新論』四部六章二節、工作舎 ⑤,184］。記号とその対象との間に類似性は必ずしも必要ない。日本語の「みじかい」という単語は「ながい」という単語より音も表記も長い。「赤い」という単語は発音も文字も少しも赤くない。記号の設定は恣意的だ、とライプニッツは言う［すぐ後の『対話』の引用文参照］。二百年後のソシュールを思わせる用語だ。

しかし、日本の幼児が（おとなに教えられて）犬を「ワンワン」と呼び、英語圏の幼児が「バウワウ」と呼ぶのには、犬の吠える声との類似性が認められる。ものの名前にはそのような自然的な類似性に基礎をおいたものも少なくない。擬声語とか擬態語がこれに類する。「がたがた」「ぬるぬる」「のんびり」などはいかにもそれっぽい。電子レンジで加熱することを「チンする」と言う人はけっこういる。単語の自然的な起源にライプニッツは関心を抱いていて、ヨーロッパの諸言語を古代語まで含めて検討して実例をふんだんに示している［『人間知性新論』三部二章、工作舎 ⑤, 22–28］。それだけを読んでもかなり楽しめる。例えば、Rは激しい動きを示しLは穏やかな動きを示すと言う。Rhin（ライン河）、Rhône（ローヌ河）、rauben（奪い取る）、radt（車輪［現代のドイツ語ではRad］）、rauschen（ざわめく）とか、leben（生きる）、lind（穏やかな）、lentus（緩慢な）といった具合である。妙に納得してしまうところもある一方で、日本語ならどうなるのかと思うとかなり眉唾物のような気もする。

言語に自然的な起源を認める考え方はきわめて素朴な発想であるが、それでも次の二つの理由で検討に値する。一つは、当時広く関心が持たれていた「普遍言語」あるいは人類共通の言語という観点である。これを論理的に構築する企てもあるがどこかで自然的基礎がないとなかなか定着しない。そこで論理的に突き詰めるよりも歴史的にさかのぼって、バベル以前の「アダムの言語」を再構築しようという無謀な試みも当時はなされていた。先に少しだけ触れたダルガーノやウィルキンズの試みがそうである。もう一つは、自然の秩序と言語の秩序との間の相即関係についてである。この点はライプニッツの哲学を考えるときには大切な論点になってくる。

記号が対象と類似していればわかりやすいかもしれないが、それでも、記号の多くは対象との類似性をもっていないし、そもそも、類似していなくても記号としての役割に不足はない。それならば記号は人間が自在に操ることが可能なのだろうか。これに対してライプニッツは、そうではないと言う。

推論をするために記号を用いることができるとするなら、その記号の内には何らかの複雑な位置関係や秩序があります。これが事物のあり方に適合しているのです。一つ一つの言葉が事物と適合していることはないとしても、少なくとも何らかの結びつきや変化の仕方は事物の側と一致しているのです。この秩序は、言語によってそれぞれ異なってはいても、何らかの仕方で互いに対応しているのです。こう考えれば、困難から抜け出る希望も見えてきます。というのも、記号〔の選定〕自体は恣意的であっても、その記号の用い方や記号同士の結合には恣意的でないものがあるからです。つまり、記号と事物との間の一種の相応と、同一の事物を表している異なった記号同士の関係は恣意的ではないのです。そしてこの相応や関係が真理の基礎なのです。このために、どの記号を用いようとも、常に同じもの、等価なもの、相応的に対応するものが出現してくるのです〔『対話——事物と言葉の結合、ならびに真理の実在性についての』一六七七年、工作舎⑧,15–16〕。

この文章の少し前では、ホッブズ•について触れられていて、記号が恣意的であるのだからそれを結びつけて語られる真理もまた恣意的であるのではないかという考え方が示されている。これに対するライプニッツの批判がこの文章である。記号とそれによって表されている対象との間に直接的な対応関係はないから、どんな記号を選ぼうがそれは使う人の勝手である。しかしそうして選ばれた記号の操作は決して人間の意のままになるものではない。記号と記号との関係はその対象によって制約されていると考えているのである。対象の側には人間にはあずかり知らぬ何らかの秩序がある、とライプニッツは確信している。その秩序が記号と記号との関係を制約しているのである。例えば、数の秩序は、それが十進法で表されようが十二進法で表されようが、はたまた二進法で表されようが、表記の違いをこえて事柄そのものとしては一切異なるものではない。この秩序は恣意的ではない。つまり人間の自由が入り込む余地はない。

ここには、ライプニッツの宇宙論（コスモロジー）がほの見えている。それは、少し固い言い方をするなら、

ホッブズ（1588–1679）——イギリスの哲学者。社会契約説を説いた『リヴァイアサン』は有名。物体論、人間論、市民論から成る哲学三部作で唯物論的な体系を叙述した。ライプニッツはホッブズの言語論、真理論、決定論的世界観などを徹底して批判している。一度手紙を送ったが返事はもらえなかったようだ。

チルンハウス（1651–1708）——ドイツ生まれの数学者。デカルトの信奉者だが、パリでライプニッツと知り合ってからは親しく学問を論じ合った。

秩序の充満であり、異なる領域にある秩序相互の同型性である。知識や概念など人間の理解力の方にあるものと、その対象である事物の側との対応関係については昔からいろいろと探求されてきていて、真理の定義とその基準という形で認識論の中心問題の一つともなってきた。ライプニッツの考え方は、ここで見られたように、概念と対象との一致ではなく、概念の秩序と対象の秩序との一致である。その意味では、真理論で言われる「対応説」と「整合説」の両方を含むようなものとなっている。宇宙に充満する同型的な秩序が人間の知識を制約しているのである。このような信念があるからこそ、次のような言い方が可能となる。

> 記号の考察はわれわれを事物そのものから隔ててしまうのではないかと懸念すべきではありません。むしろ逆に、記号の考察はわれわれを事物の最奥部へと導いてくれるのです。今日においても、われわれは、記号がうまく秩序づけられていないせいで混雑した概念をもっている場合が多いのであり、やがては記号を用いることで容易に、この上なく判明な概念をもつようになるであろうからです。というのも、いわば思考の機械的な導きの糸が準備され、それを用いることで、いかなる概念も、その当の概念を合成している諸概念へときわめて容易に分析することができるようになり、またさらには、ある概念の記号を注意深く考察すれば、その概念を分析した結果のより単純な諸概念が、ただちに精神に生じるようになるはずだからです。その結果、概念の分析は記号の分析に正確に対応することになるので、われわれはただ記号だけを注視すれば、十全な概念が、おのずから何の苦もなしにわれわれの精神へともたらされるようになるでしょう。精神の完全性のためにこれ以上の助けとなることは望み得ません［一六七八年五月チルンハウス宛、GM-IV, 461. 伊豆蔵好美訳『季刊哲学』1, 44-45. 哲学書房、一九八八年、一部改訳］。

これだけを聞くととんでもない発言だ。あることがらについて十分に理解ができず考えが混乱しているときでも、それを表す記号を分析すればよいということになるのだから、これでは順序が逆だと思われても無理はない。しかしここには、記号のあり方についてのライプニッツの知的な戦略が潜んでいる。ここでライプニッツは、どんな記号でもそれを操作して事物を明らかにすることができる、などとは言っていない。記号とその秩序は事物の秩序に対応するように適切に設定されていなければならない。適切に設定されていれば、記号の操作だけで事物を明らかにすることも可能になるだろう。だが、記号の秩序が事物の秩序に対応しているということは、どうすればわかるのか。ここがはっきりしないと、これまでの議論はすべて水泡に帰してしまう。しかしそれは論証できるものではない。むしろ、宇宙の秩序への信念が出発点にあるのである。その信念が学問的な探求を支えている。学問が人間の理性の営みであるということが人間と宇宙とをつなぐ鍵となっている。この鍵をライプニッツははるか古代から引き継いでいた。そしてどうもそれはカント●には渡らなかったようだ。

とはいえ、記号によって探求を進めるということは、逆に言うなら、人間には事物を直接に把握することができないから記号の操作に頼らざるを得ない、ということでもある。チルンハウス宛の言い方を少し謙虚に言い換えると、次のようになる。

言語の使用においてまず留意しておかなければならないことは、語は単に思考の記号であるだけではなく、事物の記号でもあるということである。われわれは、自分の思考を他人に表明するためのみならず、自分の思考を助けるためにも記号を必要としている。これはちょうど、大きな商業都市や賭場ではいちいち現金を支払わずに手形やメダルで済ませ、最後に金額を支払っているのと同じことだ。事物の観念に対する知性の関係もこれと同じである。とくに、考えるべきことがたくさんあるとき、事物が現前していてもそれをいちいち確かめなくてもいいように記号を使っているときはそうである。知性は、事物を一度しっかり理解しておけば、会話の場合でも思索や独り言の場合でさえも、語

カント（1724–1804）——ドイツの哲学者。人間を中心に据えた哲学のスタイルを築くとともに、講壇哲学のイメージをつくりあげた。生涯移動に明け暮れたライプニッツとは対照的に、北ドイツのケーニヒスベルクの町を一歩も出ることがなかったが、知識は世界各地に及び、思考は全人類的である。

をその事物の代わりにおくことで大抵は満足するのである『語源集』（遺稿集、一七一七刊）D-VI-2, 7-8］。

だとしたら、その記号はやはり人間に即したものになっていないと具合が悪いことにもなる。

記号の設定

そこで第三の、記号の適切な設定ということになる。ライプニッツは、キルヒャーに見られたような象形文字もどきの記号を用いなかった。書くのが面倒ということもあるだろうし、そもそもライプニッツは「類似性」というものに学問的な立場からは信用をおいていなかったということもある［▼1—3「連続律」：1—5「自然の類比」］が、何よりもそうした記号は煩雑になりがちで、合成や分解の作業の中でどこかに紛れてしまうおそれが十分にあるからである。例えば「人間」という概念を「理性」と「動物」という基本的なタームの合成概念だと考えてみよう。「理性」を☆で表し、「動物」を♤で表して、はたして人間はどう表されるだろうか。第三の記号を用いて♧としても、そこからは「理性」も「動物」も導き出すことはできない。かといって☆＋♤としたのででは、合成を続けるにつれて表記は次第に長たらしくなり、「背が高く、中国語が話せ、酒は弱く、野球が好きで、禿かかっている、日本国籍の、三〇代の、人間」などという概念を表すのは非常にややこしくなり、何がなんだかわからなくなってしまう。このようなことを避けるためには、記号は無味乾燥なものであるほどよい。そのためかライプニッツはしばしばアルファベットの使用を試みている。だがこれだけでは絵文字がアルファベットに替わっただけで何も問題を解決しない。そこでライプニッツは別の方法として数を用いることを試みる。

任意の項にその記号数を指定することにする。それは、項自身が推論において働くのと同じように、計算において働く。私は記述において数を選ぶ。他の記号は時に応じて数と言葉のために用いよう。

　しかし確実で扱いやすい数の有用さは絶大である。そして概念におけるすべては数の形で確実となり、決定されることが明らかである[『計算の原理』一六七九年、工作舎 ①,63]。

単純な概念にそれぞれ別の数を割り振っておく。例えば「動物」を2とし、「理性的」を3とする。すると、「理性的動物」とされる「人間」は、2と3とから合成されたものであり、2×3で6となる。ここでは足し算をしてはいけない。掛け算でなければならない。そして最も単純であると考えられる概念は素数で表す[『計算の原理』工作舎 ①,64-65]。「理性的」と「動物」がそれぞれ最も単純な概念だと考えられるなら、「人間」の6を素因数分解すれば、間違いなく2と3を導き出すことができ、「人間」が「理性的」な「動物」だということがたちどころにわかるからである。数ならば、計算が可能になるという決定的な利点がある。先の例でいえば、それぞれの項目(これらの概念が「単純」というわけではないけれども、説明のためにかりにそうだとして)に素数を宛てて、例えば、背が高く(13)、中国語が話せ(19)、酒は弱く(23)、野球が好きで(29)、禿かかっている(37)、日本国籍の(47)、三〇代の(59)、人間(6=2×3)とするならば、そのような存在の概念は、これらの数をすべて掛け合わせて、13×19×23×29×37×47×59×6=101,420,472,894という計算によって数で表現できる。この数を素因数分解すれば、間違いなくもとのすべての項目を再現できる。足し算では、合計数からもとの数を再現することができなくなってしまう。50は2+17+31でもあるし、7+11+13+19でもあるからである。ライプニッツが計算機を作る際に掛け算と割り算ができるように工夫したことを連想させる[▼3—1]。それはともかく、ライプニッツにとって記号の選定は、その操作を予想したものになっているという点に注目したい。この点で、ライプニッツはキルヒャーたちと袂を分かつ。

　記号の役割はすでにはっきりと知られているものを表すための単なる符帳というだけにはとどまらない。記号それ自体がもっと積極的な働きをもつこともある。前に述べた単純観念は、それがどんなものかをはっきりとはつかみきれないものだった。しかしそれでも、単純観念からもっと複雑なものができあがるという仕組みは理解可能だった。数学や化学の最も基本的なものを明確に示すことはできなくても、定理や化合物の性質についての知識を積み重ねていくことはできる。数学や化学を学ぶときには、えてして数式や化学式の操作に終始してしまうが、それでも当座の用にはけっこう足りる。

大抵は、殊に記号の分析が長くなると、事物の本性全体をわれわれは一挙に直観はできず、事物の代わりに記号を用いる。そしてその記号の説明は、差し当たりの思惟においては簡単のために先送りするのがわれわれの常である。説明することはできると知ってか、信じての上で、である。こうして、正千角形即ち千等辺の多角形を思うとき、私は必ずしも辺とか等しさとか千というものとかの本性を考察はせず、そういう言葉をそれらについて私が持つ観念の代わりに心の中で用いる。そういう言葉の意味を私は知っていると思っているし、それにその説明は今のところ必要がないと判断するからである。このような認識を私は盲目的とか記号的とか呼ぶことにしている。代数学や算術において、いやほとんど至るところでわれわれはそういう認識を用いている〔『認識、真理、観念についての省察』一六八四年、工作舎 ⑧, 28〕。

抽象的な概念を扱う学問はもちろんのこと、われわれの認識の多くが記号的なものになっているというライプニッツの指摘は鋭い。この背景には人間の認識能力の特徴がある。記号的な認識になっているからだめなのだ、と言っているのではない。確かに単純観念を洞察することはきわめて困難だし、構成要素をすべて見渡すこともできないという意味では、人間の能力には限界があると言える。それにもかかわらず、というよりもそれだからこそ、人間は記号的な認識を通じて認識の範囲を拡大させることができる、とライプニッツは考えていたように思われる。「発見の論理学」はそのような、人間の認識能力に即して理解されるべきであろう。

だからこそ、記号の選び方を工夫する余地はある。数のシステムはどのような表記法によってもそれ自体として変わらないはずなのに、十進法を用いるのは人間の指の数に根拠があるといわれているし、十二進法の方が約数が多いから便利だという考え方もある。二進法は桁数が多くなるために使いにくいという印象を受けるが、なにしろ数字は0と1の二つだけだし、加減乗除の仕組みが簡単で「九九」を覚える必要もない。電気的信号に置き換えることもできるのでコンピューターにとっては不可欠だった。コンピューターは直接にはライプニッツのあずかり知らぬことだとはいえ、二進法の計算機まで考案していたこと［▼3—1「二進法計算機」］などを見ると、そこをつなげて考えたくなってくる。理論的には七進法や一九進法があってもよく、正確さにおいては決して遜色はないはずである。しかしこれでは使いこなすのは至難の業だ。記号を使うのが人間であるからには、人間の理解力や感覚能力や身体構造に即したものでないとうまく機能しない。逆に記号が操作しやすいように設定されていれば、思考を的確にまとめ表現し伝達することがたやすくなるし、他人と理解し合うのにも都合がよい。このことは楽譜や地図の書き方を考えてもよくわかる。抽象性が極めて高い論理学や数学の領域でライプニッツがいくつかの記号とその使用法を工夫したことはよく知られている。微分のdx、積分の記号∫の導入などはその好例である。この記号で悩まされた人は大勢いるが、この記号がなかったらもっと大変だったろう。ハルツの鉱山での出納簿の作成については後述するが［▼3—3「ハルツの教訓」］、これは実用面への留意の結果である。そしてこうした工夫は、単なる便利さを越えて、「発見の論理学」という、もっと踏み込んだ理念へと向かうことになる。

発見

記号というものがすでに知られているものを簡単に表現するための手だてであるだけなら、そこには実質的に目新しいものはないだろう。手持ちの知識を整理し記憶し伝達するのに好都合ではあっても、それ以上の働きを期待することはできない。したがってそこには「発見」はない。しかしライプニッツはここで記号に発

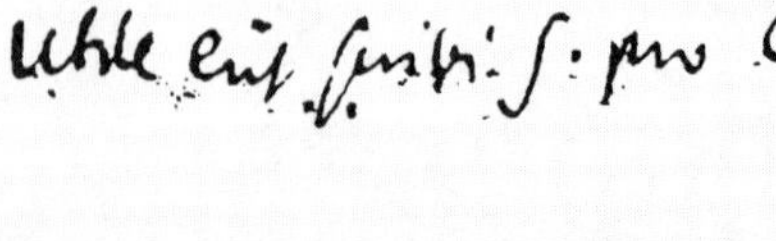

図4——積分記号「∫」の導入。「総和という代わりに∫と書くのが便利だろう（utile erit scribi ∫ pro omn.）」（1675年の草稿）。

見の働きを求める。例えば2+3とか7+5という計算は「すでに知られた知識」と言えるかもしれない。この計算は指折り数えて確かめることもできる。それを再確認するためだけの数字の表記だとも言える。では3,465+5,251だとどうか。指を折るには足りないし、「いつかどこかで計算したはずだ」と思う人もどこかおかしい。それでもこの計算を多くの人は間違えずにこなすことができる。それは記憶力によるのではなく、計算の方法を心得ているからである。つまり加法の秩序を理解していることによって、「はじめて」接する問題に対処して正解を「発見」できたのである。これはただの演算であって発見ではない、とも言えるだろうが、ライプニッツが重視する「発見」はこの操作の延長上にあり、普遍学へとつながるものとなっている。決して波瀾万丈の冒険の末に運良く辿り着くものではない。

私は、普遍学が十分な所与から他のあらゆる学問を発見し、かつ、論証する仕方を教える学問であると理解している。したがって、ほとんど偶然に発見することができたような諸認識は、この学問に依存するものではない。というのも、例えば、「磁石」の名で知られているある石は、「地球」の両極に向かって自分で向きを変えるが、このことは、このような仕方の認識の各々の効用や帰結が普遍学に依存するにしても、……いかなる知力によっても予見されえなかったからである[▼1―3 注1]。……真理を発見するための十分な所与とは、明白な原理であって、また、ただそれらの原理だけから、他の原理を仮定することなしに、問題となっていることがらを、結論づけうるような原理のことをいう

[『普遍学の基礎と範例』執筆年不明、工作舎 ⑩,230-31]。

したがって、ライプニッツにとっての「発見」は、結合法の理念と表裏一体をなす。事物の成り立ちが単純なものの複合によっているから、人間も対象を表す記号を組み合わせることによって世界を理解し、真理を発見することができるはずだ、というのが基本図式である。

その上で、真理の発見の仕方に二つの方向があるとライプニッツは言う。分析的な方法と総合的な方法とである。分析と総合というのは哲学や論理学の世界では古代のギリシア以来論じられてきたものであるし、分析(解析ともいう)という概念は数学にとってもこれまた古代ギリシア以来重視されてきたものである。★1 ライプニッツはこの二つの方法に独自の理解を加えることによって、発見の論理の中に組み込む。

総合と分析

総合は、原理から出発して順番に真なることを経て進み、ある種の連鎖を見出し、一種の表、あるいは場合によっては一般的な公式をもつくり、そこに後から出てくる問題への答えが見出されるようにするのである。これに対して解析は与えられた問題だけのために、これまでにわれわれや他人が発見したものが何も存在しないかのように仮定して、原理へと遡及することである。総合を行うことの方が優れたことである。なぜなら、個々の問題の解析を構成しようとすると、すでに成し遂げられたことの繰り返しになることがよくあるのに対し、総合の仕事は永遠に価値があるからである[『普遍的総合と普遍的解析、すなわち発見と判断の技法について』一六七九年頃、工作舎 ②,21]。

総合の方法は、最初に原理的なものを立てて、それを展開することによって、未発見のものを見いだすことである。この場合に「未発見のもの」とは、新しい問題そのもののことだと言える。したがってこれは問題発見の論理であり、言い方を換えれば問いかけの論理である。そしてこの方法をライプニッツは「理論的」だと言う。これは決して実践を排除するということではなく、全体を見渡す視点に立つということである。一方、分析(解析)による発見とは、ある特定の問題が与えられているとして、その解法を見つけることである。このとき、その問題を解くためにはどのようなことが知られていなければならないかを考察して、より単純

★1──ここでやや専門的なことに触れておくが、近世以降ではデカルトとカントが分析について後世に影響を与える扱いをしたためか、ライプニッツの理解にもその影響が大きな影を落としていて、とくにカントの「分析判断」の意味でライプニッツの論理的な思考を理解する向きが少なくない。しかしそれは必ずしもライプニッツの用法とは一致しない。

で、つまりはより普遍的な知識を求めることになる。そうやってどんどん遡っていけば、原理的なものにまで達することがあるかもしれない。だが多くの場合には根本的な原理までは到達せず、適当なところで手を打つということになるだろう。しかしいずれにしても、これは問題解決の論理であり、言い方を換えれば応答の論理でもある。そしてその意味でライプニッツは、分析(解析)の方法を「実践的」だと言った。もちろん、だからといってこれもただちに実践領域での活動のことだけを指すわけではない。数学であれば「問題を解く」ということであって、それは通常の意味での「実践」とは無関係である。あくまでも個別の問題から出発するということである。この二つの方法が一緒になって、あらゆる学問の全体像が築かれることをライプニッツは目指していた。

私は、あらゆる学問的真理の二つの主要な配列を認めています。各々にはその長所があり、両者は結びつける価値があるでしょう。一方は総合的で理論的なものです。これは、数学者が行うように、真理を証明の順に並べるものです。したがって、各命題はそれが依存する命題の後に来ることになります。他方の配列は解析的で実践的なものです。これは、人類の目標即ち善、そのきわみは至福である善から始まり、そうした善を獲得したり反対の悪を避けたりするのに役立つ手段を順を追って探すものです『人間知性新論』四巻二一章四節、工作舎 ⑤,354』。

目録

実はこれに続けて、第三の配列として「名辞による配列」が挙げられている。それは目録のことで、「すべての人々が共有するであろう範疇に従って名辞を並べる体系的なものであるか、学者の間で受け入れられている言語に従うアルファベット順のものである」ようなものである。なぜこの第三番目が必要なのかというと、「真理がその起源に従って、もしくはその有用性に従って並べられている先の二つの手順によれば、同一の名辞にかかわる諸真理を一緒に見出すことはできないであろうから」である。しかし目録は、「同じ主題に関する重要な命題がある場所を指示することができ」る。こうした目録は「記憶の負担を軽減し、すでに完全に見出されているものを再び探す労を私たちにしばしば省いてくれる」。これはまた、「推論の技術があまり力をもたない」学問、例えば医学においては必要になるとも言う［以上、同355］。

もともとこの箇所は『人間知性新論』の最終章の学問の分類を論じているところで、ロックが自然学、実践哲学、論理学の三つに諸学問を大別しているのに呼応してライプニッツが自説を述べようとしているものである。分野の分け方に方法を無理矢理対応させようとしているようにも見えるので、とりわけ第三の方法として述べている「目録」の役割はとってつけたような印象を与える。しかしここにはライプニッツの方法の重要な意味が込められている。

総合と分析について再度述べるなら、どちらも発見の方法でありながら、原理からの展開か個別の問題の解決かという出発点の違いはあった。これは原理からの下降か原理への上昇かというようにも理解することができるだろう。その意味で総合と分析は逆の方向性をもつと言える。このいわば垂直的な方向を横断するのが目録の存在である。これは概念の上下関係を律儀に行き来するのではなく、言葉つまりは記号によって概念と概念の間、命題と命題の間を飛び回るいわば遊撃隊である。必ずしも概念や命題の依存関係を理解しきれなくても、言葉という記号を手がかりに事物の秩序としての真理にたどり着こうとする人間の営みをそっくり映している［▼三八頁のチルンハウス宛の手紙を思い出そう］。インターネット上の求める情報をキーワードで検索しようとして苦戦している現代人がそのまま重なってくる。

「目録」というと味気のない言葉の羅列のようにも見えるが、原語のrépertoireという語は、「見つける reperire」というラテン語の動詞を起源とするもので、もともとは「発見」の意味を含んでいた言葉である。操作の意が込められていると言ってもよいだろう。そうして自分の手中に収めていつでも自分自身から引き出すことができるようになると「レパートリー」になるが、その手前で、発見するという営みに答えてくれるも

★2——ハノーファー家は、ブラウンシュヴァイク＝リューネブルク家の相続紛争後に分有されたもので、その本家筋は中世のヴェルフェン家にまでさかのぼる。ライプニッツに与えられた仕事はこの家系を正確に記述することであった。それはおそらく家柄の由緒正しさを示すことによって威信を内外に高めることにあったのだろう。終生にわたってライプニッツがかかわることになった修史事業は、地味で手間のかかる作業を要するわりには成果が上がりにくいものだったが、それでも一六八八年にはアウクスブルクでヴェルフェン家とイタリアの名門エステ家との関係を示す資料を発見するなど、いくつかの重要な成果はあった。本書では「ブラウンシュヴァイク家史」とか「ヴェルフェン家史」とあるが、時代の焦点が異なるだけで一連の同じ仕事である。なお、ライプニッツにとって極めて重要な歴史分野での活動については、本書では立ち入ることができなかった。

のとしての「目録」の存在は、実際の学問や実践においては大切なものとなる。これがライプニッツにとっての第三の発見の方法だということになる。目録や索引は単に情報を指し示す補助的な役割にはとどまらない。これ自体が自己運動を開始して新たな情報発信体にさえなる。年表などはその典型例かもしれない。同時代の出来事を眺めていると、本来何の関係もないはずの事件と事件との間に糸が張りめぐらされ、時代の性格を浮かび上がらせることがある。時系列にだけ目を向けていたら出てこない着想であろう。この作業は編集と言うこともできる。ライプニッツがいくつかの資料集を編集したこともここに関係づけることができるだろう。国家に関する法典や条約を集成したり(『国際公法彙典』一六九三年、一七〇〇年に補遺として『国際公法彙典索引』[▼3―2]「もう一つの図書館――ヴォルフェンビュッテル」])、ドイツ史に関する年代記である『歴史の補遺』(一六九八、一七〇〇年)をまとめたり、中国に関して宣教師たちから得られた情報を集め(『最新中国事情』一六九七年、一六九九年に第二版[▼4―1]「情報収集」])、そして長年の課題であったブラウンシュヴァイク家史を編纂したり★2(第一巻が一七〇七年)と、多忙な中にありながらかなりこまめで骨の折れる仕事をこなしていた。これも、第三の発見術として位置づけられていたからこそ成し遂げられたものであろう。

ライプニッツの名目上の本業の一つは図書館の司書であった。一六七〇年以前のマインツ時代ですでに図書館の管理をまかされたライプニッツは、図書の収集とともに配列法を工夫し、さらに索引の整備に取りかかっていた。図書の配列は普遍学の理念を背景に百科全書の実現を目指すものであった。そのため、まだ存在しないが将来的にはあるべき分野を用意していた。これこそ総合的な方法によるものである。そして書物を収める場所を知れば、それが問われている問題に答える位置を示しているという意味では分析的方法に他ならない。さらに、マインツ、ハノーファー、ヴォルフェンビュッテルの各図書館で地道に作り上げた索引は第三の方法そのままであった。図書館は普遍学を体現するものとなっていたのである[▼3―2]。

I-3 連続と多様性

近代科学

稀代の物知りであるライプニッツはあらゆるものに関心を抱き、それぞれに何らかの新しい知見を加えた。その意味では万能家であり、「何でも屋」であった。他方で、さまざまな学問を統一する理念としての普遍学の構想もずっと抱き続けていた。ある程度は何でも屋でなければ普遍学を考えることは無理だろうけれども、何でも屋が必ずしも普遍学を構想するとは限らない。長屋の隠居は八や熊から物知りとして尊敬されてはいても知識の総合を企てることはない。ということは、何でも屋と普遍学とをつなぐ理屈が必要になるということである。近代の哲学者の多くはこの理屈を「方法」として自覚していた。フランシス・ベーコンやガリレオ、そして特にデカルトが方法の重要性を主題的に論じて、近代の学問の基礎を築く役割を果たした。方法といってもそれぞれに違いがあるが、ほぼ共通しているのは、多様な現象からどのようにして本質や法則を導き出すか、という課題に向かっているということである。一つ一つのものやできごとはそれぞれに個別の事情が絡んでいて正確に同じものはそうはない（ライプニッツなら、同じものが二つあるということは決してない、と言う［▼4—2「例証」］）。しかしそこから個別的でしかないものを取り去り、共通なものを見つけだせば、ものごとの「本質」をつかみ取ることができる。それをつかむための道筋が「方法」なのである。

ここで重要な概念がいくつかある。その一つは「単純」である。すでに前節で「単純観念」という用語が出ていた。単純というと何となく思慮が浅いような印象がつきまとうかもしれないが、このころの哲学や科学の

ベーコン（フランシス、1561–1626）——イギリスの哲学者。大法官。帰納的な方法に基づき諸学の革新を試みる。『ノヴム・オルガヌム』でのイドラ説は、人間がいかに正しい認識を妨げられているかをうまく表現している。ただし彼の方法には数学的なセンスが欠けていたために、近代の他の思想家たちとは一線を画すことになる。

ガリレオ（1564［ミケランジェロが死んだ年］–1642［ニュートンが生まれた年］）——イタリアの科学者。近代物理学の基礎を築いた。虚実取り混ぜたエピソードが豊富。

世界での「単純」はそうではない。複雑に絡み合って何がなんだかわからなくなっているようなものをていねいに解きほぐして、全体がいくつかの基本的なものから成り立っていることがわかったら、あるいはわかったつもりになったら、その基本的なものが「単純」なのである。ちょうど化学で、いろいろな性質を持った無数の種類の物質もせいぜい百種類の原子がいくつかずつ集まってできるというのと同じようなもので、この原子が単純なものだということになる。単純なものが集まることによって「複雑」なものができる。「単純」と「複雑」という対概念で理解するという方向は、この時代にとりわけ重要である。これは、自然の事物の成り立ちから、人間の知識の成立、そしてさらに社会のあり方を考える場面でも基本的な図式となっている。そして興味深いことに、このような図式それ自体は、いわゆる経験論者も合理論者も、ともに前提にしている。両者を分けるのは、どうも単純なものの見つけ方にあるようだ。

二つ目に重要なのは「原因」という概念である。「原因」とはあるできごとの成立根拠のことで、古代ギリシアのアリストテレス以来、原因は四種類つまり、形相《けいそう》因、質料因、作用因、目的因に分けて理解されてきた。近代科学は、このうち作用因(あるできごとを引き起こす、時間的に前にあるできごと。動力因とか起動因なども言われる)だけを扱い、特に目的因(そのできごとの目的)を排除することによって成立した。なぜ目的因が目の敵にされたかというと、これによる説明は、どれほど立派な学説や世界観が背景にあろうとも、えてしてとってつけたようなものになりがちで、十分に客観性を持つものとはならないからである。例えば、なぜ石ころは投げ上げられてもやがて落ちてくるのかという問いに、「君たちだって走り続けたら疲れて休みたくなるだろう、石ころだっていつまでも飛び続けることができずに地上で安らぐために落ちてくるんだよ」と答えるようなものだ。眉毛は目にゴミが入らないようにするために存在するだとか、雷は人間の行為を諫《いさ》めるために神が鳴っているのだとするのもこの手の説明だ。これで納得すればそれでよい。しかし近代科学を築こうとした人々は、こうした説明では納得しなかった。そして客観性の保証として彼らが求めたのはできごとの説明を数学によって支えることであった。このことは次の点と関係する。

そこで三つ目に「法則」という概念が重要となる。個々の現象のあり方を一般化することによって「法則」を見いだすことができる。いったん法則が設定されると、似たような状況では常に同じ現象が生じることになる。近代の特徴は、この「法則」を数学的に捉えたことにある。別の言い方をするなら、現象を量的な変化として理解したのである。これは原因を作用因に限定しようとしたこととも関係している。物体の落下という現象をなんらかの目的によって擬人的に説明するのではなく、時間と空間の位置の変化として理解するのである。したがってその説明は関数的な表現をとることになる。このとき、自然の現象の量的な変化にのみ注目して、質的な面は考えないことにする。例えば色とか匂いなどは数量で表すことには馴染みそうにない(と考えられた)ので、少なくとも自然科学的な研究の対象からは除外してしまう。磁力なども当時は厄介なものだった。★1 計量化すること、あるいはもっと言って、計量化できるようなものとして現象を捉えることが必要だとされたのである。ガリレオやケプラーやニュートンなどが重要な法則をいくつも発見しているが、それらはどれもが数学的な表現で示されている。そしてさらに言うなら、近代科学は、現象の説明に際して、何のためにそうなっているのかという理由や目的は問わず、どのようになっているのかという記述を目指したものでもある。

ここまでは、ライプニッツというよりもこの時代の学者たちにほぼ共通した認識だった。次からはライプニッツの独自性が発揮されるところである。とはいえその独自性は、見ようによっては古くさい発想にあるとも言える。つまり、近代の学者たちが新しい自然観、科学観に転換しつつあるときに、ライプニッツは一方ではその流れに棹さしつつも、他方ではその流れに乗ることなく、ときには逆行するようにさえ見える。そしてこのときに大きな役割を果たすのが「連続律」である。

運動の法則

「連続律」(連続の原理ともいう)はライプニッツの考え方の基本を最もよく表しているのではないかと私は思っ

★1——ライプニッツは磁石について次のように述べている。「磁石の作用は自然的で、機械的に説明可能です」一七〇四年六月三〇日マサム夫人宛、GP-III, 353. ちなみに磁石をフランス語では aimant と言うが、直訳すれば「愛するもの」である。これでは科学にならない。磁力が科学になるのには一九世紀のマクスウェルを待たねばならなかった。

ケプラー(1571–1630)——ドイツの天文学者。数学と天文学と音楽をつなげた壮大な神秘的宇宙論を背景に三法則を発見するなど、神秘的合理主義と呼ぶにふさわしい。没後出版の『夢あるいは月の天文学』(『ケプラーの夢』渡辺正雄訳 講談社、一九八五年)は月旅行の物語。

ニュートン(1642–1727)——イギリスの数学者、自然学者。言わずと知れた「万有引力」の発案者。微分積分の発明をめぐってはライプニッツと本家争いを演じることになった(現在ではそれぞれが独立にほぼ同時期に着想したということでけりが付いている)。この件もあってか、ライプニッツとしてもいつもこだわる相手であった。

ている。しかしこれは哲学史の記述の中ではそれほど触れられることはない。わかりやすく定式化されていないからかもしれないし、この原理がもともとは自然の法則を説明するためのものだと位置づけられていたせいもあるかもしれない。しかしこれは決してそのような役割に終始するものではなく、射程は遙かに大きい。そしてこの原理によって、ライプニッツは近代科学をその内部から推し進めると同時に、科学的探求そのものを外から眺めることもできたのである。そして狭い意味での哲学や自然学の枠を越えてライプニッツの発想の根本が示されてもいる。

この原理を説明するために、やや特殊な事情から始めよう。ライプニッツが連続律を正面切って公にしたのは、一六八七年に『文芸国通信』に掲載された『自然の法則の説明原理』においてである[工作舎 ⑧,35-43]。この論文の正確な表題はとても長くて『神の知恵の考察によって自然の法則を説明するために有用な普遍的原理についてのL氏の書簡。マルブランシュ師の返答への回答として』とある。L氏とはライプニッツのことである。ここからも多少は窺われるのだが、この論文にはいろいろといきさつがあって、それがライプニッツの連続律を考えるヒントにもなる。ライプニッツはこの論文の前年の一六八六年に『自然法則に関するデカルトおよび他の学者たちの顕著な誤謬についての簡潔な証明――この自然法則に基づいて彼らは同一の運動量が常に神によって保存されると主張するとともに、この法則を機械学的な事柄において乱用している』というこれまた長ったらしい表題の論文を『ライプツィヒ学報』で発表した[工作舎 ③,386-95]。これはデカルトの運動理論を批判したもので、ごく簡単に言うと、デカルトの運動量の保存則に対してライプニッツは保存されるのは運動量ではなく力だと批判したのである。★2 これがすぐさま反響を呼び、カトラン神父なる人物からの反論があり、マルブランシュからも批判を受けた。マルブランシュにも物体の落下問題などで論文がいくつもあったのである。こうした批判を受けて立つ形でライプニッツが改めて論じたのがこの『自然の法則の説明原理』である。ここからわかるように、この論文執筆の直接の動機は力学の領域での法則のあり方の問題であった。しかしライプニッツはこれを単なる力学の問題の中だけで論じきることはしなかった。

マルブランシュ(1638–1715)――フランスの哲学者。機会原因説を説いた人として知られる。アルノー[▼五八頁]とは観念をめぐる論争を交わした。中国の宗教とキリスト教を比較した著作もある。ライプニッツは機会原因説を、絶えざる奇跡を求める説として批判するが、何度か交わされた手紙には敬意が満ちあふれている。

★2――このことは同年の『形而上学叙説』や、それに続くアルノーとのやりとりでも何度か触れられてくる。一六九一年の『力学試論』や一六九五年の『力学提要』ではもっと詳しく主題的に論じられている[いずれも工作舎③所収]。この論争はフランス啓蒙期のダランベールを経てカントにまでつながっている。

デカルトの考え方が誤っていたとする理由を述べるのに、そもそもそこで立てられた「法則」なるものが「神の知恵」にそぐわないという理屈を持ち出したのである。★3「神の知恵」という理屈は、現在はもちろん当時でもそのまま通用することはない。ライプニッツが言いたいのは、法則は単なる計算上のつじつま合わせであってはならず、自然観、宇宙観と響き合うものでなければならないということだ、と私は思う。それが、「普遍的原理」と言われているものであり、連続律のことなのである。『自然の法則の説明原理』で出された例は、デカルトの『哲学原理』第二部四六、四七節で述べられている、運動の第一規則と第二規則とについてである。第一規則では、同じ大きさの二つの物体が同じ速さで正面衝突をしたら両者は反転してそれぞれ逆方向へ運動し続けるという。第二規則では、一方が少し大きければ同じ速さで正面衝突すると小さい方だけが反転して両者は同じ方向へ運動を続けるとされる。デカルトの規則はその後第七番目まで続くのだが、第一規則はわかるとしても、第二規則はどう考えても変な話だ。経験に照らしてもおかしい。ここで発動するのが「普遍的原理」である。ライプニッツはデカルトが規則あるいは法則なるものについて十分に思索をめぐらしていなかったと言う。単純に言えば、法則は普遍的なものでなければならない。しかしそれは単に整合性が保たれていさえすればよいということではない。そこでもう一度デカルトの『哲学原理』を見てみると、先ほどの少し前の第四四節では、運動と静止とが反対の関係にあることが言われている。ライプニッツが問題にするのはここなのである。

運動と静止とを対立するものとして考えている限り、静止しているものがいつ運動を開始するか、決めがたくなる。そこでライプニッツは運動と静止を共通の枠組みの中で一括して扱おうとした。どうするかというと、静止を「無限に小さな速さ」あるいは「無限に大きな遅さ」と考えるのである。『力学提要』では「最新の運動 motus novissimus」と言う［工作舎 ③,518］。こうすれば、運動と静止とは対立せず、遅さ速さについて言うのと同じ仕方で静止についても論じることができるようになる。静止の規則というものは実は運動の規則の特定の事例として考えるべきだ、とライプニッツは言う。この点を見誤ったところにデカルトの誤りの

★3――『形而上学叙説』の一七～一九章でもそのあたりの事情が述べられているし、一六九一年の『デカルトの原理の総論への註解』でも、「連続律」という言葉を用いてデカルトの運動論を批判している［GP-IV, 375］。さらに『弁神論』三四八節［工作舎 ⑦,98］でも触れられ、神の意向との位置づけが述べられている。

理由があると考えた。連続律を用いればデカルト自身にも誤りは発見されたはずだとさえ言う。

連続律

ではそもそも、連続律とはどのようなものだろうか。『自然の法則の説明原理』での言い方を見てみよう。

この原理は無限を源泉とし、幾何学においては絶対に必要なものとなっているが、これは自然学においても有効である。と言うのも、全事物の源泉たる至高の叡知が完全な幾何学者として働き、また、加えるべきものは何もないような調和に則って働いているからである。したがって、この原理を用いて証明や検証をすることによって、私はしばしば、辻褄の合わない見解の誤りを、その内部の議論に立ち入る前に外から見ただけで直ちに明らかにした。この原理は次のように言い表せる。与えられたものつまり措定されたものにおいて、二つの事例の差異がいかなる量よりも小さいものとなるならば、求めるべきものつまりそこから結果するものにおいても二つの事例の差異はいかなる量よりも小さいものとならなければならない。あるいはもう少し平たく言って、二つの事例（与えられたもの）がどこまでも接近しあい、ついには互いに相手の内に紛れ込んでしまうところまでくると、その帰結としての出来事（求められたもの）も同じようにならなければならない。これはさらに普遍的な原理に依拠している。つまり、与えられているものが秩序づけられているならば、求められるものも秩序づけられている Datis ordinatis etiam quaesita sunt ordinata［工作舎 ⑧, 36. 傍点は原文隔字体］。

これだけでは何が言いたいのかよくつかめない。特に最後の表現はあまりに素っ気なさすぎて、「普遍的な原理」と言われてもかえって当惑してしまう。ライプニッツ自身そのことには気付いていたようで、この原理を理解するには例を示さねばならないとしている。

一つの事例として楕円を想定すると、周知のように、これは、もう一つの事例としての放物線にどこまでも近づけることができる。そのため、楕円の一つの焦点がもう一つの焦点から十分遠ざかるなら、楕円と放物線との間の差異はいかなる差異よりも小さくなる。というのも、このときには、互いに離れた焦点から発する光線は、平行な光線との違いがほとんどなくなってしまうからである。それゆえ、楕円一般について確かめられる幾何学の定理はすべて、放物線にもあてはめることができる。このときには、放物線は、二つの焦点が無限に離れた楕円として考えられている。あるいは（この言い方を避けるなら）楕円とほとんど違いがない図形として考えられている。……また同じく、同等性は無限に小さな不等性と考えられる。こうして同等性と不等性とは互いにどこまでも接近させることができる。［同37］

円と楕円とであれば、どちらかを少しだけいじれば重なるし、もともとかなり似ている。ところが楕円と放物線とでは、一方は閉じた図形で他方は開いたままの図形なので、どうやっても重ならないし、似ているとも言いにくい。しかしライプニッツは、重なることはもちろん、似ていることにも重きを置かない。これもライプニッツの思考法の特徴で、類似性それ自体には学問的な探求にとってそれほど大きな役割を期待してはいない。楕円と放物線とを接近させて理解するときには、ライプニッツが引用文の中で示したように、光学的なイメージで考えるとよい（ただし、正確を期するなら、以下の「楕円」と「放物線」はそれぞれ「回転楕円体」「回転放物体」とすべきである。工作舎③,518,註46参照）。楕円の場合、一つの焦点から発した光は楕円上のどの点で反射してもすべて第二の焦点に収束する。一方放物線の場合には、一つの焦点から発した光は放物線上のどの点で反射してもすべて平行になる。パラボラアンテナの原理である。ここで楕円と放物線とを連続させる鍵は、一つ前の引用文の初めにあるように、「無限」である。楕円の二つの焦点の間を思いっきり大きくすると、一つ

★4——晩年の『数学の形而上学的基礎』では、以上の例とともに、曲線と直線とが取り上げられ、曲線の法則は直線の法則の特殊な場合だとされている［工作舎②,78］。これは曲線をいわば無限の多角形とすることによって直線の法則に収めるということである。

の焦点の近辺しか見えない人にとってはもう一つの焦点は遙か彼方であって視界には入らない。このとき手元の焦点から発した光が楕円上で反射したらほとんど平行に進むと見ることができる。このあたりは図解した方がよくわかる。本当は決して平行にはなっていないのだが、「無限」が絡むと平行と同一視することができてしまう。これは、微積分を含めて無限の概念を積極的に活用した場面である。もう一つの例として軽く触れられていた、同等性と不等性とについても同じことが言える。常識的に考えれば、「同じ」と「違う」とは全く異なり、相対立する概念だとさえ言える。しかしライプニッツは、ここにも無限の概念を介在させることによって両者を接近させる。同等性を「無限に小さな不等性」、あるいは『力学提要』の表現では「究極的な不等性」[工作舎 ③,518]と考えることによって、不等性の概念の中に同等性が取り込まれることになる。★4

これらの例は確かによくわかる。連続律とはこのように、一見相対立するものを一つの枠組みの中で扱う方法なのである。

> この法則[連続律]によれば、静止は、運動を連続的に減少させて消え入らんばかりになっているものとして考察することができるようになる。同様に、同等性はこれも消え入りつつある不等性として考察することができる。例えば、二つの等しくない物体のうち、小さい方は同じ大きさのままで大きい方を連続的に小さくしていくような場合がそうである。こうした考察の結果、不等な物体についての一般的規則や運動している物体についての一般的規則は、同等な二物体や一方が静止している二物体に対して、規則の特殊な場合として適用できるはずである[『弁神論』三四八節、工作舎 ⑦,98]。

ここで目を付けておきたいところがある。楕円の場合も不等性の場合も、それに衝突の場合も、差異や運動あるいは変化が基本になっているという点である。法則はこのような差異や変化に即して設定され、関数的な表現をもって示される。「等しい」とか「止まっている」というのも、差異や変化が無限に小さいものとして

図5——楕円の二つの焦点の距離を大きくしていくとだんだん放物線に近づいていく。

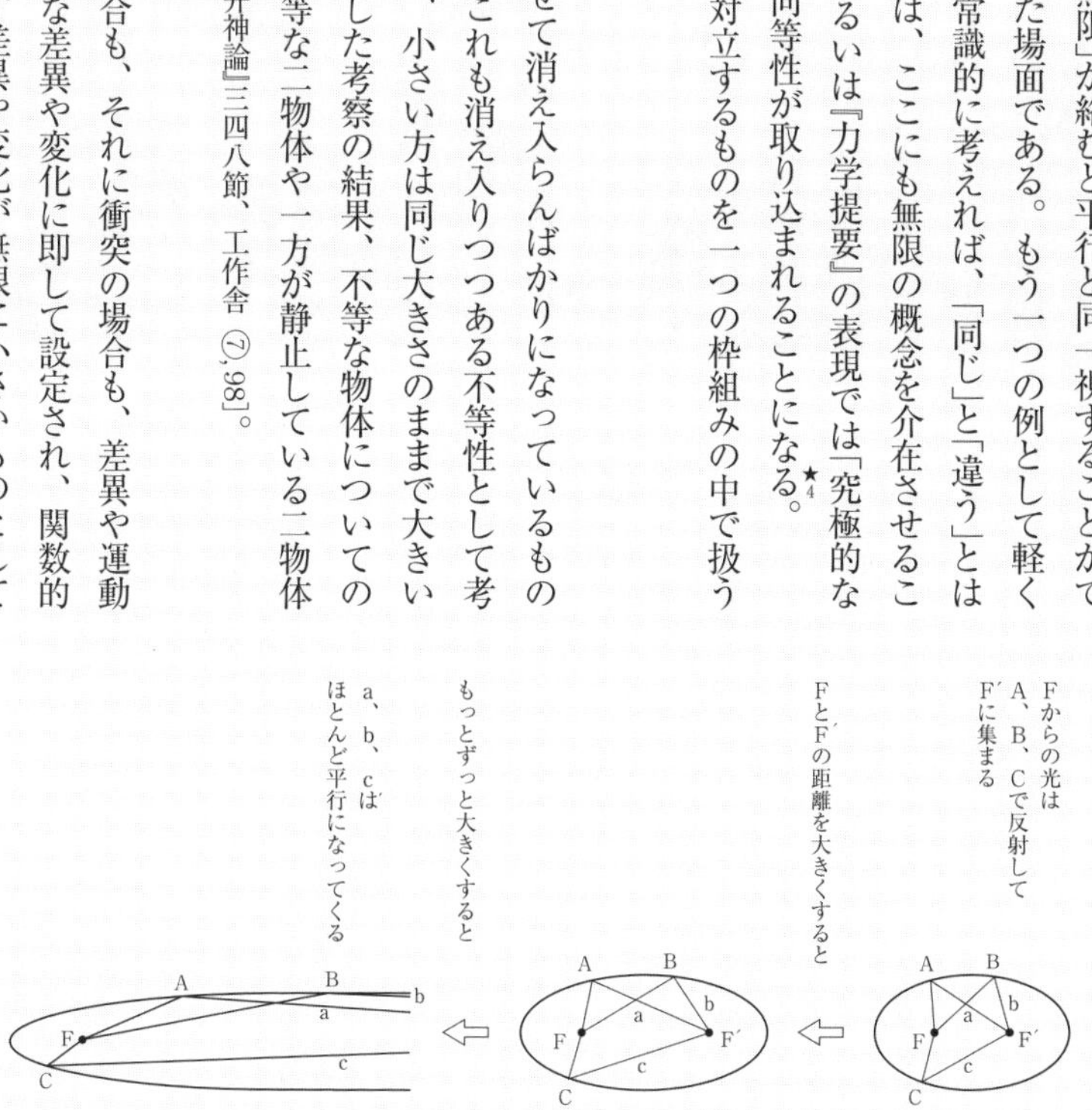
Fからの光は
A、B、Cで反射して
F′に集まる
FとF′の距離を大きくすると
もっとずっと大きくすると
a、b、cは
ほとんど平行になってくる
A
B
a
b
F
F′
C
c

考える。差異や変化が無いと考えるのではない。無限に小さいと考えるのである。つまりはあるのだ。存在と無とでは折り合いがつかない。しかし存在同士でなら調整は可能となる。「一見相対立する」ものとは、差異や変化があるか無いかによって区別をしていた。しかし実は両方とも差異や変化がある、とすることによって同じ土俵で扱うことが可能となる。もちろん何度も言うように、ここでは「無限」が決定的に重要な役割を果たしている。この時期に発見された「無限小」という数学上の概念なくしては、無限に小さい差異や変化という発想はあり得なかった。ライプニッツはこの概念を背景に、自然の現象を統一的に把握する可能性を追求しようとしていた。

連続律に沿ったライプニッツの考え方を示す別の例として、人間以外の動物に思考能力があるかどうかという問題を取り上げてみる。この問題でもライプニッツは、デカルトとは全く逆の方向で答えを出す。デカルトは、自然の存在はすべて物体的なもので、それは機械的に説明できる存在だと考えるから、動物もすべて機械仕掛けのおもちゃと同じようなものだとする。人間だけが魂というか心というか精神というか、デカルトではみなほとんど同じことだとされる働きを備えているけれども、人間以外の動物にそれはない、と断言する。動物機械論というものである。一八世紀になるとこれをさらに徹底させて人間も機械ではないか、という人間機械論も登場するが、ライプニッツは、このような精神的働きを人間が独占しておく根拠はどこにあるのか、と問う。確かに心の存在は外からは確認できないが、それなら人間同士でも同じことである。人間同士で認めるのだったら、動物、特に獣に対しては心や魂があると言えるのではないか。少なくとも、「ない」とは言えないのではないか。「むしろ、反対が証明されない限りは、動物が表象を備えていると推測される」と言う『動物の魂』工作舎⑨, 26]。もちろんこう言ったからといって人間と獣の区別がなくなるわけではない。精神的な能力に段階の違いを設けてその存否を検討すればよい。その上で、動物に感覚能力があることは認めざるを得ないし、記憶力や判断力もある程度は承認できるけれども、それ以上の理性的な推論の能力は、観察する限りでは認めるわけにいかない、と言う。ここに人間との違いをおく。似たような扱いは、理性の働きを一切示すことのない人間は人間と呼べるのか、人間から生まれながら形状がまったく異なる者を人間と呼べるのか、といった問題についても見られる〔『人間知性新論』三部六章、四部四章一三節など〕。

自然は飛躍せず

ここまでから理解できる範囲での連続律は、自然の法則のあり方にかかわるものであり、自然を理解し説明するための方法であった。いわば自然を探求する人間の側の道具の話であった。もともと「方法」とはそういうものである。しかしライプニッツの言い方からすると、連続律は単なる自然の説明の原理だけではなさそうで、自然そのものに連続性がある、と言いたいらしい。これは昔から俗に「自然は飛躍せず」と言われていたことでもある。「何事も一挙に生じるのではない。〈自然は決して飛躍しない〉というのが私の大原則のひとつであり、最も確証されたもののひとつなのだ。……私はこれを〈連続律〉と呼んだ」〔『人間知性新論』序文、工作舎④,26〕。似たような言い回しが他にもある。「自然は何ごとも突然にはなさない、という私の格率」〔一六九二年一月フーシェ宛、GP-I,403〕、「変化から飛躍を排除する連続律」〔『力学提要』工作舎③,518〕、「自然のなかではすべてが徐々に生じ、飛躍によっては何も生じません。変化に関するこの規則は、私の連続律の一部です」〔『人間知性新論』四部一六章一二節、工作舎⑤,283〕、「いかなる移行も飛躍によって生ずることはない」〔一六九九年三月二四日(新暦で四月三日)デ・フォルダー宛、工作舎⑨,62〕など。つまり自然の変化は連続的なものであって、程度の違いとして理解でき、本質的な断絶が突如生じるものではない、ということである。これらの言い方には、直観的には理解しやすいところがあるが、さきの数学的な表現に含意されていた無限性は希薄だし、関数的なあり方はすっかり失われてしまっている。しかしそれだけにかえって自然そのものへの思いが込められているように感じる。さらに別の言い方として、「形相《けいそう》の空虚の否定」という議論でも述べられている。これは何ともわかりにくい表現だが、例えば生物の種が異なると姿形から生態までずいぶん異なり、その間には埋められない溝があるように思えても、中間の種が必ずあって必ず空隙をつないでいる、という考え方である［一六八七年一〇月九日アルノー宛、工作舎 ⑧,383；『生命の原理と形成的自然』工作舎 ⑨,14；『人間知性新論』三部六章一二節、工作舎 ⑤,58 など］。現実にはそのような中間種は確認できないとしても、少なくとも可能性としてはある。やはり程度の違いとして連続的に考えるということである。こういう言い方は、科学者による自然の法則の立て方というよりも、自然そのもの、あるいは存在そのもののあり方を述べていることになる。ではライプニッツは自然をそもそもどのようなものとして考えていたのだろうか。

ライプニッツは、シラノ・ド・ベルジュラックの作品中の人物の「いつでもどこでもこことまったく同じだ」という一節を好んで引用する。★5『最新中国情報』では中国人に言及する際にこのせりふを用いている［工作舎 ⑩,97］。ライプニッツはこれをさらに言い換えて、自然は事物の根底においては斉一的だとしている。これは一九世紀にJ・S・ミルが唱えた「自然の斉一性」という原理に他ならない。ライプニッツは、これによって「哲学は最も簡明にして、しかも世界によく適合するようになる」とまで言う［一七〇四年五月八日ゾフィー＝シャルロッテ宛、GP-III,343］。ここで「斉一的 uniforme」というのは、形が均一だということである。ライプニッツはこの語に二つの意味を認めている。一つは「秩序や連続をもった同一の法則に常に従う」という意味で、もう一つは「類似している」という意味である。例で示すと、放物線に沿った運動は第一の意味では斉一的だと言えるが第二の意味では斉一的ではない。なぜなら、放物線の各部分は直線のように互いに似ているということはないからである［『心身の結合についての新たな説にベール氏が見いだした難点の解明』一六九八年、GP-IV,522］。ライプニッツは「類似性」にはさほどに信用をおいていないので、第一の意味だけを採用し、第二の意味には同意しない。そうすれば、直接的には類似していないものどうしであっても、その根底に同じ法則や秩序や関係が見いだされるなら、「斉一的」だと言えることになる。シラノの言葉（とされているもの）も、そのように理解されるべきなのである。ライプニッツにとっての「自然の斉一性」は、自然の全体に同じ秩序が充満しているということである。

そこで俄然重要な意味を持ってくるのが「法則」である。前に述べたように、法則それ自体はこの時代を特

アルノー（1612–1694）——フランスの哲学者。ポール・ロワイヤルの指導者として微妙な立場にありながら、カトリックの立場を守り、論理学や文法の書も著している。デカルト、マルブランシュなどとも有名な論争を交わしている。ライプニッツとの論争は晩年のものだが舌鋒は衰えることはない。ライプニッツをカトリックに誘ってもいる。

★5——一七〇四年五月八日ゾフィー＝シャルロッテ宛 GP-III,343；『生命の原理と形成的自然についての考察』一七〇五年、工作舎 ⑨,18；「クラーク宛第五の手紙」一七一六年、工作舎 ⑨,342 など。なお、シラノ・ド・ベルジュラック（1619–1655）は、エドモン・ロスタン描く鼻の大きな男ではなく、そのモデルとなった実在のフランスの作家で、このせりふは『月世界諸国諸帝国』の中でアルルカンが言っているということだが、どうしても探せない。注釈者たちも歯切れが悪い。ちなみに、シラノ・ド・ベルジュラックのこの本は、続編の『太陽諸国諸帝国』とともに、実に愉快な空想小説で、ケプラーやフォントネルの作品［▼2—1「意識的表象」］と並

徴づける世界観、科学観に根を張ったものである。しかしライプニッツは、法則の理解の背後に連続律をおくことによって、法則のあり方に独自の性格を付け加えることになった。ここで、デカルトの衝突の法則への批判を思い返そう。ライプニッツの批判の根本は、デカルトの議論が運動と静止とを対立する概念として捉えてそれぞれに別の法則をあてていた、と見るところにあった。そのため、両者を統一的に理解するような枠組みを示すことができなかったと判断したのである。統一は運動を基本と考えるところにある。無限を介することによって運動の概念の中に静止を取り込むことが可能になる。しかしその逆はない。つまり、静止から運動を導き出すことはできない。より大きな説明可能性を考慮した法則が求められるのである『天体運動の原因についての試論』「補遺」一六八九年、工作舎③,422]。そしてここからさらに一歩進んで、法則というものは可能な限り大きな範囲での妥当性を持つべきだ、つまり普遍性を持つべきだという主張が見えてくる。ただし、普遍性を言うだけならば、先ほども述べたように、この時代の科学者、哲学者の共通の問題意識であった。デカルトが自然の存在を「物体」として一括して捉え、その本質を「延長」に見るというのは、抽象性と普遍性を強く志向する考え方である。ライプニッツの仇敵ニュートンの万有引力の法則も、リンゴは落下するが月は落ちないという全く異なる現象を一つの法則で説明しようとしたという点で、これまたきわめて強い抽象性と普遍性が働いている。しかし、ライプニッツの連続律は単に普遍性を確保するためのものだけではない。ライプニッツはデカルトを批判するにあたり、一方ではあくまでも力学的な議論の枠内で論じていながら、すぐに自然科学の枠を越える議論へとつながっていく。運動量の保存ではなく力の保存を証明することによって議論は形而上学的なレベルへ達し、目的因を取り込んだ場面に至るとされる。ここにはもっと積極的な主張を読みとるべきであろう。

現象の多様性

その積極的な主張とは、より普遍的な法則によって、現象の多様性を説明できるようにするということであ

んで当時の地球外世界旅行ロマンとなっている。古今の哲学説を揶揄する力はエラスムスを思わせるほど強烈で、現実批判という意味ではスウィフトの『ガリヴァー旅行記』(一七二六年)や芥川龍之介の『河童』、井上ひさしの『吉里吉里人』に匹敵するとさえ思える。

ミル (J.S., 1806–1873) ――イギリスの哲学者。ベンサムの立場を受け、功利主義の原理を確立した。その自由論は日本の明治初頭の自由民権運動にも影響を与え、現在の自由主義の原型ともなっている。「自然の斉一性」は『論理学大系』で帰納法的方法論の確実さを保証する原理として示された。

る。法則が普遍的なのはある意味では当然である。しかし法則を普遍的なものにするために現象の多様な姿を一つ一つ剥ぎ取り、消し去り、奪い取ってしまうとするならば、それは説明されるべきことを説明していないことになる。ライプニッツにとっては、現象の多様さこそが説明されるべきことであり、多様さが減ってしまうような説明は望むところではない。ライプニッツはデカルト哲学の中にその気配を感じ取った。デカルトの衝突の法則を吟味することによって、ライプニッツは何よりも多様さを捉えるという課題を第一においたのである。それは、「原因」の理解にもかかわってくる。デカルトが少なくとも自然の現象の説明には作用因のみを用い目的因を排除しようとしたのに対し、ライプニッツは目的因の重要さを指摘し、自然の法則の理解にさえも目的因が有効に働くということを主張した〔『形而上学叙説』一九章〕。それは自然そのものが存在の意味を示すものであるという確信に基づくものである。

大事なのは、違いをなくすことではなく、どこで違いが出てくるかを見きわめること、そしてこれがもっと大事なのだが、違いがはっきりと出せないならば、多様性を認める方向で考える、あるいは存在が豊かになる方向で考えるということである。単純化したり存在を制限することにはライプニッツはきわめて慎重だ、ということである。比喩的な言い方をするなら、被告人は判決が下るまでは推定無罪であり、疑わしきは被告人に有利に、ということである。しかしこれは単なる比喩ではない。ライプニッツの学者としてのキャリアの出発点は法学者であったし、法律の実務にも携わっていたこともある。黒か白かはっきりと断定できない案件をどのように処理すべきかが問われる場面では、書斎の哲学者のようにひたすら考え込んでいるというわけにはいかない。判断材料が十分にそろわないときもある。疑いようのない結論が出るまで判断を延ばしたくてもそうできないときもある。生活は待ってはくれないからである。そのときでも、多様性を尊重し存在の程度を高めるような方向で考えておけばさしあたっては間違いがない、という信念があった。これは楽天的と言える姿勢ではあるが、理論と実践とを貫く一貫した姿勢ではあった。

自然の多様性

連続律によって現象の多様性を汲み上げたいという方向は、実は自然そのものが多様性を実現しているという確信に基づいている。説明の原理と自然の原理とは、本来は必ずしも一致しない。例えば、テレビの画面には無数の色と形が出現しさまざまな情報が次から次へと映し出されているが、テレビそのものの仕組みとしては、明るさの異なる赤、緑、青の三色の光点の点滅でしかない。もちろんそこに人物は存在しないし物体の運動もない。映像が多様だからといってそれは必ずしも原因が多様であることを意味しない。むしろ原因は単純である場合が少なくない。科学的な探求とは、多様な現象を生み出す原因を単純な原理で説明することにあった。だから、「多様性」それ自体を自然の側にまで持ち込むことはむしろ避けていたのである。ライプニッツはあえてその禁を犯し、現象の多様性を理由に自然そのものの多様性を信じて疑わなかった。これはある意味で底抜けのおめでたさかもしれない。同時代ではホッブズが、すぐ後ではカントが、そして二〇世紀ではある種の記号論や科学論が、認識の秩序と存在の秩序との乖離を強調しているが、ライプニッツはそんなことは意に介さない。二つの秩序がまったく同じということはないにしても、そこには対応関係があると確信していた。このことは記号についてすでに述べたことである。

ライプニッツが自然に求めた多様性は、原理が単純であることと矛盾することはない。ライプニッツは「自然はその多様性の内にあって斉一的である」と述べたあと、つぎのように言い換える。

自然は原理において斉一的であり、そのあり方において多様である［『動物の魂』一七一〇年、工作舎⑨、26］。

この短い句は、ライプニッツの自然観の最も簡潔な表現だと私は思う。まさに、単純な言葉の中に多様性が込められている。自然は同一の法則に常に従いながらもそこから多様な姿が出現する。逆に言うなら、多様な姿を示す自然の根底には常に同じ法則があるということになる。これは、「自然は多様な姿を示しても法則は同一だ」というのとは少し違う。ライプニッツが言いたいのは、自然は多様な姿を示すはずであり、法則が斉一的であり単純であるのは、自然そのものが多様であるためだ、ということである。単に現象が多様であるだけではなく、自然それ自体が多様でなければならないのである。法則は単純であり斉一的であることによって、多様な自然を支えることになる。単純であることと多様であることとは、ライプニッツにとって世界のあり方を示す両輪である。

ここに創造の神の存在を絡めて言うならば、これまで法則と言ってきたものは創造の手並みにあたり、自然は創造の結果だということになる。

神のとる途が単純であるというのは、本来は手段に関してのことであって、目的や結果に関しては反対に多様、豊富あるいは豊饒なのである。しかも、この単純と豊饒とは、建物向けの費用と建物に求められる大きさと美しさの場合のように、釣り合いがとれていなければならない〔『形而上学叙説』五章、工作舎 ⑧,149〕。

最小の費用で最大の効果を目指す、というのは、ライプニッツの得意の言い回しである。これが単なる比喩に終るものでないことは、改めて考えることにしよう〔▼2―2「決定の原理」〕。ここではとにかく、法則の単純さと自然の多様さとの両立がライプニッツの自然観とそれを支える哲学的思索の核心的位置をしめるということを確認しておきたい。

存在の多数性

ライプニッツはさらにそこから、自然は多数の存在からなることを主張する。しかし一般的に言って、多様

スピノザ（1632–1677）——オランダの哲学者。神の絶対性を中心に被造物の自由を否定する世界論にライプニッツは大いなる関心を常に払いつつも同時に細心の警戒心を抱いていた。『エチカ』の出版以前から仲間内に回っていた草稿をライプニッツは入手して詳細な注記をしているほどだ。ライプニッツはパリからハノーファーに至る途中イギリス経由でオランダに寄ってスピノザと会っている。手紙のやりとりもある。しかし後年のスピノザへの言及は表現も厳しい。デカルトやニュートンにも必ず敬称が付けられるのに、なぜかスピノザには呼び捨てが多い。字面を見ているとスピノザとライプニッツの間には類似点が数多く認められる。ライプニッツ自身もそれを自覚していたようでそれだけに批判が鋭かったのかもしれない。

デ・ボス（1663–1728）——オランダ生まれのイエズス会士。ライプニッツと交わされた多数の書簡は実体をめぐるきわめて形而上学的な問題が論じられる。工作舎⑨にライプニッツからの手紙の抄訳あり。『弁神論』をラテン語に訳した（一七一九年）。

性があるからといって必ずしもそれに応ずるだけの多数性があることにはならない。万華鏡の中に入っているのはわずかな物質片だけだ。あやとりも、南京玉簾も、怪人二十面相も、早野凡平の帽子芸（若い人は知らないだろうなあ）も、少数のものが多彩な姿を呈するからおもしろい。ライプニッツにとっては、単純な法則が多様な現象を支えているのであり、変化は連続であったのだから、かりに現象としての自然の多様性を最大限に見積もったとしても、それを支えるものはわずかな数のものだけで、ひょっとしたら一つだけで済むことになるかもしれない。スピノザならば、かりに世界が多様に見えていても存在そのものは一つだけだと主張する。本当に存在すると言えるのは神だけであって、それ以外のものはどれもが神の見え方にすぎない、ということになる。

しかしライプニッツはそのような考え方は「独りよがりの言葉遣い」に逃げ込むものだとした［一七〇三年一一月一〇日デ・フォルダー宛、工作舎 ⑨, 107］。その反対に、多様な現象の背後には多くの存在が控えていると考えていた。このような思想は多元論として古くからあって、考え方としては珍しいものではない。むしろ、スピノザのような一元論の方が珍しかった。「宇宙全体に一つの実体しかないといった人がスピノザより前にいたかどうか、私は寡聞にして知りません」とライプニッツは言う［一七〇四年一月二一日デ・フォルダー宛、工作舎 ⑨, 112］。ではライプニッツは自分の考え方をどのようにして根拠づけるのだろうか。ところが困ったことに、それを論証しようという気配はライプニッツにはない。ライプニッツは少しも困っていないようだ。デ・ボスの「なぜ現実的に無数のモナドがなければならないのですか」という問い［一七一二年八月二八日、GP-II, 456］に答えて言う。

> なぜモナドは現実に無数にあるのかとお尋ねです。これに対しては、無数のモナドが可能だと言えば十分でしょう。というのも、そのほうが神の作品の豊かさを余すところなく示すからです。しかしまたこのことは事物の秩序が要求していることでもあります［一七一二年九月二〇日デ・ボス宛、工作舎 ⑨,

174]。

この答え方は、あまりに素っ気なさすぎる。「何でそんなこと聞くの?」いやむしろ、「当たり前のことをわざわざ聞くな」とでも言わんばかりである。ライプニッツの考え方からすれば、一つの実体には宇宙で生じることのすべてが映しこまれている[▼1―4「宇宙を映す永遠の生きた鏡」:2―1「窓」:2―3「自発性」]。それは実に完璧であるため、「あたかも神と当の魂しか存在していないかのようである」とまで言う[『心身の結合についての新たな説』一四節、工作舎⑧,85]。ならば、神だけとは言わないまでも、実体は一つであってもかまわないのではないだろうか。しかしライプニッツの言い方はあくまで「あたかも」である。「実体が一つだけしか存在しないという考えは神の知恵に合致しないものであり、したがってそれは可能ではあっても実際に実体が一つだけということはありません」[一七〇六年三月一一日デ・ボス宛、工作舎⑨,138]。「神は[一つのモナドだけを創り出すことを]絶対的にはできますが、仮定的にはできないのです。それは神が万物をしてもっとも賢くかつもっとも調和的に作用させようとしたからです。理性的被造物はここで欺かれることはありません」[一七一五年四月二九日デ・ボス宛、工作舎⑨,183]と、同じ主張を繰り返している。実体が一つであることは論理的には不可能ではない。しかしそれは神の知恵に悖《もと》るというのである。ここまでくると、相当大がかりな仕掛けが背後に見え隠れしてくる。

ここで気をつけなければならないのは、ライプニッツは単に存在の「多数性」を主張しているだけではなく、「無数」であることを述べているということである。「多数」よりは「無数」の方が、ずっと多い。そして「無数」というのは、無限が絡んでいるために、結構厄介な概念でもある。しかしライプニッツはあえてこの「無限」を存在に託すのである。だがここには多くの落とし穴が待ち受けている。ライプニッツはそれを慎重に見きわめようとしている。次は、この「無限」を問題にしよう。

1-4 無限

ライプニッツの考え方には、いたるところに「無限」の概念が顔を出す。きわめて扱いにくいはずの「無限」という概念を、ライプニッツはときには慎重に、ときには大胆に操っていく。さまざまな活動を貫くキーワードだと言える。この概念が中心的な役割を果たす分野はまずはなによりも数学であり、微積分の確立はその最も輝かしい成果である。もっとも、この輝かしさも、ニュートンとの醜い先着順争い（それぞれ周囲の人々にけしかけられたところもあるが）のために、いくぶん白けたものになってしまった。だがライプニッツの「無限」は数学の分野には尽きない。実にいろいろな場面に登場する。それだけにその扱いには微妙な手法が求められる。

三種類の無限

前節の終わりには、無数の存在があるということに一応はなった。しかし、無数のものが存在している、と言うだけならたやすいが、言葉の意味をきちんと押さえながら述べようとするとかなり難しい。単に「たくさんある」というのではない。「星の数ほどある」と言っても本質的にはかわりはない。これが「数え切れないほどある」だとかなり違う。これは、数えるという操作が終らないということを意味している。それでは、これと「無数にある」あるいは「無限にある」とは同じことなのだろうか。言いようによっては同じにもなるし、違うことにもなる。境目を見きわめるのは容易ではない。そもそもきちんと見きわめられるものなのかどうかさえ怪しいものである。「限りがない」「終りがない」ものを概念としてはっきり持つということ自体がどこかにごまかしを含んでいるようにも思えてならない。ライプニッツはそのあたりのところをなんとか区別しようとしている。

正確に言えば、無数の事物がある、すなわち、その名を列挙しうる以上に多くの事物が常にある、というのはその通りです。しかし、真の全体として考えると、無限数もなければ無限の線も無限量もありません。これを論証するのは容易です。スコラ派が、シンカテゴレマティック(syncatégorématique)な無限は認めるけれどもカテゴレマティック(catégorématique)な無限は認めないと主張する場合も、そのことを言いたかった、あるいは言っていたはずです。厳密な意味での真の無限は、絶対的なるもののうちにしかありません。絶対的なるものはあらゆる場合に先立つのであって、部分の付加によっては形成されないのです〔『人間知性新論』二部一七章一節、工作舎 ④, 175、訳文では「サンカテゴレマティック」とフランス語読みにしているが、ここでは英語風にしておく〕。

ここでライプニッツが言おうとしていることを正確に理解するのは相当に難しい。「シンカテゴレマティック」とか「カテゴレマティック」などという用語はそれだけで理解を阻んでいるようでもある。文法や論理学の用語として前者は「共義的」あるいは「付随的」、後者は「自義的」あるいは「自立的」などと訳され、他の概念とともに用いられて意味をなすものか単独でも意味内容を持つものかの区別がなされている〔『概念と真理の解析についての一般的研究』一六八六年、工作舎 ①, 151–52〕。これが無限概念の区別に用いられると、可能的な意味にすぎない無限と集合的に機能する無限に区別されることになるようだ〔工作舎 ④, 174–75 の訳注参照〕。それでもまだ難しい。別の説明を見てみる。

シンカテゴレマティックな無限がある。これは諸部分をもつ受動的な能力でいわば加減乗除の計算をどこまでも続ける可能性のことである。ハイパーカテゴレマティック(hypercategorematicus)で支配力のある無限もある。これは諸部分を形相的にも現実的にも持たないが潜在的には持つ力のことである。このような無限は神そのものである。しかしカテゴレマティックな無限、つまり諸部分を形相的かつ現実に持つ無限はない[一七〇六年九月一日デ・ボス宛の手紙に同封されたメモ、GP-II, 314-15]。

ここでは「無限」は三種類に分けられている。「ハイパーカテゴレマティックな無限」というのが加わってきた。これはどうやら神の特権らしい。神は「全知」とか「全能」と言われる。つまり、何でも知っているし何でもできる。言い方を換えれば、知らないものはないしできないこともない。これが意味するものをわれわれ人間が十分に理解することは多分できない。もし理解できたらわれわれが(全能はともかく)全知になってしまうからである。しかし神にはその能力が実際にあると考えられている。したがってこれは「絶対的無限」と呼んでおこう。一つ前の『人間知性新論』からの引用文の中の「厳密な意味での真の無限」は恐らくこれにあたる。「シンカテゴレマティックな無限」は、今の引用文の説明によるならば、数学的な場面で語られていること、一定の約束に基づいた操作が終ることなく繰り返されるということである。そこでこれは「操作的無限」と意訳しておく。これに対して「カテゴレマティックな無限」は、無数の部分を含む全体など現実に存在しないはずなのにそれがあたかも存在しているかのように見立てられたものであるので、「断定的無限」とでもしておこうか。当面はっきりさせておきたいのは、操作的無限と断定的無限の区別である。

操作的無限はもともと手続きの上での概念にすぎず最初から現実との接点を求めていない。同じ操作をいくらでも繰り返すことができるという理論的な可能性だけが問題となっている。数学者ライプニッツが取り扱った無限はこの操作的無限にほかならない。微積分で問題になる「無限小」という概念はその究極の概念である。これは数学的には曖昧さを持っていないはずだが、それはあくまで数学の中でのことである。

われわれが議論している無限とか無限小は観念的なものでしかなく、いわばよく基礎づけられた虚構にすぎないのです［一七〇二年六月二〇日ヴァリニョン宛、GM-IV, 110］。

真の無限大も真の無限小も存在せず、それは虚構にすぎません。しかし虚構とはいえ［思考の］縮約には有用な虚構で、一般的に言うなら算術の虚根つまり$\sqrt{-1}$のようなものです［一七一六年九月一一日ダンジクール宛、D-III, 499–500］。

無限小の概念をフィクション（虚構）だとした点には注目したい。数学論の中でも無限小概念の基礎付けは難問のようで、ライプニッツ以後もずっと議論が続いている。しかしそれでも計算はきちんとできてしまうところが不思議だ。まさしく「よく基礎づけられたフィクション」というにふさわしい。しかしフィクションという意味はそこにあるのではない。現実との接点を持っていないというのが本来の趣旨だ。

人は無限に進行する級数においても困惑してしまう。［級数における］最終項とか無限大の数とか無限小ということは知られている。しかしこれらはみな虚構《フィクション》でしかない。数はすべて有限で特定可能である。線分もすべてそうである。無限大とか無限小というのは、いくらでも大きくあるいは小さくすることのできるような大きさのことでしかない。……無限小ということで理解されているのは、ある大きさが消え入るかあるいはそれが開始するときの状態のことで、それはすでに形成された大きさになぞらえて解されたものである［『弁神論』「緒論」七〇節、工作舎 ⑥, 102–03］。

フィクションと現実とを混同すると、まるで無限を特定の量と同じようなものとして理解するようなことに

★1——この操作的無限をライプニッツが用いた成果に、「ライプニッツの公式」と言われているものがある。$\pi/4=1/1-1/3+1/5-1/7+\cdots\cdots$という式で、分子はいずれも1で分母に奇数を順に並べて加法と減法を無限に続けると円周率を導き出せるというものである。これをライプニッツはパリ時代に発見している。この数式の美しさは比類ないものだ。

ゼノン——古代ギリシアのエレア派の哲学者。「アキレスと亀」などの四つのパラドックスを示した。この議論は、運動の本質や無限のあり方をめぐる難問とされ、多くの哲学者がそれぞれの体系を背景に取り組んできた。

なってしまう。例えば、無数の部分をすべて集めきった無限大の全体などというのは、言葉で言い表すことはできても内容の空疎な概念である。ある手紙では、1／1＋1／2＋1／4＋1／8＋1／16＋1／32……という無限数列の和が2と等しくなるということで説明している［一七〇二年二月二日ヴァリニョン宛、GM-IV, 93］。この無限数列が2に収束することに不思議はない。これは操作的無限だからである。[★1] しかしこの分数を加え続ける操作がどこかで完了すると考えると話はおかしくなる。無限数列だということは操作が完了しないということなのだから。完了しないからこそ2に収束するのである。それなのに、足し算という操作を完了してしまったかのように考えると、あってはならない断定的無限を作り上げることになってしまう。テレビのドラマの最後によくある注意と同じものが必要だ。「この場面に登場する無限はフィクションであり、現実のものとは関係ありません」。

私は以前ある授業で「アキレスと亀」のパラドックスを紹介したことがある。俊足のアキレスが超鈍足の亀になんとしても追いつかないという、ゼノンのおなじみのばかばかしい話である。第一ラウンドで、ハンデをつけて後方から出発したアキレスは亀の出発地点まで到達するが、そのときすでに亀はやや前方へと移動している。第二ラウンドは第一ラウンドの最終地点から開始し、以下も同じことを繰り返すが、差はどんなに縮まってもどうしても追いつくことがない。当然、追い越すこともできない。さてどう考えるべきか、と学生に尋ねた。するとある理系の学生が数式を書きながら自信たっぷりに答えた。アキレスと亀のそれぞれに速度を設定してラウンドごとの差を計算すると、その数式は0に収束する。つまり、無限回目に差がゼロとなってアキレスは亀に追いつき、次のラウンドでめでたく追い越すことができる、というものだった。私は教壇から転げそうになった。この「無限回目」とはいったいどんなときなのだろうか。確かに高校の数学には、「$n \to \infty$」という操作がでていて、極限や数列の計算では当たり前のように登場する（もっとも、高校の数学の内容は私の頃とはだいぶ変わってきていて、無限がかかわる内容は一部の生徒しか学習しないようである）。操作方法さえ飲み込めば、5＋8というのとほとんど同じようなレベルの扱いができるような気になってくる。それでも高校生あるいは受験生としての用は足りてしまうから不思議なのだが、ここには落とし穴もある。

無限(∞)をまるで5とか8のような数と同じように理解できると思うところが誤解のもとである。そういった誤解をするともっといろいろなパラドックスが待ち受けている。「無限回目」というのは、実は決して最終ラウンドがやってこないということである。ある無限数列が一定の数値に収束するということは、いくらでもその数値に接近するけれども決して到達することはない、という意味である。双曲線のような漸近線のことを考えてみればよく理解できるはずである。孫悟空でさえ、「世界の果て」という概念が虚偽であることをお釈迦様に教えられて納得した。私がお釈迦様でなかったためにあの学生はゼノンのパラドックスにまんまとはまり石猿に追いつくことさえできなかったのだ。

現実の無限

しかしそうは言っても、無限が現実と全く無関係だと言ってすましているわけにもいかない。いままでの話だけだと、神を除けば現実に存在するものの中で無限を考える余地はなくなってしまう。だがライプニッツは、現実の存在の中に無限は満ちあふれていると言う。そのあたりはどうなっているのだろうか。

私は無限小解析を説きましたが、それでも真の無限[大]の数というものは認めておりません。もっとも、事物の多数性はすべての有限の数を、いやむしろすべての数を凌駕してはおりますが。……無限小計算は、数学を自然学に適用するときには有用です。しかし、だからといってそれで私が事物の自然を説明したつもりになっているわけではありません。というのも、私は無限小という量は有用なフィクションと見なしているからです[一七一六年(日付は不明)マソン宛、GP-VI, 629]。

この最晩年の手紙の一節は、無限に関するライプニッツの思考の多面性を簡潔ながら余すところなく表現している。中ほどでは、無限小の計算が数学を自然学に適用するときに役立つことが言われている。これは、前節で見た連続律のことを思い起こせば無理なく理解できる。しかしすぐにそれに続けて、無限小計算を自然理解に直結させることは否定している。そこにフィクションとした指摘が生かされる。つまり、説明のための無限の有効性と限界とがはっきりと示されているのである。この引用文の初めには、操作的無限と断定的無限の区別が述べられている。問題は、その次の箇所である。「もっとも、事物の多数性はすべての有限の数を、いやむしろすべての数を凌駕してはおりますが」。これは慎重な検討を要する。

ここで言う「事物」は、単純に考えれば実在するものを意味するはずだ。数学的な概念(二等辺三角形とか円周率など)や架空の存在者(ペガサスとか桃太郎など)も「事物」と言って言えないことはないが、ここでは時空の系列の中で実在している、あるいは実在したもののことを考えておく。理解が難しいのは「すべての数を凌駕して」いるという点についてである。この表現は、これまた単純に考えれば「無限にある」ということを意味する。しかしそれはどのような「無限」か。先に示した三種の無限のどれにあてはまるのだろうか。数学に限定される操作的無限でないことは確実だろう。実在しないはずの断定的無限でもない。残るは絶対的無限だけだが、これは神の特権であった。とするとどの無限でもないことになってしまうではないか。可能性があるとするならば、実在する神の無限、つまり絶対的無限にあやかるということだろう。しかし神に対してであれば「無限なるもの」と言い切ることができたとしても、実在する事物に対して「それは無限である」と言って、はたしてそれが意味のある物言いになるのだろうか。操作がいつまでも可能な「操作的無限」を、あたかも完了してしまっているかのように見なすところに成立するのが「断定的無限」であった。ライプニッツはそれを戒めていた。どうも、現実に存在するものの無限には居場所がないようだ。

そこで、「現実的無限」というものを仮に設定してみよう。これをライプニッツ自身が唱えているわけではないのだが、これまでの三種類の無限とは別のものを考えていたとしか思えないので、解釈のための一種の補助線のようなものとして立てておきたい。というより、こういった第四の無限を設定しないと、ライプニッツの現実世界についての無限の議論を読み解くことができないのである。この無限は、どんな有限の数量をも上回っているが、単に可能性としてそうであるというのではなく現実にそうなっている、しかしだからといってその全体が数え上げられているものとして理解されることはない、というものである。簡単に言うなら、現実の存在はどこまでいっても数え切れないものだ、ということであろう。このことを、いくつかの角度から見てみたい。

顕微鏡と無数の存在

無数の存在があるということの意味はまだ決して判然としたわけではないが、それでもさしあたっては「現実的無限」があるとしておこう。つまり、どんな特定の数を思い描いてもそれよりも多くの存在があると考えておく。「無数」とはあくまでもそうした意味であって、「無数」という数量が確定しているのではない。有限数ではなく無数にあるとなぜ言えるのか。これはすでに多少は見たことでもあるが、ライプニッツ自身説得的な論証をしているわけではない。強いて言うなら、限定すること自体が不可能なのではないが、限定するだけの積極的な理由が見いだせないから。そしてまた、限定するということはそれだけ神の知恵を狭めることになるから、ともライプニッツは付け加えるかもしれない。しかしそのような表現は私には単に、少ないことはおもしろくないから、と言っているように聞こえる。

存在が無数にあって数え切れないというと、多くの人はすぐに宇宙の大きさを思い浮かべるかもしれない。しかしライプニッツは遥か宇宙の彼方に目をやるよりも、足下の小さな世界に、無数の存在を求めていった。

物質のどの部分も、草木に充ちた庭とか魚でいっぱいの池のようなものと考えることができる。……／庭園の植物の間にある地面や空気、池の魚の間にある水は、植物ではないけれども、じつはやはり

レーヴェンフック（1632–1723）——オランダの生物学者。顕微鏡を発明し、精子を観察したりした。その成果はライプニッツをいたく感心させた。

マルピーギ（1628–1694）——イタリアの解剖学者。顕微鏡を用いて人体や昆虫の微細器官の観察をした。ライプニッツはその業績を高く評価している。

フォイエルバッハ（1804–1872）——ドイツの哲学者。ヘーゲルの影響を受けながら、人間学を模索した。ライプニッツやベールについての研究は意外と深みがある。

★2——フォイエルバッハ『ライプニツの哲学』一八三七年、船山信一訳『フォイエルバッハ全集』第七巻、46（福村出版、一九七三年）。ここでのスピノザとライプニッツを比較した文章は美しすぎて、読む方が照れくさくなるほどである。「スピノザの哲学は、人間からはなれているために人間の眼には見えない諸対象を人間の眼の前にもたらす望遠鏡であり、ライプニツ《ママ》の哲学は、小さく且つ微妙であるために人間に気づか

植物や魚を含んでいる。ただそれらがあまりに微細なので、ほとんどの場合われわれには見えない［『モナドロジー』六七、六八節、工作舎 ⑨, 233-34］。

このような発想は、当時発明された顕微鏡によるところが大きい。オランダのレーヴェンフックは自ら発明した一枚レンズの原始的な顕微鏡によって微生物の世界を明らかにした。生命体が何もないと思われたような水滴を顕微鏡で覗いてみたら、そこには肉眼では捉えることのできない微小な生物が無数に存在していたのである。イタリアのマルピーギも昆虫の観察でいくつもの発見をしている（「マルピーギ管」などにその名をとどめている）。それらによって明らかにされたミクロの世界は、ライプニッツを驚かせるとともに喜ばせ、宇宙の概念を一挙に拡大させた。フォイエルバッハはスピノザとライプニッツを比較し、スピノザの哲学はいわば望遠鏡でライプニッツの哲学は顕微鏡だとしたが、なかなかうまい言い方だ。★2 実際、ライプニッツは望遠鏡よりは顕微鏡の方を高く買っていた。

望遠鏡は顕微鏡ほどには役に立たず、知識の美しさと多様性を示すこともそれほどではない［『正義の共通概念についての考察』一七〇二年頃、Riley, 53］。

しかしライプニッツはその発見の意味を、たまたま覗いたレンズの中だけに限定せず、さらに拡大して宇宙のいたるところに生命の存在を認めようとする。

宇宙の中には荒れはてたところや不毛なところ、死せるところはまったくなく、混沌も混乱もない。ただ外観上そう見えるだけである［『モナドロジー』六九節、工作舎 ⑨, 234］。

れない諸対象を人間に見えるようにする顕微鏡である。……スピノザの世界は、神性という無色なガラスであり、われわれがそれを通して一つの実体が放つ無色の〈天の光〉以外の何物をも見つけないような媒体である。ライプニッツの世界は、多角形の結晶体であり、自分に特有な本質を通して実体が放つ単純な光を無限に雑多な〈光の富〉の中で多様化し且つ暗くするようなダイアモンドである」。

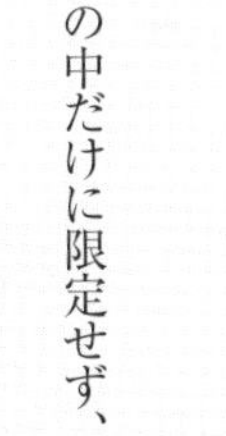

図6——レーヴェンフックの顕微鏡。レンズは一個という超原始的な道具だが、多くの画期的な発見をした。中央上部の先端に試料をつけ、金属板の中に仕込んだレンズを通して左側から観察する。

この言い方は、生命をもった存在が無数だというだけではなく、それが宇宙に充満しているという主張でもある。無数であるということと充満しているということは同じではない。無数のものがまばらにあっても論理的には少しもおかしくはない。しかし存在がまばらにあるよりは充満している方が多いにきまっている。しかも、何もないように思われているところにも実は何かがあるのかもしれない。われわれに知られていないだけかもしれない。その可能性が否定できないならば「あり」としようというのが、ライプニッツの連続律の発想であった。ライプニッツはためらうことなく充満を選ぶ。ミクロの世界まで充満している構造が宇宙の全体にみなぎっているのだ。ここには「存在の連鎖」の一つの典型がある［ラヴジョイ『存在の大いなる連鎖』］。ライプニッツはあろうことか顕微鏡を通して宇宙を見ようとしていたようだ［▼4—2「リンク」］。

存在の重層性

「無数」の存在ということについて、ライプニッツはさらにもう一つ新しい論点を付け加える。それは、この世界に存在している無数のものは、いわば単に横並びにあるのではなく、重層的な構造をなしている、ということである。

物質のどの部分も、草木に充ちた庭とか魚でいっぱいの池のようなものと考えることができる。ただし、その植物のどの小枝も、動物のどの肢体も、やはり同じような庭であり池なのである［『モナドロジー』六七節、工作舎 ⑨,233–34］。

この前半部分は先ほどの引用と重複するが、後半部分では入れ子式の重層性が語られている。ある一つの存在だと思っていたものがその中にさらにまた多数の存在を含んでいるというのである。ロシアのマトリョーシカという木製の人形は胴体の中に一回り小振りのそっくりな人形が入っていて、その中にはまたさらに一回り小振りの人形が入っている。このような入れ子の仕組みは日本でも重箱や篭で見ることがある。しかし人工物では入れ子といってもどこかで打ち止めになってしまう。ライプニッツにとって現実の世界はどこまでいっても終らない入れ子になっている。しかもその入れ子はそれぞれがみな生き物である。

自然の機械つまり生物の身体は、それを無限に分割していってどんなに小さい部分になっても、やはり機械になっている。これが自然と技術、つまり神のわざと人間のわざとの違いである[『モナドロジー』六四節、同233]。

どこまでいっても機械だということは、数学的な分割とは違って、それぞれの段階の存在が有機的な存在としてまとまりをもっているということである。

どの生物の身体も、それを支配するエンテレケイアをもち、動物ではそれが魂であることがわかる。ただこの生物のどの肢体にも他の生物、植物、動物が充ちていて、そのそれぞれがまた、それを支配するエンテレケイアとか魂をもっている[『モナドロジー』七〇節、同234]。

生物の部分にも同じように無数の有機的な構造が潜んでいる。ここで「エンテレケイア」と言われているものは、動物にとっての魂だと説かれていることからわかるように、ある存在を一つの有機的な統一体にさせる原理のことである[▼2―3「統一性」]。生物が重層的に存在しているのに応じて、このエンテレケイアも重層的に働きをもっていることになる。この統一的な存在は見かけのものではなく真の存在と言えるものだ、とライプニッツは考えていた。それで、この宇宙は現実に重層的な存在構造をなしていると考えたのである。

物質のどの部分も、昔の人が認めたように無限に分割が可能であるばかりではなく、各部分は現実にさらに多くの部分へと限りなく細分されていて、しかもその部分のどれもが固有の運動をしているからである。さもなければ、物質の各部分が宇宙全体を表出することができる、とはいえなくなる〔『モナドロジー』六五節、同233〕。

物質の部分が「固有の運動」をしているということは、それぞれが一つの自立した存在つまりは生物のようなものであるということである。それだから、「現実に」限りなく細分されていると言えることになる。ここで「現実に」ということを強調したのは、分割が単に可能であるだけなら「操作的無限」の場面と変わらなくなってしまうからである。生命体の統一性はそれを見る者の観察の仕方とは無関係に存在している。その点で、ライプニッツは真の統一性と見かけの統一性とを区別していた。これについてはもう少し後で見ることにする〔▼2―3「統一性」〕。

ライプニッツはさらに付け加えて、それら無数の微小生物は決して発生も死滅もしないとまで言い放つ〔『モナドロジー』七三節〕。これでは、この世界にはいったいどれほどの生物がいることになるのやら。恐らくこうした言葉は文字通りに受け取ってはいけないのかもしれない。それは、白髪三千丈のたぐいであるからではなく、先に見た「無限」の理解に通じるからである。つまり、生物の世界には無限の階層がある、と断定してはいけないのであって、どんなに小さなところにも生命は宿っていてその中にもさらに生命体があり、それがどこまでも続く、という意味で理解すべきなのである。その根拠は、と尋ねられたら、どこかの段階で生命活動の存在を否定するような根拠が見あたらないから、ということになるだろう。ここでも連続律が働いているのである。

宇宙を映す永遠の生きた鏡

これまで、現実的無限としてライプニッツが考えていたと思われる意味について、存在が無数にあるということ、それらが重層的な構造をとっているということについて見てきた。次に第三の意味として、存在の内容にかかわるものについて考えることにする。ただし、今まで「存在」というやや曖昧な言い方をしてきたものをもう少しライプニッツの表現を生かすならば「個体」ということになり、これがここでの考察の対象となる。個体については次章で改めて取り上げることにするが［▼2―3］、さしあたっては、一つの存在としてそれ以上分割することができないようなまとまりをもったもののことだというように理解しておいて、間違いではない。そして今ここで強調しておくべきことは、個体はその中に無限の内容を含んでいるということである。

> この［個体が認識を持つという］点について最も重要なことは、個体性は無限を包蔵しているということです。無限を理解することのできる者だけが、これこれの事物の個体化の原理の認識をもちうるのです。このことは、宇宙のすべての事物が互いに及ぼし合っている（正しく理解された意味での）感応力に起因しています［『人間知性新論』三部三章六節、工作舎 ⑤,34］。

この文章にはいろいろのことが包蔵されているが、ここではなによりも、「個体性は無限を包蔵している」という箇所に目を付けよう。これは、生物の体が入れ子の構造をもっているという重層性のことではない。個体の概念が無限の内容をもっているということである。もう少し砕けた言い方をするなら、個体と呼ぶことのできるものについて、それがどのようなものかということを一つ残らず語ろうとすると、果てしがない、ということである。なぜそうなるのかというと、最後の言い方にあるように、宇宙の中にあるすべてのものが互いに関係しあっているからである。ライプニッツの考えでは、現実に存在しているものは、それがどんなものであれ、他のすべての存在と何らかの関係を持たないわけにはいかない。直接に関係していることがないとしても、間接的な関係は必ずある。

たとえどんなに微小な運動でも、そのはたらきは隣接する物体に次々と波及し、遠くなるにしたがって勢いこそ弱まるものの、隣からそのまた隣へと、無限に拡がっていく［一六八七年一〇月九日アルノー宛、工作舎 ⑧, 359］。

現在なら、少なくとも地球の周囲までの範囲であればわれわれに何らかの影響があることを事実上否定はできない。太陽の黒点の増減も地球に大きな影響をもたらす。それよりも遙か彼方にあるもの（二百万光年以上彼方のアンドロメダ星雲でもかまわない）であっても、そこに何らかの変化が生じたとすると、まずはそのすぐ近くにあるものへ直接的な影響を与えずにはおかない。それがまたさらにその近くのものへと影響を与える。こうして影響関係は順送りされて、やがて自分のもとにまで届くことになる。このような説明が一見どれほど荒唐無稽に思えても、可能性を否定することができない限り、認めておくべきだということになる。ここにもまた連続律が働いている。こうして、他のものとの関係なしには、その個体がどんなものであるかということを語ることはできなくなる。それだから、逆にある個体についてそれがどんなものであるかということを漏れなく言おうとしたら、他のあらゆるものとの関係が含まれなければいけないことになる。これが現実的な無限の意味するところである。

他のものとの関係は空間的な拡がりの中だけで理解してはいけない。時間的な拡がりの中にも他との関係は認められる。このことは、過去にさかのぼって考えるならば何も難しいことではない。現在のできごとが過去のできごとの結果であることを否定する人はいない。自分の命は親から、そしてそのまた親から引き継がれたものである。物理的な因果関係であれ、ＤＮＡによる情報伝達であれ、今ある個体にはそれに先立つ無数の存在の痕跡が認められる。ちょうど、満天の星空の光がそれぞれ異なる過去の瞬きであるのと似ている。しかし時間的な関係は過去にのみ向けられるのではない。現在が過去の結果であるならば、未来は現在の結果である。つまり、未来もまた現在との関係において理解されることになる。

被造物はどれもが、現在においてその未来の状態をはらんでいる［一七一四年三月二二日ブルゲ宛、GP-Ⅲ, 566］。

このことも、ある程度までなら常識に沿うことである。環境問題で言われる次世代への責任という発想はまさしくこの考え方だが、こんなことを持ち出さなくても、自分の将来の姿が現在の自分の状況に制約されていることは誰しも認める。しかしだからといって、それで未来がすべて決定されているとは普通は考えない。未来は未知であるからこそ希望と不安があり、人生の醍醐味があるとさえ言える。ところがライプニッツは未来の事柄もすべて現在の中にあると言う。

各人の個体概念は、以後その人の身に起こる事柄をすべて事前に含んでいるので、その概念を見れば、それぞれの出来事の真理について、そのア・プリオリな証明や理由がわかる［『形而上学叙説』一三章・要約、工作舎 ⑧, 160］。

この一文は、人間の自由を否定するのではないかという疑義にさらされ、アルノーとの手紙のやりとりでの大きなテーマともなった。これはこれで別の経緯が絡む厄介な問題なのだが、それには今のところ触れないでおく。しかしここでは人間の自由云々が問題なのではなく、宇宙にある存在者のすべてのあり方が問われている。つまりライプニッツにとっては、人間に限らずこの世界に存在するものすべてにとって、未来は現在の内にあるのである。

> 現在は未来を孕み、未来は過去の中に読みとられ得るだろう〔『理性に基づく自然と恩寵の原理』一三節、工作舎 ⑨,253；『弁神論』三六〇節、工作舎 ⑦,109 参照〕。

結局、どの個体も他のすべてのものと時間経過も含めてかかわっているということになる。そこから、次の美しい表現が理解できるようになる。

> どの単純実体も……宇宙を映す永遠の生きた鏡なのである〔『モナドロジー』五六節、工作舎 ⑨,229〕。

「単純実体」という言い方は説明を要するだろうが、今は目をつぶっておく。別のところでは「魂はどれもが、宇宙を自分の視点から、とりわけ自分の身体との関係で表現している生きた鏡だ」という言い方もある〔『ベールの辞典からの抜粋とコメント』GP-IV,522〕ので、人間のみならずすべての生命体のことを念頭において理解しておけばよさそうである。それをこれまでは「個体」と呼んできた。宇宙の中にあるすべての個体がその中に他を映しこんでいる。それぞれが自分の過去のみならず未来をも包み込んでいる。したがって、一つの個体の中に宇宙のすべてが包み込まれていることになる。しかも、ある個体が映す他の個体にもまた自分が映っている。ちょうど合わせ鏡で見たときのように、自分自身は何重にも映し出される。人間同士であれば、相手を意識している自分のことを見た他人がそのことを意識し、そう意識されているというふうにまた相手を意識し、その自分がまた相手に……、と自他が互いに意識しあうことがある。したがって一対一の関係でもきわめて複雑なものとなる。これが三者になれば、天体力学での三体問題であれ男女間の三角関係であれ、話は格段にややこしくなる。ライプニッツはこれを一挙にすべての存在にまで拡大して考えている。

ベール（1647–1706）――フランスの思想家。膨大な資料を渉猟しながら人間理性の限界を見きわめようとして多くの著作を残した。懐疑主義者と言われてきたが正体はつかみにくい。自分の時代の問題と古典の問題とをリンクさせることにかけてはライプニッツ以上の腕前がある。『歴史批評辞典』ではライプニッツの予定調和説が批判され、ライプニッツも反論している。ライプニッツは『弁神論』でベールの所説を徹底して吟味している。

同じ一つの宇宙は、それぞれがそれなりの仕方で宇宙を映している無数の生きた鏡によって、無数の仕方で倍加される［一七一四年七月レモン宛の手紙の草稿、GP-III, 623］。

このような宇宙観を仏教の華厳の世界になぞらえる人もいる［村上俊江「ライブニッツ氏ト《ママ》華厳宗」］。帝釈天の住む宮殿にはインダラ（因陀羅）網というネットが張ってあるそうだ。これは結び目ごとに宝玉がついていてそれらが互いに光を反射しあっているという。その目映《まばゆ》さが華厳の世界の大きさを象徴している。これとライプニッツの宇宙観との比較はきわめて魅力的ではあるが、あまり本質的なところでの類比がなされているようには私には思われない。しかしそれにしても、ライプニッツの世界像がその内容において無限を含むということは確かなことである。

以上で、ライプニッツにとっての「現実的無限」なるものを想定し、それを、多数性と重層性と関係性において見てきた。そしてこれらはいずれも、「個体」という存在において現実的な意味を持つものだということが、おぼろげではあるが示されてきた。その「個体」については次章で再び取り上げる。

1-5 類比

ライプニッツの文体の特徴の一つとして、話題がいつしか別のものにリンクして変わっていくというものがある[▼4—3]。しかし「リンク」は単なる思いつきでなされるものではない。連結されるもの同士の間に何らかの関係がなければならない。それは必ずしも論理的な関係や物理的な因果関係でなくてもよい。むしろそういった合理性からやや外れたところに見いだされるような種類のつながりである。きわめてゆるやかな必然性が想定されていると言ってもよい。それが「比喩」と「類比」である。

比喩

比喩は、ある主張を印象深く効果的に伝えるためのレトリックの技法であり、古来さまざまな手法が編み出されている。そのなかでも「直喩」とか「隠喩」と呼ばれているものは、比べられるものの間に何らかの類似性を設定することによって説得力を与えようとしている。「リンゴのようなほっぺ」は、子どもの紅潮した生気みなぎる無邪気な頬が瑞々しいリンゴの表面と似ていることを表している。「人間は狼だ」は、人間の凶暴な本性が狼の凶暴さと似ていることを示している。いずれも、生気あふれるとか凶暴だとか言うだけよりも、訴える力が強い。

西洋の古典に幼い頃から親しんでいただけあって、ライプニッツに比喩は多い。特に、長編の『人間知性新論』と『弁神論』は比喩の宝庫である。どのページを繰っても比喩がちりばめられている。ここではもう少し抑制の利いた『形而上学叙説』から、あまりおもしろい比喩ではないけれども、後の議論との関係で次の一節だけを示す。はじめにある［　］内は章の表題で、これが本来言いたいことである。

［神の行為の完全性の法則とは何であるか。および、手段の単純さは結果が豊富なので釣り合いがとれていること］たとえば、完全な行いをする人は、ある問題について最もよい作図を見つけることのできるすぐれた幾何学者に似ているとか、自分の地所と建物用の資金とを最も有利なように按配して、その建物が不快感を与えないように、またそれが示しうる美しさを欠くことのないように心がける立派な建築家に似ているとか、自分の財産を、手つかずのところや不毛なところがないように運用する一家の善き父に似ているとか、できるだけ面倒のない方法を選んで効果をあげる熟練工に似ているとか、できるだけ少ない紙数の中にできるだけ多くのことがらを書き記す博学の著作家に似ていると、いうことができる［『形而上学叙説』五章、工作舎 ⑧, 149. 傍点は今ここで便宜上つけたもの］。

「似ている」というせりふを連発していることからもわかるように、完全な行いをする人、ここでは事実上は神を、幾何学者とか建築家とか父とか熟練工とか著作家になぞらえている。神の手際については漠然としか理解できなくても、幾何学者たちについてなら多少は具体的なイメージがわく。このイメージとの類似性で神の能力を表しているのである。

『モナドロジー』での比喩は地味だ。「モナドには窓はない」［七節］とか「単純な実体は宇宙を映す永遠の生きた鏡だ」［五六節］といった比較的知られている表現もあって、数だけなら少なくはないのだが、どちらかというと淡泊で面白みも薄い。実はこれには『モナドロジー』の成立事情が絡んでいる。『弁神論』を読んで感動したレモンという素人インテリが、ライプニッツ哲学を簡潔にまとめることを求めて「各命題は、比喩（メタファー）を用いず、究極の正確さをもって、幾何学の定理のように表現」してほしいと注文をしてきたのである［一七一四年五月五日、GP-III, 616］。ライプニッツがこの厚かましい注文に応じた結果、あの素っ気ない作品が生まれた。レモンは『弁神論』の全編これ修辞の固まりといった叙述にはやや食あたり気味だったのかもしれない。

比喩についてはこれ以上は述べない。実例を挙げたら山ほどあるからということもあるが、この章はライプニッツの発想を見るのが課題であって、比喩に触れたのは実は次に述べる「類比」を考える布石だったからである。先の引用文もそうした思惑があって選んだものであった。

類比

『モナドロジー』は地味だと述べたが、レッシャーはここには数多くの類比の手法が用いられているとして、六〇個以上の場面を列挙している［Rescher：*Leibniz's Monadology*, 38-43］。これらの中には、単に表現効果をねらっただけの比喩と見られるものも少なくないのだが、よく読んでみると、それだけにはとどまらない。しかし『モナドロジー』はあまりに言葉を節約しすぎているので、以下では、もっと饒舌なところから類比の例をとりだそう。

そもそも類比（アナロジー）とは、二つの別の事柄がその本質的な構造において対応していると考えた上で、一方のあることがらについて知らないことを他方の既に知られたことから推測して理解しようとするものである。ここには一種の比例関係が想定されている。プラトンの魂と国家の類比、各種の神人同型論、トマス・の存在の類比、一部の社会生物学などが挙げられよう。こうした類比においては、比較の対象になるもの同士がほぼ対等になっているという点で、単なる比喩とは異なる。つまり、一方について言えることはその本質的な点においてほぼ同じように他方についても言え、その逆もまた可であることが求められる。比喩ならば、比較の主従関係が前提になっているからである。もっとも、類比を問題とするのは、比較される二つの事柄のうち一方についてはある程度よく知られているのに対し他方については十分な知識が得られていない

トマス・アクィナス（1225以降–1274）――イタリア生まれの哲学者。スコラ哲学のピークを築いた。アリストテレスの解釈を緻密に行いつつ、それをキリスト教とつなげた。大部の『神学大全』や『対異教徒大全』をはじめ多くの書物が思想の広がりと緻密さを示している。ライプニッツは幼少時に教わったこともあってか、哲学議論の要所要所でトマスに触れている。

という場合も多い。このときには前者についての知識から他方についての知識が得られるに違いないという確信に支えられて類推が行われる。この類推を可能にするのは、両者において基本的には同じ事態が見られるはずだ、という認識だが、この認識は多くの場合論証されてはいない。この共通の事態は本質的なレベルでの構造的な対応関係である。そしてその構造において、両者は対等に引き比べられることになる。

ライプニッツにとって「類比」は二重の意味で用いられている。一つは探求の技法としてであり、第二は存在のあり方としてである。次の文章は、執筆時期は不明だが、第一の意味、つまり探求の技法としての類比の役割が説明されている。

経験から出発したア・ポステリオリな仮定的方法は、大部分が類比に依存している。例えば、多くの地上の現象が磁気現象と一致しているということを見て、地球は大きな磁石だ、地球の構造は磁石に対応する、重い物体が地球に引きつけられるのは磁石が鉄に引きつけられるようなものだ、と説く人もいる。ある人は、発酵ですべてを説明し、潮の干満も発酵だと言う。またある人は、灰汁が酸に対抗するのを見て、すべての物体の衝突は酸とアルカリの衝突にすぎないと言う。われわれは類比の濫用には警戒をしなければならないが、それでも類比は、帰納法的な推論をしていく上でもまた帰納法によって寸言にまでまとめ上げていく上でも、きわめて有用なものとなりうる。これによってわれわれは、経験を十分に持っていない事柄についても予測ができるようになるからである。これはまた、事物の真の原因を探求する際にも役に立つ。というのも、いくつかのものに共通して見られる現象があった方がその原因を発見することはたやすいことだからである[Loemker, 284. このテキストは今のところラテン語の原文が刊行されていないはずなので、レムカーの英訳からの重訳とする。なお下村寅太郎編『スピノザ　ライプニッツ』484にも同文が訳出されているが、これはエンゲルハルトの独訳(一九五一年刊)からのものだという]。

ここで挙げられたような推論は、それだけを見るといかがわしさの方が目立ってしまう。それなのにライプニッツは、濫用の危険性を承知しながらも、あえて有用性を認めようとしている。それは、この引用文にもあるように、現象の原因を探求するための方法として有効であると考えているからである。原因はしばしば人間の眼からは遠ざけられている。それでもそこに到達しようとするならば、「可感的なものと非可感的なものとの類比」[『人間知性新論』三部一章五節、工作舎 ⑤,16]を頼りに、「見えないもの」へと推論を及ぼしていくしかない。この類比の手法がないと、現象の経験的な知識だけで満足しなければならなくなってしまう。類比は、知識を拡大する手法として働くことになる。

自然の類比

しかしライプニッツは、類比を単に探求の技法、叙述の手法としてのみ考えていたわけではなかった。類比のもう一つの意味、存在にかかわる類比を述べたものとしては、次のきわめて簡潔な表現を挙げることができる。

自然においてはすべてが類比的である[一七一〇年六月四日ヴァーグナー宛、GP–VII, 530]。

これは、自然の探求の方法についての類比を言っているのではない。ここで問題となっているのは、自然のあり方としての類比、つまり存在のあり方としての類比である。探求や推論や叙述の仕方からさらに踏み込んで、自然が、さらには世界そのものがそもそも類比的な構造をしているという主張である。方法論が同時に存在論にもなっているというのは、ライプニッツの思考法の特徴で、この点ではヘーゲルやベルクソンに通じるところがあるように思われる。記号的な認識が存在にまで届くはずだという確信も、ここにその基礎が求められるであろう。連続律や無限についても同じことが確かめられてきた。

ヘーゲル(1770–1831)——ドイツの哲学者。対立を統合する弁証法の過程を思考にも存在も適用し、精神、自然、共同体を貫く動的で体系的な世界像を築いた。自信満々の哲学者で、大学の講義はいつも超満員だったという。後世への影響力も絶大。

ベルクソン(1859–1941)——フランスの哲学者。科学的な論理では捉えられない内的な動きを真の実在とする動的な哲学を説く。意識、身体、生命活動、信仰のすべてにわたる全体的な思考である。

★1——比較解剖学あるいは比較形態学では、一九世紀のオーエン以来、構造的な共通性をもつことを「相同(ホモロジー)」と呼び系統的類縁性を知る手がかりとしている。これに対して鳥の翼と昆虫の翅のように系統的には別でも機能的に共通であるものは「相似(アナロジー)」と呼び、相同と区別される。ライプニッツにとっての「類比(アナロジー)」はむしろ「相同」に近い考え方であることがわかる。

ライプニッツの思考法のもう一つの特徴は、具体的で個別的な認識が普遍化の方向を支えているということで、とりわけ技術の役割は軽視できない。類比を考える場合でもこのことは常に言える。

> 類比の探求[の意義]についてはまったく同意します。植物や虫・小動物、ならびに動物の比較解剖学が、ますますそれらをもたらしてくれるでしょう。とりわけ、顕微鏡をこれまで以上に用い続けるようになればそうでしょう[『人間知性新論』四部一六章一二節、工作舎 ⑤,284]。

顕微鏡によって、今まで知られていたものとは全く違う世界が開かれたということは確かだ[▼1―4「顕微鏡と無数の存在」]。しかし自然界の類比の奥深さが発見されたことも事実だ。もちろん、ここでの「類比」とは、単なる姿や形の類似性ではなく、関係や構造の類似性である。比較解剖学も同じような発見をもたらす★1。ライプニッツが挙げた例ではないが、人間の手と馬の前足とコウモリの翼とクジラの前ビレ(と言うのだろうか)は、形態も機能も全然違う。しかし骨格の位置関係はそれらが構造的にはみな哺乳類の前肢であることを示す。進化のプロセスも考慮に入れれば、一層納得がいく。比較解剖学は、異なる種に属する生物を構造的な類似関係、「相同」という考え方で系統立てる。ライプニッツの時代に各地で発見された化石も構造に目を向けることによって冷静な学問的成果に結びついていった。

> 自然学者の観察によってますます多くの化石の起源が明らかにされてきた。すでに前世紀に舌石がサメの歯だということは知られていた。いわゆるヒキガエル石が狼魚に属するということは、少し後になって確かめられた。マルタ人が聖パウロの杖と呼ぶものは、岩石中に含まれた引き裂かれたウニの棘であり、そばに転がる蛇の目は、短くて丸いある種の魚の骨であるということが明らかにされた……[『プロトガイア』、工作舎 ⑩,156]。

表面上の類似性に惑わされ構造に目を向けることを怠った人は、「石の中に動物や植物やその一部を見るのではなくて、歴史や伝説を見る」[同 158]。どこぞの石にはキリストが、モーゼが、あるいはルターが見えたという伝承を、ライプニッツは例によってこれでもかというほど登場させる。日本ならさしずめ平家蟹といったところだろうか。結局はどれもが、「人が観察によって見たいものを生み出してきた」[同 159]ものだ[▼4―1『情報収集』]。これらとは違って、構造的な類似はまさしく類比的な関係にある。自覚的な方法に裏打ちされた観察の技術の発展は、堅実な知識の範囲を広げるとともに、世界を統一的に捉える可能性を増大させもした。

精神と自然

次にあげる類比は、ほとんど比喩といった表現だが、暗示するところは大きい。

選ぶべき選択肢はしばしばたくさんあるのだから、魂は天秤ではなく力に譬える方がよかろう。力は同時に多くの方向へ向かおうとするが、最もたやすく最も抵抗の少ないところにだけ作用する。例えば、ガラスの容器に目一杯押し込められた空気は、容器を割って出ようとする。空気の力は容器の各部分に向けられている。しかし結局は最も弱い箇所を攻撃する。これと同じように、魂のさまざまな傾向性は考えられるすべての善に向かっている。これは先行的意志である。しかしそこから結果する帰結的意志は強く惹きつけるものへと決定される[『弁神論』三二五節、工作舎 ⑦, 82]。

魂がどのようなものへと向かっていくかということが述べられている。それは決していつも一つのものにだけ向かっているのではない。いろいろな動機があり、さまざまな事情に取り囲まれながら、いくつかの選択

クラーク（1675–1729）——イギリスの神学者。ニュートンの代弁者として最晩年のライプニッツと交わした論争で知られる。

肢の間で迷っていて、それでも一つの方向を選び取らなければならないということがある。これをガラス容器に押し込められた空気に譬えている。意志の力が魂の空気の圧力に引き比べられ、その行く末を論じている。これは比喩と言った方が自然なところかもしれないが、善を目指す倫理的な行為のあり方が物理法則に従う自然のあり方と並行しているという発想が根底にあり、自然の物理的法則と意志の道徳的法則が類比的であるという理解があるからこそ、当然のようにこの表現がでてくるのである。

そうはいっても、この類比は成り立たないという反論は可能である。高圧の空気が容器の弱い箇所を突き破るのは正しいとしても、人間の意志は、必ずしも最も強く惹きつける動機にいつも従うとは限らないからである。自分が一番惹かれるものがあってもあえてそれを選ばないことはできるし、それができるということが自由の証しだという主張も可能ではあろう。晩年の論争の中で、何ごとにもしかるべき理由があるというライプニッツの理由律の考え方に反対したクラークは、ライプニッツが知的な作用者の意志に対する動機の関係を天秤に対する分銅の関係と同じように扱っているために、知的な作用者が受動的になってしまうと批判した。しかしライプニッツはそのような反論をしりぞける。

> 天秤は両側が等しいだけ押されても動かないだけでなく、等しい分銅もそれらが均衡していれば動きません。したがって、一方が下がることはそれだけ他方が上がることなしにはあり得ないのです。／……実際には、動機は、精神が意志的に働くためにもちうるすべての態勢を含んでいるのです。というのも動機は、理由だけでなく、情念とか他の先行的印象に由来する諸傾向をも含んでいるからです。こうして、もし精神が強い傾向よりも弱い傾向の方を選ぶとしたら、それは自分自身に反して働くのであり、働くよう態勢づけられているのとは別様に働くことになるのです［一七一六年八月一日クラーク宛（ライプニッツの第五の手紙）一四〜一五節、工作舎 ⑨, 335–36］。

もし違う選択肢を選んだとしたら、そちらの方が強く惹きつけるものだったのであり、最初にそう思っていたのは実は違っていたということである。どれが一番惹きつけるものだったかは、結果が示している。しかし天秤だとどちらか一方が傾くしかないが、人間の心はもっと多くの動機の中にある。そのため「魂は天秤ではなく力に譬える方がよかろう」と言って、『弁神論』三二五節では空気と容器の譬えを出した。これによって魂が受動的な決定論に取り込まれるのではなく、常に最も強い動機に支えられた意志的存在であることを論証しようとしていたのである。こうしてそれらの比喩は、単なる表現上のあやだけではなく、機械論的な自然の姿と能動的な魂とを類比的に理解するためのものとなっているのである。先にも述べたように、類比は論証できるものではない。むしろ推論の方向性の提案である。意志の法則を自然の法則になぞらえて理解しようという提案なのである。ここには危ない落とし穴がたくさんある。簡単に同一視することのできない事情があることはライプニッツ自身百も承知の上で、それでもあえて二種類の法則の間の共通性を探ろうとしている。これは人間の意志的活動を機械論的な法則に還元しようとしているのではない。それでは類比ではなく還元主義であり、機械論的一元論でしかない。二つの法則のそれぞれの独自性を認めた上での共通性の洞察が類比的思考なのである。

意志と物理的現象との間に類比を求める発想は、心身問題という哲学上の重要なトピックとただちに結びつくし、作用因と目的因との関係といった問題にも直結する。そしてさらにこれは、調和というライプニッツ哲学の基本概念にまで及ぶことになるのだが、それは次章で扱うことにしよう［▼2―3「心身問題」］。

中国

今度は、中国人の思想についての類比である。ライプニッツの中国への関心は全面展開で、哲学、歴史、宗教、言語、技術、政治など、自分が手がけた分野のほとんどが中国とのかかわりを持っている。ライプニッツは、四書五経のフランス語訳、ラテン語訳を取り寄せ、北京在住の宣教師たちからも情報を聞き出しなが

マテオ・リッチ（1552–1610）——イタリアのイエズス会士。中国でのイエズス会宣教団長。中国名利瑪竇。中国人の習俗にはかなり寛大でキリスト教の布教の可能性についても楽天的だった。

ロンゴバルディ（1559–1654）——イタリアのイエズス会士。マテオ・リッチを継いで中国イエズス会宣教団長となるが、中国の理解は全く逆。

★2——これはいわゆる「典礼問題」であって、宣教師の間では中国の伝統的な祖先崇拝がキリスト教の布教の障害になるかどうかが争われていた。イエズス会の中でも意見が分かれ他会派も巻き込みながらローマとの激しいやりとりが続いていた。後藤末雄『中国思想のフランス西漸2』72以下参照。この、所詮はカトリック内部の論争に、カトリックではないライプニッツが加わってきたところがおもしろい。▼4―2

ら、中国像を築こうとしていた。類比という点で見ると、三点指摘できる。第一にキリスト教と中国の宗教との間に共通点を求めるということ、第二にヨーロッパ人と中国人との間に共通点を求めるということ、第三に易教にかかわるものである。言うまでもないことだが、共通点というのは構造的な類似のことである。

第一の類比は、キリスト教と中国の宗教との間に設定された類比であり、比較宗教学とか比較思想とも言えるようなものである。ライプニッツはイエズス会の宣教師マテオ・リッチの中国観に共鳴するところがあった。それは、中国人の宗教思想がキリスト教の思想と共通しているので改宗は難しくないというものであって、後任のロンゴバルディが伝統的な先祖崇拝をやめさせない限り改宗はあり得ないと考えたのと真っ向から対立していた[★2][▼4—2「相手を見据える」]。きわめて単純化してしまえば、ライプニッツはマテオ・リッチにならって、キリスト教の神を中国の上帝に対応させた。

> 中国人がもっとも崇高なものとして、理と太極の後に話題にするのは上帝です。そして上帝は天なる王、いやむしろ天を支配する精神です。中国に長い間滞在したリッチ神父は、この上帝が天と地の主であり、キリスト教でいう神と解釈できると信じました。……リッチ神父が、中国古代の哲学者は、上帝つまり天上にいる主である至高存在とそれに臣従する多くの精霊の存在を認め、それらを崇めているといい、中国人はそうした仕方で真なる神についての知識をもっていると主張したとき、彼は決して間違ってはいなかったのです[『中国自然神学論』二章二八節、工作舎⑩,46-47]。

この調子で、『中国自然神学論』ではキリスト教の天使や霊などを中国の鬼神や霊魂に対応させていく。さらに、太極、理、気などの中国哲学の重要概念に対しても、ギリシア哲学やストア哲学まで動員して西洋との関連を探ろうとしている。こうした試みの基本線はすでにマテオ・リッチによって敷かれたものであって、ライプニッツの独創になるものではない。しかしライプニッツは、いつもの凝り性から、自然学、神学の議論をたっぷりと援用している。こうした対応関係をあまり細かく設定すると滑稽にさえ見えてくることもあるのだが、ライプニッツにとっての根本姿勢は、キリスト教と中国思想とがともに自然神学を精緻化させた姿であるとの認識に支えられている。

第二は、ヨーロッパ人と中国人との間に持ち込む類比である。当時のヨーロッパ人にとって、自分たちの優位性をあらゆる場面で確信し他人種、他民族はすべて野蛮人としてしか見ようとしない風潮が一般的であった(これは現在でも必ずしも絶えているわけではない)。しかしまずは冒険的な旅行家、ついで野心的な宣教師たちの努力もあって中国の情報が増えるにつれ、中国には精神的にも物質的にも高度の文明が築かれていることに、ヨーロッパ人たちも気が付きだした。それでも自分たちの優位性は譲ろうとしない。宣教師たちもキリスト教の真理性を疑うはずはない。彼らが皇帝に近づいたのも、結局は布教の足がかりを得るためである。しかしライプニッツは表面上の違いをこえた精神的な共通性を認めようとする。

ヨーロッパ人が人間的な理性の光と呼んでいるものを、中国人は天の掟もしくは法と呼びます。ヨーロッパ人が、正しい法に従った時にえられる内的満足感や、正しい法に背いたときにおそわれる恐怖感といったものを、中国人は(そしてヨーロッパ人もまたと私は付け加えますが)上帝つまり、真なる神が与える霊感であると呼んでいます。天を怒らすことは理性に反する行為であり、天に許しを乞うことは、自己を改善し、言行を正道にもどし、理性の掟に服従することにほかなりません。そして私としては、以上の考えはすべて、自然神学に合致したきわめてすぐれたものと思います。……中国人の教説は、人間の心の中に刻み込まれた自然法を改善してくれるという意味で、純粋無垢なるキリスト教といえます。そしてそこに欠けているのは、人間の性質を改良するために必要な啓示と恩寵だけだと思います[『中国自然神学論』二章三一節、同50]。

ライプニッツ自身もキリスト教の優位性を否定しているわけではないが、それでもかなり公平に中国を見ようとしていることがわかる。そしてそれはあくまでも、表面上の類似や相違に目を奪われることなく、体系にまで入り込む洞察力によるものなのである。

中国人の教説を明晰に述べるためには、個々の言句にとらわれないで、彼らの説くところを体系的に把握した方が安全なのです［『中国自然神学論』二章三四節、同53］。

何度も言うように、類比は構造的な比例関係を見抜くことであり、実際に違いがあるのはある意味で当然である。現実のヨーロッパ人と中国人との間には違いが認められる。

われわれ［ヨーロッパ人］は手工業的な技術では彼ら［中国人］と互角であり、理論的な学問では彼らに勝っている。しかしながら恥ずかしいことであるが、実践哲学の面ではわれわれの方が劣っている。つまり人間の生き方や日常的作法に関する学、つまり倫理学と政治学の面では劣っているのである［『最新中国情報』、工作舎 ⑩,95］。

ここで見る限り、ライプニッツにヨーロッパ中心主義的な姿勢は希薄である。それはキリスト教をやや相対化するような視点が背景にあるからかもしれない。しかし間違ってはいけないが、すべての文化を相対化するような方法論は持ち合わせてはいなかった。中国の文化を高く買うのは、それが極めて高い水準にあると見たからであって、どんな文化にもそれなりの高みがあるとするような文化相対主義とは言えない。そしてその中国の文化の高みには学ぶべきことがたくさんあると思っていた。

> [神学者や数学者を中国に派遣するという]計画がさらに推進されるならば、恐らくわれわれは学問のすべての分野で中国人に敗北することになるであろう。私はそのことで中国人を嫉妬しない。むしろ喜びたいと思う。そして彼らからいろいろの学問、とりわけわれわれが切望している実践哲学の応用部門と、きわめて理性的な生活習慣とを教えてもらいたい。われわれの間では道徳的荒廃がかくも甚だしく進行しているので、ちょうどわれわれが中国人に啓示神学を教える人間を派遣したように、こんどは自然神学の応用と実践を教えうる中国人の宣教師たちがぜひともヨーロッパへ派遣されるべきだと思われる[『最新中国情報』、同 100]。

それだけに、ヨーロッパ人が図に乗ったときに中国が態度を硬化させた事例に対して、ライプニッツは中立的な見方をする。

> 中国の事件はイエズス会をひどく困らせています。教皇も困り果てています。自分たちの儀式を実行しようとして中国人の間に混乱を招いたことのあるヨーロッパ人は、中国の皇帝の勅令変更によって死罪にすると脅されています。この新勅令を見ると、キリスト教を絶滅させた日本の革命のことを中国の宮廷が知っていたことがわかります[一七〇九年以降ラ・クローズ(ベルリンの東洋学者)宛、D-V, 486]。

ここで言う「中国の事件」とは、教皇使節トゥルノンの外交政策が中国皇帝の怒りを買ったために宣教師の活動に制限が加えられた事件を指す[エイトン 412]。「典礼問題」以来くすぶっていた信仰にかかわる態度の問題で、中国側も宣教師たちに不信感を抱いていたのだろうか。ただここでおもしろいのは、ライプニッツが日本の事情について触れている点である。「革命」とは大げさだが、吉利支丹禁教政策を指すことは明らかだ。宗教政策の転換といった意味合いなのだろう。デ・ボスからこの事件のことを知らされたライプニッツは、

★3——この点で、ライプニッツとほぼ同時代を生きたケンペル(1651–1716)が、鎖国政策は日本にとっては賢明だとしているのと対照的である。ケンペルはドイツ人の医師で旅行家。アジア各地を放浪の末長崎のオランダ商館に医師として二年間滞在して二度まで江戸に行き将軍綱吉に謁見している。帰国後のレムゴでの後半生は不遇であったが旅行記は欧米でも広く読まれ、そのうちの『日本誌』(『江戸参府旅行日記』(平凡社)はその一部)の志筑忠雄による日本語訳(一八〇一年)から「鎖国」という語が誕生した。幕末に来日したペリーも読んでいたという。ライプニッツは一七〇八年八月に一度会っている[MK, 210]。「ケンペル氏は何をしているのでしょうか。よもや彼の旅の観察についてこれまで何もまとめていないということはないでしょうね」[一七一一年六月七日ビールリング宛、GP-VII, 499]。ライプニッツがケンペルの著作を読んでいたら鎖国についての評価も変わったかもしれない。ケンペルはライプニッツが死ぬ一二日前に息を引き取っている。その遺稿は、これまたライプニッツと親交のあったスローン(1660–1753)が購入した。これを

一七〇九年九月八日付の返事で、中国が日本の政策を知っていたことを「遺憾に思う」と書いている[GP-II, 389]。禁教鎖国政策というのはライプニッツにとっては好ましくないものと映っていたようだ。★3 中国までもがそれに習おうとすることに警戒心を抱いている。と同時に、そのような方向性を呼び起こしてしまったヨーロッパ人の方策をも否定的に思っていたのである。

それにしても、東西の優劣評価に際してライプニッツは微妙なバランスをかろうじて保っていた。西洋を下げすぎることもなく、東洋を持ち上げすぎることもなかった。このバランスを崩してしまったのが、ライプニッツの後継者を自任するクリスティアン・ヴォルフで、中国の方がすぐれていると言い過ぎたために、ハレ大学を追われる羽目になった。何事にも加減が肝腎だということだろう。

第三の類比は易教にかかわるものである。ライプニッツと中国との関係はこの面だけが誇張されるきらいがあるが、あくまで、全面展開された議論の一部をなしているにすぎない。それでも、時代錯誤的な読み込みをしたくなるような誘惑に満ち満ちた場面ではある。ライプニッツは、宣教師ブーヴェの知恵も借りながら、易教の秘密を解き明かそうとした。

ブーヴェ神父と私は中国の創始者伏羲《ふっき》の残した記号の意味をテキストに最も忠実な仕方で解明しました。……『易教』つまり「変化の書」の中に六四個の卦が含まれています。伏羲より数世紀後、文王とその息子周公そしてそれより五世紀後の孔子たちは、すべてその書物の中に隠された哲学的神秘を探そうとしました。また彼ら以外の人間はそこから一種の土砂卜占をはじめとする馬鹿げたことを引きだしています。しかし実をいえばこの六四個の図形は二進法算術を示すのであり、偉大な立法者伏羲もそれを知っており、私は彼より数千年も後になってそれを再発見したのです[『中国自然神学論』四章六八節、工作舎 ⑩, 84-85]。

含めスローンが収集した膨大な資料を保管する目的で彼の遺言に基づき大英博物館が設立された。

ヴォルフ (1679-1754)――ドイツの哲学者。ライプニッツの継承者を自任して体系的な叙述に努めたが、世評ではライプニッツの世俗化をしただけとされている。カントはしばしば「ライプニッツ＝ヴォルフ哲学」と一括して扱っている。哲学をドイツ語で書いたという功績は重要だ。

ブーヴェ (1656-1730)――フランスのイエズス会士。中国に渡り北京で康熙帝に西洋の数学や天文学を進講した。中国名白晋。ライプニッツとは数度の重要な手紙を交わし、特に易の思想について立ち入った紹介をし、伏羲の六四卦図ではライプニッツを大いに触発した。

ライプニッツは、中国から送られてきた六四個の卦の図の意味を易教の伝説的創始者伏羲以来数千年ぶりに解明したと豪語している。そしてその核心は二進法だというのである。

> 中国の最古の王にして哲学者伏羲は、万物の起源を一(unitas)と無(nihil)とで認識していました。これはいわば創造の類比で、彼の秘密の記号つまりは二進法算術がそのことを示しているのです[一七〇九年八月一二日デ・ボス宛の手紙の「付録」、GP-II, 383]。

この箇所は『中国自然神学論』の叙述を繰り返しているだけのようにも見えるが、「一と無」と表現している。「一」は数としての一とも読めるが、「統一(性)」として強く読むことも不可能ではない。「一」はスコラ哲学では「存在」や「真」や「善」と互換的な概念だとされている。ライプニッツもアルノー宛の手紙の中で、アクセントを変えた同語反復語に託して「真に一つの存在でないものは、真に一つの存在でもない」と言って「一」と「存在」の不可分の関係を述べている[一六八七年四月三〇日、工作舎⑧, 230；▼2—3「統一性」]。一方「無」はこれまた数としてのゼロ(0)なのだろうが、nihilという語には惹きつけられる。『中国自然神学論』では単に0 ou zeroとしか書いていないが、「創造の類比」と言われていることと合わせて考えると、存在と無との二元論的な構図が潜んでいる、とまで言いたくなる。これも類比の飛躍力のせいだろうか。

神と人間

最後に、人間と神との類比について見てみよう。本質的に有限な人間にとって、永遠にして無限の能力を持つとされる神を完全に捉えきるということは、そもそも不可能である。しかし人間に知りうることを手がかりにして神の認識へと近づく試みは無駄ではない。ここでこそ類比が大きな役割を果たすことになる。この類比を支えるのは、神と人間との間にある共通性である。

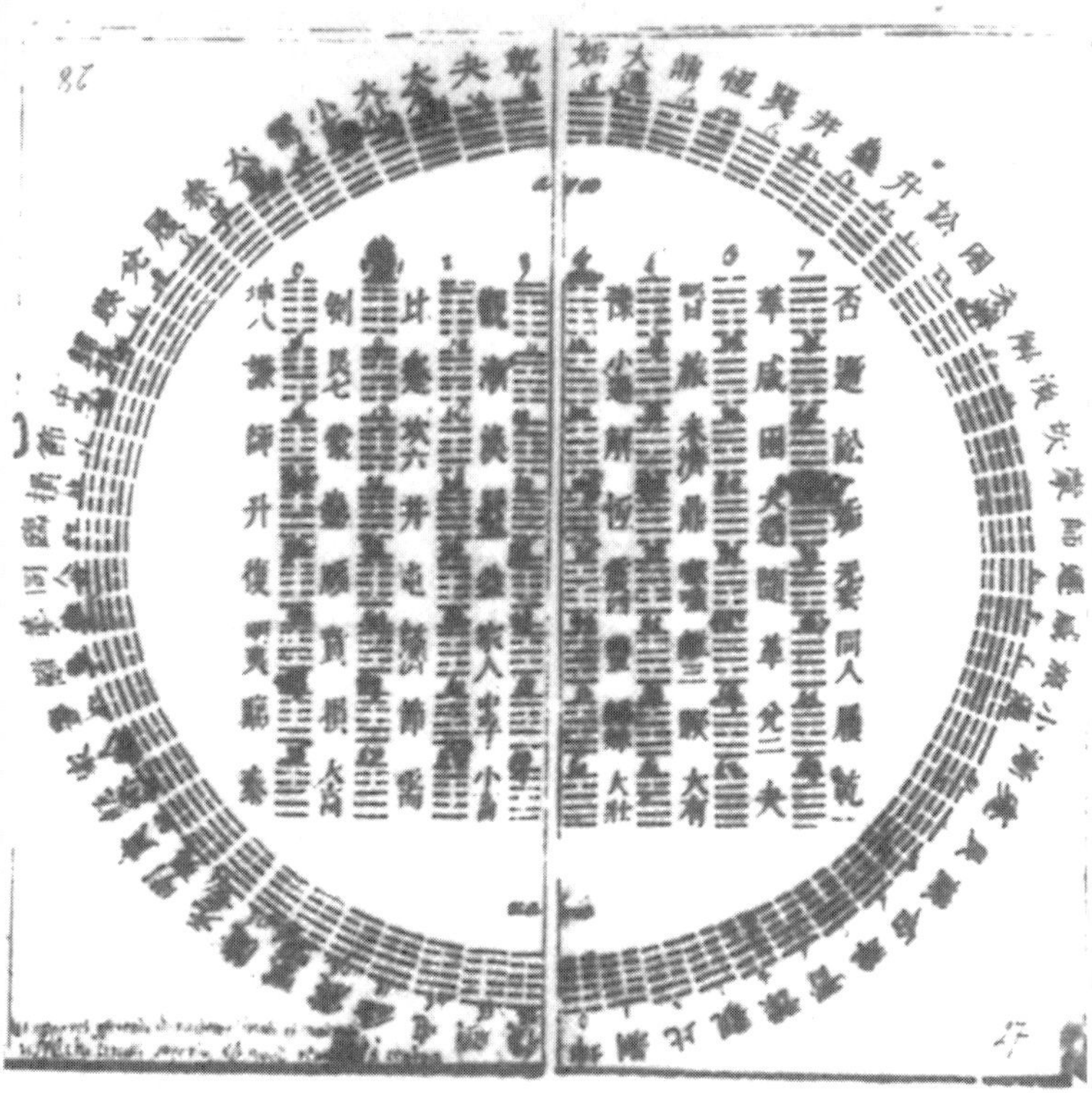

図7——中国からライプニッツのもとに送られてきた64卦図。ライプニッツ自身の書き込みがある。

我々は、神において起きるのと同様のことが人間においてもあると仮定したり想定したりすることができる[『弁神論』「緒論」三六節、工作舎 ⑥,75]。

キリスト教の世界で神を語るときには、古くから父、王、羊飼い、葡萄園丁、種蒔き人などの比喩が用いられてきた。それぞれに歴史的、思想的な背景がある。この節の初めに引用した『形而上学叙説』の一節でライプニッツは、人間のいろいろな能力を引き合いに出してその優秀さとの類似から神の行為の完全さを認識させようとしていた。そこでは比喩を羅列することによってイメージをふくらまそうとしていたが、もう少しその扱いを特化させてみる。まずは、優れた機械製作職人としての神である。

或る機械をことさら称賛させる真の理由は、その機械の原因であるよりもむしろ結果から得られます。機械を製作した人の力は、その技巧ほどには問題となりません。……他の機械製作者よりも神を優ったものとする理由は、職人は材料を探す必要があるのに対して神はすべてを作る、ということだけではありません。そういう優位は力だけに由来しています。そうではなくて神の優秀さには別の理由があり、それはさらに神の知恵に由来するのです。それは、神の機械はまた、他のどんな機械製作者の機械よりも長持ちし、しかもより正確だということです[一七一五年一一月クラーク宛(ライプニッツの第二の手紙)、工作舎 ⑨,273–74]。

ここにはライプニッツの神の捉え方の特徴が表れている。神の偉大さは、世界を無から創造したことよりもむしろ、それを巧みに作ったことにある、との主張である。神を称えるのはその作品である機械が巧みだからである。そしてその巧みさは神の知恵に由来する。その結果、作品としての世界はいつまでも正確に動く

コイレ(1892–1964)――フランスの科学史家。デカルト、ガリレオなど一七世紀を中心とした研究で知られる。

というのだ。意志よりも知恵を上位におくライプニッツの考え方が示されている。ところがこうした神の捉え方は論争相手クラークに噛みつかれた。クラークは優れた職人の比喩を、王の支配の場面に置き換える。

もし或る王がいて、その王の領土では王の支配も介在も、あるいはそこでなされるべきことへの留意もなしにすべてが動き続けているとすると、その領土は王にとっては名目的領土にすぎず、王は実際、王とか支配者とかの名には値せぬものとなってしまうでしょう[一七一五年一一月二六日クラークからライプニッツ宛(クラークの第一の返書)、工作舎 ⑨,269]。

最初に命令を下しただけで後は何もしないでいるような王などいなくても同じではないか、という批判である。これに対してライプニッツは反論する。

あなたは次のようにおっしゃっておられるのと同じことです。即ち、臣下たちをとても上手に育て、臣下たちの存続に心を配ることで彼らを有能で善き意志を持った状態に置き続ける王がいるとすると、その王は彼らを正す必要がないでしょうが、そういう王こそただ名目的な王であるかのようにおっしゃるのと[一七一五年一二月クラーク宛(ライプニッツの第二の手紙)、工作舎 ⑨,276]。

●

科学史家のコイレはこの対立を「就業日の神」と「休息日の神」としゃれて言い表したが[A・コイレ『閉じた世界から無限宇宙へ』191-]、少しポイントを外しているように思われる。王が臣下に「よきに計らえ」と言ったとしても、王が無能だったり熱意がなかったりしたために任せきりになっている場合と、臣下の能力を見きわめた上で信頼して任せている場合とでは、言葉の意味は全然違う。当然のことながらライプニッツの考えは後の方である。任せきっているからといって休息しているわけではない。この考え方の背景には、ライプニッツが啓蒙専制君主制をよしとする思想が見て取れるが、いずれにしても、ことがらを十分に見通す能力を神に託していることは確実である。★4

その点をもっと前面に出したのが、建築家としての神である。

> 神はいわば偉大な建築家である。建築家は、美しい宮殿を築いたという満足感とその栄誉を、自分に目的として課している。彼はその建築に関するすべてを考慮する。形態、材料、配置、建築方法、職人、費用などを考慮するのである。そのうえではじめて全体の決定を下す。なぜなら、賢明な人は計画を立てる際に目的を手段から切り離すことができないからである。彼が目的を決定するときには必ずそれに達するための手段があることをも心得ている［『弁神論』七八節、工作舎⑥,178］。

建築家に託して神を語るというのはライプニッツが比較的好んだ手法だ。そもそも建築という場面は、目的意識、隙のない知識、計画性、美意識、合理的な判断力、統率力、経営管理など、多面的な能力を必要とするものであるだけに、神を語るのにきわめて都合がよい。しかし逆に言うと、このような語り口によって浮かび上がってくる神の姿には、有能なプロデューサーとしてのイメージはあっても、個人の内面の不安や祈りを聞き届けてくれるような愛の対象としての人格的な神の姿は希薄になってしまう。このような人格的な神についてライプニッツが語らないわけではないが、やはり多くの場合に前面に出てくるのは、プロデューサーとしての神である。ここにもライプニッツの神の理解の特徴が示される。

建築家の多面性からさらに立ち入ると、限定されたイメージが強くなる。それは、どれだけ少ない材料や労力で最大の効果をあげることができるかという、経営者的な姿である。これは「最大最小の原理」あるいは簡単に「最大の原理」などとライプニッツ自身が呼ぶ原理にまとめられ、ただちに形而上学的で神学的でさえあるような問題に直結するものである［▼2―2「決定の原理」］。このあたりにハルツ鉱山での時には苦い経験が

★4――中国にもこれと似たような話があった。『一八史略』の帝堯は有徳な人物で、その治世下、人民は安心しきって太平を謳歌し、「帝の力など自分たちには関係ない」とまで嘯く老人がいるほどだった。よく治まっているということだ。この「鼓腹撃壌」の民の存在が帝王の偉大さを表すという［以上は小幡敏行氏に教えていただいた。なお、ライプニッツの思想と儒教思想との対比はおもしろい論点を含む。この点で、五來欣造『儒教の独逸政治思想に及ぼせる影響』はきわめて重宝だ（特に392–96）］。

パスカル（1623–1662）――フランスの科学者、思想家。早熟の天才で、数学や自然学の領域で多くの発見をしている。遺稿の『パンセ』ではキリスト教の深い思索に基づく人間洞察がなされている。賭をめぐる考察は数学のみならず人間存在の悲惨さの証しや神の存在証明にも及び、含蓄が深い。ライプニッツは特にパスカルの無限をめぐる考察に興味を覚えている。

背景にあったという推測は付け加えておいてもよいだろう［▼3―3］。

建築家としての神はまた、世界の秩序をうち立てる立法者でもあり、その秩序の実現をはかる君主でもある［『モナドロジー』八七、八九節］。

建築家としての神は、すべての点で立法者としての神を満足させる。そこで、罪は自然の秩序によって、さらには事物の機械的な構造によってその罰を荷うのである。同じように、立派な行いも、身体に対する機械的な道によって、その報償を得るのである［『モナドロジー』八九節、工作舎 ⑨,240］。

機械的な構造云々の話は、作用因と目的因との関係や自然と恩寵との関係が論じられなければならない［▼2―3「作用因と目的因の調和」］ので、これだけだとわかりにくいが、大事なのは、善や悪といった道徳的な場面でも立法者という人間の比喩を用いているということである。神を立法者と言ったからといってそれがただちに人間の比喩にはならないとも言えるが、ライプニッツの場合は、これは立派な比喩、というどころか厳格な類比をすら構成する。

普遍的な法は神にとっても人間にとっても同じである［『弁神論』「緒論」三五節、工作舎 ⑥,75］。

これは正義が問題になっている箇所であり、ここで言う「法」は自然法に近いものである。ライプニッツが言う「普遍法」というものの正体は定かではないが、神の正義の本質が人間の場合と異ならないという主張である。聞きようによっては向こう見ずであり、手前勝手な議論だが、正義や道徳の普遍性を論じる一つの方法ではある。そしてここには、神や世界の捉え方がはっきりと示されている。神と人間との間に無限の深淵を見てそこに戦《おのの》きを感じるパスカル［▼2―4「中間者」］とは好対照をなしている。

これらの表現手法は比喩だとも言える。それでもあえて類比として扱いたい。なぜなら、ここで本来語るべきことは神の判断の的確さということであり、それを理解しやすくするために、よくわかっているはずの人間の仕事を引き合いに出しているからである。人間にとっての判断力の役割から、神にとっての判断力の役割が類推できるはずだ、という論理構造を持っている。人間を通して神を理解しようというのだ。

類比の逆転「小さな神」

さきほど王の支配の比喩に触れたが、それ自体はクラークにそのかされた論点であった。ライプニッツ自身は、もっと現実の支配者の立場に即して神を語る。

罪すなわち道徳的悪についていうなら、たとえこれもしばしば、善を得、別の悪を避ける手だてとして役に立つことがあるとはいえ、このために道徳的悪が神の意志の申し分なき対象になったり被造物の意志の正当なる対象になったりするわけではない。道徳的悪は、それが不可欠な義務からの確実な帰結と考えられるときに限っては承認され容認されるべきである。他人の罪を決して容認しないような人は自分の義務を自ら怠ることになろう。それはまるで、重要な持ち場に責任のある士官が、町中で殺し合いをしかねないでいる二人の駐屯兵の争いを止めさせようとするために、よりによって危険な状況の最中に持ち場を離れる、というようなものである［『弁神論』二四節、工作舎 ⑥,140–41］[★5]。

ここでは、道徳的悪を容認すべきかという問題が論じられ、神と人間とが同列に扱われている。部下の争いを止めることはそれ自体としては大切であるが、だからといって、そのために重要な任務をおろそかにすることがあっては上官としての責任を果たすことができなくなってしまう。大きな任務の完遂のためには見て見ぬ振りをする悪事もあるということである。これと類比的に考えて、宇宙全体の善の実現のためには神は

★5――ここで出てきた士官と不埒な兵士の話の出所はデカルトで、人間の自由と神の全能との関係が問題となっていた。ライプニッツはこの話をベールを介在させて悪の問題に仕立て直し、『弁神論』の一六二節から一六五節までにわたって延々と論じている。工作舎 ⑥,266–69.

相対的に小さな悪を容認することもある、ということになる。小競り合いや個別的な悪を防ぐことは、士官にも神にも決して不可能ではない。しかしそれをしたら、結果としての全体の善は小さくなってしまう。全体から見た一層大きな善を得ようとするなら、多少の犠牲はやむを得ないことになる。その犠牲なしには大きな善が得られないのであればなおさらだ、というのである。これが類比であることは間違いない。しかし何かすっきりしないところがある。

いまの引用文で用いられている手法が比喩であれ類比であれ、推論あるいは説得の技法として積極的な役割を果たすとしたら、それは神の決定の仕方を人間の士官のあり方で説明するという図式になるだろう。だがそのためには、人間の側のできごとが自明であるか、少なくとも自然に理解できるものでなければならない。しかし、上官は部下の争いを止めるためであっても持ち場を離れてはいけない、ということは必ずしも素直に受け入れられるとは限らない。一層大きな全体の善のために個別的な悪を容認すべきだという考え方は通俗的な功利主義と大差ないようにも思え、異論は出そうだ。重大な任務を負った人はたまたま溺れかかった人を見ても通り過ぎるべきなのか。疫病の蔓延を防ぐための予防接種はその副作用による少数の重大な被害者が出ても止めるわけにはいかないのか。簡単には答を出せない。これでは譬え話の方が難問になってしまう。だからこれは神の仕事を理解するための比喩だとはとても言えないのである。しかしライプニッツがここで問題にしているのは、人生観ではなく人間の責任問題である。とりわけ、政治的な支配者の立場にある者の決定の論理が問われている。そしてその意味において、神も人間も同じ原則に基づくべきだ、という主張になっている。もちろん、神と人間とが同じになるはずはない。

国王は自らの無力さゆえに［他人の罪を］容認せざるを得ない。……しかし神は、可能なことのすべてをなし得るのだから、罪を容認するのは、それより善くすることが神には不可能だからに他ならない。

国王の行為には多分悲しみや後悔がつきまとわざるを得ない。……神は自らの完全性をこよなく玩味している〔『弁神論』一六五節、工作舎⑥, 269〕。

悪を容認するときの気持ちは、神と人間とではずいぶんと異なるに違いない。しかしこの人間の悲しみを、ライプニッツはパスカルのように絶望にまで押しやることはしない。神と国王との違いに気をつけていさえすれば、比喩は使い道がある、とライプニッツは言う。だがそれでも、これで神の深慮が理解できることにはならない。むしろここには、ライプニッツの世界像の戦略があるのではないか、と私は見ている。簡単に言うと、それは類比の逆転である。

ライプニッツは人間を「小さな神」だと言う〔『モナドロジー』八三節、工作舎⑨, 238〕。だからといってこの逆に神を「大きな人間」だとは言わない。「小さな神」の真意は、さまざまな意味で有限な人間であっても、永遠なるものに触れることができるという主張である。永遠なるもの、無限なるものは、神の特権だが、独擅場というわけではない。人間もその一部に与《あずか》っている。被造物の中で一番神に近いとされる人間は神の思慮を推測しその計らいに自分の持ち場で貢献すべきだし、それができるはずだ、ということなのだろう。だがこうしたことが言えるためには、神の振る舞いの何たるかが予めわかっていなければならない。知らないものをまねすることはできないからだ。では神のことはわかっているのか。然《しか》り。それは人間の営みとの類比によって。こうなっては議論は循環してしまう。

むしろライプニッツの類比の構造は、反転図形のように、図と地が絶えず逆転するようなものである。人間を介して神を理解し、その神に託して人間を理解しようとする。時には、一つ前の引用文のように、人間の実践道徳を語るために神は単に引き合いに出されただけのような場合さえある。つまりそこでは神は、いわば「だし」に使われて、結局は人間のことを言おうとしていたように思われる。それは、ダミーの神でしかない。しかしそう言ったことによってかえって人間のあり方の峻厳な姿が浮かび上がってくる。

ライプニッツの叙述はこのように反転するような類比の構造をもっていて、議論の主客の関係がわからなくなるときがある。本来の主題は何だったのか。気ままに話題が移っていき、いくつもの大きな道草を存分に楽しんだ後、思い出したようにもとの主題に戻ってくる。しかしはたして本当に戻ってきたのかどうかあやしいものだ。ひょっとしたら道草の方が本題であったのではないかとさえ思いたくなることもある。だがおそらくは、どれもが本題であったのだろう。あるいは、さまざまな主題を移りゆく行程こそが主題であったのかもしれない。モナドの哲学者はその核心においてノマド(遊牧民)であった。

2……………私の存在術

◉この章では、ライプニッツの哲学の主張そのものへと向かう。これまで前面に出すことをあえて避けてきた「モナド」とか「予定調和」といった概念に迫ることにする。ただし、これらの概念をすでにできあがったものとして扱わないという基本方針は撤回しない。

◉ライプニッツの哲学は常に個と全体、私と世界との緊張関係の中にある。どちらか一方によって他方が理解できるというものではない。ここではなんとかその緊張の中に入り込んでいきたい。それによって人間という存在の位置付けにも光をあてることができるようになる。

2-1 私の存在

第1章で「無限」について検討した際のとりあえずの結論は、現実的な無限は個体に即して語られるということだった。ただ、「個体」についてそれほど深くは見てこなかった。それは、ライプニッツの発想の一つとしての「無限」を考えるのがそこでの課題だったからである。ここでは「個体」を、哲学的な主張の重要概念として考える。

とはいえ、そもそも「個体」という語は日本語としてあまり熟しているようには思われない。生物学の概念としてか、やや特殊な哲学用語として用いられる以外には、普段に使われることは滅多にない。これに対して西洋語（フランス語なら individu、英語だと individual）は「個人」つまり人間を意味する語としてそれほど特殊ではない。individualism というと「個人主義」である。しかしだからといって individu や individual がいつも人間を意味するとも限らない。ライプニッツの個体をめぐる議論も、一般的にはもっと広い射程をもっている。ここではまず、基本的には人間に即して、「私」をめぐる問題から考えていこう。

私という存在

ライプニッツにとっての個体は無限の内容を含むものであった。そしてこの内容とは、他との関係を実質とするものであった。逆に言うなら、ある個体が他と取り結ぶ関係とは、その個体がどのようなものかという意味内容のことであり、人間で言うなら早い話が自己紹介である。「私は、氏名はかくかく、どこそこの出身で、現在××歳、これこれの仕事についており、家族構成はしかじか、趣味はあれこれ、好物はどれどれ……」といくらでも並べ上げることができる。これらのうちどれ一つをとっても、他との関係抜きに言えるものはない。年齢も自然現象や社会関係の変化の中ではじめて意味を持つ。名前でさえ親族関係が反映されているし、他人との区別という大事なはたらきがある。それぞれの紹介項目にはさらにまた別のものとの関係が含まれている。他との関係を一切含まない自己紹介をしようとしたら、「私は私です」としか言いようがない。そこには自分を規定するどんな内容も含まれていない。しかしそれはいったい、自分以外の誰に向けられた自己紹介なのだろうか。一切の内容を語ることのない紹介などおよそ紹介と呼べるものではない。本人は自分が自分であるということを確信しているかもしれない。しかし「私は私です」という同語反復は、それを何百回繰り返しても、その私が何者であるかは他人にとってわからないままである。自分にまつわる記憶をすべて失って私が誰であるかわからなくなった人でも「私は私だ」と言える。しかし他ならぬその人自身が自分の素性を知りたがっている。「私は私だ」と確信をもって言えるためには、他のものとの関係が不可欠となる。

私という個体にとってまず確実に言えることは何か。ライプニッツはデカルトの所説に関連づけながら自らの主張を述べる。

「私は考える、それゆえ私は存在する」が第一真理のひとつであることはデカルトによって明白に指摘されている。しかし彼は他の同等の真理までも否定すべきではなかった。……事実の第一真理は、直接的な知覚、私に言わせれば意識があると同じだけの数がある。しかし私は、私が考えていることだけを意識しているのではない。私の思考内容をも意識している。そしてまた、私が考えているということと同じくらいに、あれやこれやのものが私に考えられているということも確実で真である。したがって、事実の第一真理は、「私は考える」と「いろいろなものが私によって考えられている」

という二つに帰着すると言って差し支えない。ここから、私が存在するということだけではなく、私がいろいろな仕方で触発されているということも帰結する［『デカルトの「原理」の総論への批判』第一部七項 GP-IV, 357］。

デカルトの有名な哲学的命題に対して、ライプニッツはこれを一つの第一真理として認めながらも、それだけでは不十分で、「いろいろなものが私によって考えられている」という命題がそれと並ぶ第一真理として認められなければならないと主張する。単に「私が考えている」という思考作用があることだけが認められるのではなく、その中身が伴っていなければならないということである。これによって、「私」の存在は常に他者（人も物も含まれる）との緊張関係の内にあることになる。デカルトはあくまでも「存在すること」の意味での「存在」を求めた果ての命題が「私は存在する」だったのに対して、ライプニッツにとっての「存在」は「どのようにあるか」という問いといつも背中合わせになっていなければならない。ここには見過ごすことのできない隔れ違いがあるが、ライプニッツは個体のあり方を、あくまで多様な他者とのかかわりのなかで理解しようとしているのである。

デカルトとの対比でもう一つ指摘しておくべきことがある。繰り返しになるが、「私」をめぐるデカルトの省察が行き着いたのは、確実性を徹底的に追いつめた末での究極の自己意識の姿であった。他人の存在のみならず、世界や神の存在すらも疑い、それでもなお、いやむしろ疑いを抱くからこそ逆に確かめられるものとしての自己の存在が不動の礎石となったのである。「私は存在する」という命題が最重要だったのである。「私は考える」は、いわばその論拠であって、「存在」の方が大事だったのだ。そしてこの議論はいつも一人称の単数形の「私」によって進められていた。デカルトにとっては、他人の頭を借りた思考は最初から問題になっていなかったのである。その意味からすると、ライプニッツはデカルトが厳しい思索の末にようやくたどり着いた結論にただ乗りしているようにもみえる。デカルトの哲学的歩みを追体験した上で承認しているとは思えない。「私」という存在も、デカルトが追い詰めたのっぴきならぬ自己自身のことではなく、すでに一般化された互換的な「私」である。そしてこのことは、ライプニッツに限らずデカルトの哲学を一部でも遺産として受け継ごうとしている人々(スピノザやマルブランシュなど)に共通にあてはまることである。あるいはひょっとしたら、あえて意識的にそこを軽く素通りすることによって、デカルトの呪縛にとらわれるのを避け、自分の哲学を築こうとしたのかもしれない。

こうしてみると、「私」をめぐるライプニッツの議論は、デカルトとはずいぶんすれ違ったものになっている。これはライプニッツの戦略ということもあるかもしれないが、むしろ、これは哲学的な姿勢の違いとして受け取っておきたい。ライプニッツにとって重要なのは、「私が存在している」ことよりも、「私がどのようなものとしてあるか」ということなのである。そしてこれは必ずしも存在への問いを軽んじていることにはならない。なぜなら、存在はそれがどのようなものであるかという具体性を伴わなければならない、という主張なのだから。

表象

話が意識とか「私」という問題になってしまったが、これは個体というものを考えるために人間をその典型的な例として取り上げたからであった。しかしすでに述べたように、個体は人間に限られるものではない。人工的合成物や集合体はともかく[▼2—3「統一性」]、それ自体で統一性を保持しているどんな生き物も、個体と呼ばれるにふさわしい。そうだとすると、個体一般についての議論を人間の意識活動に準じて理解するのはまずいかもしれない。自己意識に執着する限りは、人間以外の存在にまで「私」を拡大することは難しい。逆に、常識的には人間に属するはずの存在であっても、いろいろな事情で自己意識としての「私」を主張できない場合がある。ところがライプニッツの連続律による発想としては、最も豊かな活動内容を持った人間のあり方を可能な限り他の存在にも適用しようとしていた。適用できないならその理由がなければならない。しかるべき理由がないならば、さしあたっては人間並みに扱っておこうというのがライプニッツのいつもの姿勢であった。このことは、動物にも魂の存在を認めようとした議論で示されたとおりである[▼1—3「連続律」]。

個体を人間に即して理解していながらその対象を人間に限定せずに生き物一般にまで広げ、それにすべて一種の意識活動を認めるというのがライプニッツのやり方であるにしても、ここで「意識」という言葉を用いるのにはややためらいも感じる。犬や猿や雉あたりに「意識」を求めることにはさほど抵抗はないにしても、メダカやミミズ、さらにはクラゲやバラやキノコあたりになると、擬人法としてならいざしらず、まともな議論とは思えなくなってくる。人間の場合には自分自身に対する意識(反省的意識とか自己意識とか言われる)が存在しているという点で他の生き物とは異なるとされるが、だからといって人間がいつもいつも自分のことを意識しているわけではない。どれほど自意識過剰な人物でもぼんやりしていることはあるものだ。しかし、この「ぼんやり」とした状態においてでさえ、他のものとの何らかのかかわりはある。そしてそこで得られた情報は知らず知らずのうちに自分自身の中に沈潜していく。睡眠学習のようなものだろうか。

人間は必ずしもいつも自分がしていることを意識しているとは限らない。夢中になって何かにとり組んでいるようなときには、文字通り「我を忘れている」ほどである。眠り込んでいるとき、意識が朦朧となっているとき、完全に意識を失っているようなときもある。デカルトは、このようなときには自分は(広い意味での)思考活動をしていないので、その限りは自分が存在するということを断言できないとまで言う[『省察』第二部]。いついかなる場合でも「私」というフィルターを通過させなければ確実性を認めることができない質《たち》であった。ライプニッツはその逆の発想をする。ある人に何らかの意図的な行為が認められるならば当然そこには意識が働いていると言える。しかし意図的な行為が観察されないからといってそこに意識が働いていないとは言えない。無自覚にとった行動は決して筋肉の反射運動だけによるものだとは限らない。自覚に上ってこない何らかの隠れた意図の仕業かもしれない。二〇世紀に無意識と呼ばれることになる潜在的な力が介在しているとも言える。「無意識」とは意識がないことではなく、自覚されない意識のことなのだ。ある人の意識が全くない状態にあるということは断言しがたいことである。このことは他人に対しても自分自身に対しても同じように言える。一般的に言って、ある個体にとって意識内容が存在していることは、当の個体がその意識内容を自覚しているかどうかとは別の問題だということである。自覚しているかいないかにかかわらず、どの個体も他者とのつながりがある。このようなつながりをライプニッツは「表象」と呼んだ。

「一」すなわち単純実体において、多を含み、かつ多を表現している推移的状態が、いわゆる表象に他ならない〔『モナドロジー』一四節、工作舎 ⑨,209〕。

「表象」という訳語は多分に心理的な用語であるために、誤解を与えるかもしれない。原語は perception で、これはしばしば「知覚」とも訳される。いずれにしても、意識の関与が暗示される語だ。しかしこの説明からわかるように、ライプニッツにとっての「表象」には必ずしも意識が伴っていなくてもよい。多くのものをそれ自身の内に表現していることが「表象」なのである。私は、「映し込み」などと訳してみてはどうかとも思っているが、誰にも支持されそうにないので、ライプニッツの perception の半ば定訳に近い「表象」で通しておくことにしよう。

さらにこれはスナップショットのように瞬間的な表現ではなく、変化をも含むものである。

表象とは内的変化の内において外的変化を表現することに他ならない。〔『動物の魂』工作舎 ⑨,26〕

この変化をもたらすものを「欲求」と、これまた心理的な用語で呼んでいる。

一つの表象から他の表象への変化や推移を引き起こす内的原理のはたらきを、欲求と名づけることができる〔『モナドロジー』一五節、工作舎 ⑨,210〕。

個体として認めることのできるような存在はすべて、表象と欲求を持っている。だからといって、このことはすべてが必ずしも意識的な存在であることを意味しない。表象と欲求という言葉は、単に意識的な存在になぞらえたものでしかない。それをわざわざ誤解しかねない言い方をしているのは、またしても連続律の姿勢によるものである。つまり、個体の典型的な例が人間であり、その人間の意識的なはたらきを表象と欲求として捉えた上で、それに対応するはたらきを一挙にすべての段階の個体に認めようとしているのである。当然だが、人間の表象のはたらきとクラゲやキノコの表象の仕方とは同じではない。だがまったく別物だとも言えない。「内的変化の内において外的変化を表現する」という点では共通だからである。もしそのようなはたらきがなければ、どんな生き物も生存することはできなくなってしまう。あらゆる生き物に共通する存在様式を人間になぞらえて言い表したのが「表象」と「欲求」なのである。それぞれの個体は、自分なりの表象と欲求とを持つことによって、他とは異なるそれ自身となることができる。本書ではあえて避けてきた「モナド」という言葉を使うなら、次のように簡潔に言うことができる。

一つのモナドがそれ自身で或る瞬間に他のモナドから識別され得るのは、内的諸性質と内的作用によってでしかない。そしてそれらはモナドの〔持つ〕表象（言い換えれば、複合的なものの、即ち外にあるものの、単純なものの内での表現）とモナドの〔持つ〕欲求（言い換えれば、一つの表象から他の表象へのモナドの傾向）以外のものではあり得ない〔『理性に基づく自然と恩寵の原理』二節、工作舎 ⑨,246〕。

これで見る限りは、モナドとはこれまで述べてきた「個体」と何も変わらないと言えそうだ。しかしまだそのような断定は控えておこう。

意識的表象

では、人間とそれ以外の生き物（例えば犬やキノコなど）とは表象のどこが違うのだろうか。一般的に言って、人間を他の生き物（特に動物）から区別しようとする議論はたいていどこかで破綻する。おそらくそれは、記述と理想とが混乱しているからである。「人間とはこういうものだ」と言おうとしながら、実は「人間はこうであってほしい」という期待に置き換わっている。「理性的動物」という古来の人間の定義がその好例である。人間だけの特権とされた「理性的」という言葉は、実はその意味内容が判然としないが、かりにその意味がわかったとしても、人間が誰しも理性的であるとは限らないし、どんなに理性的に振る舞える人でも四六時中理性的であり続けることは不可能だ。だれでも居眠りもするし、苦痛や恐怖に見舞われて冷静さを失うこともある。老いれば呆けもする。もし人間を理性的動物と定義したならば、人間と呼ぶことができるのは少数だけ、それもごく限られた時間においてだけということになってしまう。それ以外はただのヒトでしかないことになる。それではこの「ヒト」とは何か、となって、結局振り出しに戻ってしまう。せいぜい、ヒトである親から生まれた動物、としか言えず、これでは完璧な循環定義になってしまう。しかしこうとしか言えないこともある程度は確かだ［『人間知性新論』三部六章二二〜二三節、工作舎 ⑤,66-71］。

ライプニッツは人間を他の生き物から区別する議論にはあまり熱心ではないように思われてならない。これも連続律の考え方からすると納得がいく。

> どこか別の世界では人間と獣の間に中間的な種があるかもしれず、また私たちを超える理性的動物が恐らくどこかにいるのでしょうが……［『人間知性新論』四部一六章一二節、工作舎 ⑤,283-84］

人間を特別な生き物とするような、ある意味でキリスト教世界の伝統的な発想からすると、こうした考えはやや外れた位置にある。ただ、この時期の知識人の中では決して珍しかったわけではない。今の引用文に対応するロックの『人間知性論』を見ると、少なくともそこで見る限りは実はロックの方がラディカルでさえある。人間を超えた理性的動物の可能性については、当時流行していたさまざまなユートピア小説にもしばしば見られる。ケプラーやフォントネル●にも響くところがある。とはいえ、進化論的な発想にまではまだ時間はかかる。

しかし人間とそれ以外の生き物とのあいだにどれほど共通性があっても、人間に特徴的な能力を指摘することはできる。それは人間のみに固有だとは言えないかもしれないし、人間なら誰にでも備わっているとも言えないが、人間にならある程度は認められる能力のことである。それをライプニッツは「意識的表象」だと言う。

> 外的諸事物を表現しているモナドの内的状態である表象と、意識即ちこの内的状態の反省的認識である意識的表象とを区別した方がよい。意識的表象はすべての魂に与えられているわけではなく、同一の魂にだって常に与えられているのでもないのである［『理性に基づく自然と恩寵の原理』四節、工作舎⑨、248］。

「表象」は外的事物を表現する一般的なはたらきであるのに対し、「意識的表象」は、その意識の反省的認識だとされている。わざわざ「意識的」という断り書きを付け足すことで、単なる表象とは違う段階にあることが予想される。★1 しかし、「反省的」といわれたからといって、「意識的表象」を自我に対する反省的意識と限定する必要はない。たしかにそれも含むが、もっと広く、表象の内容や作用そのものに自覚的であればよい。だが、単なる記憶程度では駄目なようだ。

フォントネル（1657–1757）——フランスの思想家。パリの王立科学アカデミーの総書記を半世紀以上務め、学問の発展を下から支えた。その一方で地球外生命体についての著作（『世界の複数性についての対話』赤木昭三訳、工作舎、一九九二年）もある。ライプニッツの死を讃辞をもって悼んだのはハノーファーの宮廷でもベルリンの科学協会でもなく、パリのアカデミーのフォントネルであった。

★1——実はこの語の訳語は多少厄介である。「意識的表象」の原語はapperceptionであって、perceptionと何らかの関係はある。語の成り立ちは、ad+perceptionだから、表象に向かって（ad）いくものだということになる。このあたりの事情を加味しながら訳語を決めなければならないが、adを「意識的」とするのは、表象が多少なりとも自覚的である状態を指すからである。もともとは、「気づく」という意味のs'apercevoirという代名動詞があって、ライプニッツがはじめて名詞化したとされている。カントでしばしば登場してくる「統覚」という語はApperzeptionの訳で、同じものであ記憶は……理性に似てはいるが、理性とは区別されなくてはならない。……犬に棒を見せると、棒から受けた苦痛を思い出して鳴きながら逃げてゆく〔『モナドロジー』二六節、工作舎 ⑨, 213-14〕。

記憶も過去の表象を頭の中で再現してみたり現在の表象と比べたりするのだから、意識的で反省的だとも言えそうなのだが、このようなはたらきは単に事例を連結しているにすぎず経験の中だけで完結しているとライプニッツは考えているようだ。パブロフの犬がベルの音だけで涎《よだれ》を流し始めるのと同じレベルの話である。この涎は条件反射の存在を立証するものであった。しかし「反射」は自我の検閲を通過していないので「反省」的とは言えない。「反射」も「反省」も語源は同じ reflection 系統なのに、位置づけが正反対になってしまった。いずれにしても、心理的な経過をたどるからといってそれだけで「意識的表象」となるわけではなさそうだ。そしてこれは犬だけの話でもない。

人間といえども、表象間の連結がただ記憶の原理によってのみなされているあいだは、動物と同じような行動をしており、この点理論抜きでただ実地の体験を積んだ経験派の医者に似ている。実はわれわれの行動の四分の三は、経験派的なものでしかない〔『モナドロジー』二八節、同 214〕。

逆に言うなら、人間が意識的表象を持つことができるのは四分の一以下だということである。「経験派の医者」とは、個別事例の積み重ねだけで治療を施す医者のことで、ライプニッツの著作の中に時々でてくる。学問的な裏付けを求めようともせずに自分の体験だけですますような態度のことを指すようだ。帰納法的な知識の限界がここにある。もっとも、患者にしてみれば大部分はそれで十分だ。なまじ知識と理屈をひけらかしたがる大学病院の医者よりも患者の生活史まで理解している町医者の方が信頼できるというものだ。しかし信頼感と認識の段階の話とは別だ。何が違うかというと、経験を単に記憶によって結びつけるのではな

る。それぞれの哲学の中での役割の違いに応じて訳し分けられたために語の血統が隠れてしまった。よくあることだ。なお、細かいことを言うなら、apperception も s'appercevoir も、現在のフランス語の表記では aperception と s'apercevoir で、つまりｐは一個だが、ドイツ語は二個のままである。

く理論によって組織立てるような態度があるかないかということになる。これは、個別事例を超えて一般的、普遍的な真理に向かうことである。さらにその先には、数学や論理学のような抽象的な真理が控えている。そしてそこにまで到達することによってはじめて、自我の存在を認識できることにもなる。

しかし、われわれは必然的かつ永遠の真理を認識しており、この点で単なる動物から区別され、理性と知識を持つのである。われわれは高められて、自己自身を知り神を知るにいたる。そしてこれこそわれわれのなかにある理性的な魂、すなわち精神と呼ばれるものである〔『モナドロジー』二九節、同 215〕。

さらにわれわれは、必然的真理の認識と真理を抽象する作用とによって、反省という行為にまで高められる。この反省が自我と呼ばれるものを考えさせ、これとかあれとかがわれわれの中にあることを考察させる〔『モナドロジー』三〇節、同 215〕。

ライプニッツは、人間だから意識的表象をもつ、というような言い方をしなかった。犬のような動物にも記憶のはたらきがあることを認め、人間もその精神的なはたらきの多くは記憶によるものだとした。それで見る限り、人間と犬とは連続している。しかし、必然性というものを認識できるかどうか、ということになると、人間の出番だ。人間にならそれは可能だという指摘である。もちろん、人間なら誰にでもいつでも、というわけではないが、人間という種にとって、その本質としての可能性を認めようとしている。なぜ人間には可能だと言えるかというと、それができる人が現にいるからである。一つでも実例があればそれが可能だったことはわかる。不可能だったら実例が生じるはずはないからである。わざと難しい言い方をするなら、可能性は現実性によってア・ポステリオリに証明できる、ということになる〔『認識、真理、観念についての省察』工作舎 ⑧,31〕。しかし、サルに数学ができるかどうかは、現に数学が達者なサルが見つかっていないので、実例をもって証明することはできない。きっとできないに違いないが、しかし不可能だと証明することもできない。したがってその問いには答えられない。一方、生物種としては人間に属するはずなのにそのような理性のはたらきを行使できない人がいたとしても、それが人間に理性的な能力があることを疑わす理由にはならない。なぜなら、そのような人が今のところ理性の行使ができないのは、能力がないからではなく単に何らかの事情によって妨げられているだけのことだからと言う〔『人間知性新論』三部六章一三節、工作舎⑤61；同一六章一二節、同284〕。本質は可能性であって、現実の個別の状態がどうかによって左右されるものではない。ライプニッツは、特定の能力のあるなしで本質を決めること、言い換えると、類とか種というものを特定の能力の有無で定義することにはきわめて慎重であった。これもおそらくは、これこれの能力がない、といった否定的な断定が困難だからであろう。

微小表象

人間の表象は反省的な段階にまで高まることがある。そうなっていないときは、ただの表象ということになる。意識的表象が表象の中でレベルが高いものだとすると、それ以外の大部分の表象はそれより低いレベルにあることになる。だが、低いレベルとはどういうことだろうか。多くを映していない状態のことだろうか。そうではない。表象は基本的には宇宙のすべてを映しているものである。レベルが低いのはその映し方に問題がある。いわば、宇宙を映す鏡が曇っている状態が低いレベルの表象なのである。意識的表象は、いわば磨きぬかれた鏡であって、対象を細部に至るまでくっきりと映しだす。曇った鏡も対象を映してはいるのだが、映像はぼんやりとしていて鮮明ではない。輪郭がぼやけ、ときには歪んでもいる。このぼやけ方がどんどんひどくなり何を映しているのかがわからなくなるほどにまで曇ってしまったような表象を、ライプニッツは「微小表象」と呼んでいる。

われわれの内には、われわれには区別ができないような微小な表象が無数にある。たとえば、群衆の全体が発するざわめきのような轟々たる騒音は、一人一人の人間の小さなささやき声が集まったものであり、人はそれを一つ一つ聴き分けることはできないものの、感覚はしている。そうでなければ全体の音を感覚することなどできないだろう『唯一の普遍的精神の説について』、工作舎 ⑧,129]。

★2――暗黙知とは言葉でははっきりと表現できなくてもいわば体で知っているような知識のことで、技能知や直観知なども含まれる。マイケル・ポランニー(1891–1976)はこの概念を自らの哲学の中心に据えた。

何かを映しているのはわかっているのだが、それが一体何であり、どのような成り立ちをもっているのか、何のためにあるのか、これからどう変化していきそうなのか、それが全く見当もつかないような状態がある。何かを映しているということがわかっていないことさえあるかもしれない。群衆のざわめきは全体として一つの感覚となっているが、それを作っている無数のささやき声を聴き分けることはできない。しかし聴いていないわけではない。ただそれらの一つ一つが判然としないためにそれぞれを聴いていることを自覚していないだけである。微細な音の情報が入ってこない限り大きな音を感覚することはできない。まとまった音を感覚しているならばそれを構成している微細な音の情報も入っていたはずである。

各々の魂は無限を認識し、すべてを認識しているが、混雑した仕方で認識している。それはちょうど、海辺を散歩していて、海の立てている大きな音を聞く際に、全体としての音を構成している各々の波の音を聞いてはいても識別してはいないのと同じようなものである。われわれのもつ混雑した表象は宇宙全体がわれわれにもたらす諸印象の結果なのである『理性に基づく自然と恩寵の原理』一三節、工作舎 ⑨,253–54]。

視覚でも同じことが言える。「私たちが意識する光や色の表象は、私たちが意識しない数多くの微小表象から構成されている」[『人間知性新論』二部九章四節、工作舎 ④,143]。微小表象とはこのようなものなのである。

間違ってはいけないが、この微小表象は、クラゲやキノコなどについて言われているのではない。たしかにそれらの表象は相当にぼやけていそうだから、微小な表象だとも言える。そしてこれが、生物の死のあり方を考えるための論点になっているのだが、クラゲにだけ微小表象を認めても実りは少ない。ただ単に、一日中ふわふわしている(としか私には思えない)クラゲには出世の見込みがないと言っているだけだからである。微小表象が大きな意味を持つのは、事実上人間の場合だけである。人間であれば、表象のレベルは上下に大きく変動する。機敏に行動したり慎重に振る舞ったりひたすら考え込んだりもするが、このようなときには表象のレベルは高い。一方、ぼんやりしているときや、気を失っているときもある。このときは気分はたしかにクラゲ並かもしれない。だからといって、このようなクラゲ気分の時のことを微小表象と言うのでもない。いや、言ってもかまわないのだが、これでも実はあまりおもしろくない。人間には緊張感に波があると言っているだけだからである。微小表象がもっと意味のある存在となるのは、意識程度が高い段階にそのときの表象のいわば裏打ちとして働く場合である。別の言い方をするなら、多少なりとも自覚的に他や自分を表象している段階でも、その方向性を定めるような流れとして、微小表象が背後で働いている場合である。少し前に「無意識」という言葉を持ち出したが、微小表象という考え方は無意識という発想とかなりのところまで共通している。サブリミナル効果と言われているような現象とも通じるところがある。これを身体性からめて理解するならば、暗黙知[★2]と言われるものともつながるだろう。いずれにしても、微小表象が問題となるのは、いくつかの段階の意識が重なり合っているときに、表面化していないにもかかわらずそれなりの影響力を持っているような場合である。

それゆえこれらの微小表象は、考えられているよりもずっと大きな効力をもつ。集合的全体では明晰だが、部分としては錯然としているあの何とも言えぬもの、好み、感覚的性質の諸形象を形成するのはこれら微小表象である。われわれを取り巻く物体のなす、無限を包み込んだ印象や、各存在が宇宙の他のすべてとの間にもつ繋がりを形成するのもこれら微小表象である。これら微小表象の結果として、現在は未来を孕みかつ過去を担っているとさえ言えるのだ［『人間知性新論』序文、工作舎④,23］。

人間にとって、微小表象はいろいろな意味で重要な役割を果たす。感覚的な認識の場面のみならず、行動の場面でも、さまざまな動機や意向が微小表象となって意識の下部でうごめいている。いくつかの事情が重なってそれらの微小表象のどれかが顕在化してくると意志となって自覚されてくる。これは、ガラス容器を突き破ろうとしている空気の比喩で語られたことである［▼1—5「精神と自然」］。そしてこうしたことが言えるのは、今の引用の後半にあるように、各存在は宇宙全体とのつながりをもつからである。ライプニッツにとっての個体が宇宙全体のあり方と切り離して理解することができないということは、微小表象の存在があって初めて言えることなのである。

判明—混雑

個体を考えようとしたら、宇宙全体とつながってしまった。どの個体も、表象とりわけ微小表象を通じて、その個体が何であるかということの中に宇宙全体との関係が含まれているのである。だがそうだとすると、個体を考える余地がなくなりはしないだろうか。全体の連関構造を強調すると、宇宙全体が一つの存在であると考えることになりそうだからである。個体の独自性はいったいどうなるのだろうか。他と区別されてこその個体であるのだから、すべてが一緒くた、では、そもそも個体を論じる意味が無くなってしまう。ライプニッツはこの問題に対して、個体の独自性を何とか確保しようとして、さまざまな説明を試みている。

モナドの本性は表現的であることだから、何ものもそれに制限を加えて事物の一部分しか表現しないようにすることはできない……。ただし、この表現は宇宙全体の細部では混雑しているしかなく、判明なのは事物のごく小部分、すなわちそれぞれのモナドに対する関係からいって最も近いものとか最も大きいものにおいてでしかない。さもないとどのモナドも神になってしまう。モナドが制限をうけるのは、その対象についてではなく、対象を認識するさまざまの仕方においてである。どのモナドも混雑した仕方で無限へ向かい、全体へ向かっている。しかし、どれも制限をうけており、表象の判明さの度合いによって区別されている［『モナドロジー』六〇節、工作舎 ⑨, 231］。

モナドの区別が、その対象によってではなく、対象を認識する仕方によるという点が重要である。対象は全宇宙でみな共通だから、それによっては区別ができない。しかし認識の仕方はそれぞれ違っている。その違いをここでは「制限」と表現し、表象の判明さの度合いによるとしている。「判明だ」というのは、認識内容を他からはっきりと区別するだけの条件を備えている場合であって、そうでない場合は「混雑している」と言う［『認識、真理、観念についての省察』工作舎 ⑧, 26–27 ;『形而上学叙説』二四章、工作舎 ⑧, 186］。自分に近くて、それなりの大きさを持ち、関心を抱く対象であれば、細かい区別が付く。しかしそれでも厳密な区別がいつも必ず間違いなくできるとは限らない。完全に判明な認識を人間が持つことができるかということについて、ライプニッツの言い方は歯切れが悪い。数学的な認識でさえ、すべてにわたって判明な認識を常に持ち続けることは事実上不可能である。ライプニッツは「千角形」という例を挙げる。千の辺がすべて等しいということは理屈ではわかっていても、ピンとくるわけではない。千一角形とどう違うかと聞かれて口で説明はできても、三角形と四角形の場合のように一目で見分けがつくというわけにはいかない。そのために記号的な認識が必要だということになるのだが、逆に言うと、判明でない、つまり混雑した認識に人間の特徴が現れていることになる。感覚的認識、たとえば色とか音とかは、明断ではあっても判明ではないと言う。群衆のざわめきをすべて聞き分けていたり、波の音を水滴の一つ一つまで聞き分けていたら、頭がおかしくなってくる。モネの睡蓮の絵を間近で見たら絵の具の固まりだけになってしまう。スーラの点描画もそうだ。適度な距離か

ら見て適度にあいまいで混乱しているところに人間の認識が成立する。美意識もこのへんに根拠をもつのかもしれない。★3

視点

しかし「制限」は認識のぼやけ方だけにあるのではない。対象の切り口の違いにもある。

> 実体はそれぞれ自分の流儀に従って宇宙を表出するが、それはちょうど、同一の都市がそれを眺める人の位置が違っているのに応じて、さまざまに表現されるようなものである〔『形而上学叙説』九章、工作舎 ⑧,155–56〕。

そっくりの言い方が『モナドロジー』にも見られる。

> 同じ都市でも、異なった方角から眺めるとまったく別の都市に見え、眺望としては幾倍にもされたようになるが、それと同じように、単純実体が無限に多くあるので、その数だけの異なった宇宙が存在することになる。ただしそれらは、それぞれのモナドの異なった観点から見た唯一の宇宙のさまざまの眺望に他ならない〔『モナドロジー』五七節、工作舎 ⑨,230〕。

同一の都市もそれを眺める視点が異なれば違った姿を示すのは当然である。自分の近くはよく見える。手前にあるものの陰になって見えないものもある。視点を移動すれば別の風景が出現する。そのとき、以前の風景は姿を消す。これを数学的に見るなら、射影幾何学を考えてもよいかもしれない。古典的には、古代ギリシアで論じられた「アポロニウスの円錐曲線」がそれにあたる。同じ円錐形を平面で切った断面図でも、角度

★3——やや思想史に分け入ると、ライプニッツの後継者を自任するヴォルフは感覚的認識を「劣等認識」とし、さらにヴォルフの影響を受けたバウムガルテンがこれを「感性認識」として主題的に取り上げて「美学」へと結実することになる。そのすぐ先にカントがいる。

★4——「平面図法 ichnographie」という表現はライプニッツのものである〔一七一二年二月五日デ・ボス宛書簡のメモ、工作舎 ⑨,161–62〕。

セール（1930– ）——フランスの哲学者。思想史、科学史面でも功績がある。若い頃のライプニッツ研究は、数学的モデルに目を付けながらライプニッツの哲学の多層的多重的な性格を描き出している。これは、普遍学を特権的な原理から統一しようというのではなく、どれからでも全体を見わたすという方法論である。数学はその一つの視点である。

が異なれば円にも楕円にも双曲線にも放物線にもなる。直線や点にさえなる。きわめて抽象的な図形でもこうなのだから、現実の都市が無数の姿を呈することに何の不思議もない。

しかしここで大事なのは、誰もが、自分のそのときの視点からしか街並みを眺めることができないということである。他人の位置から見ることも複数の視点から同時に見ることもできない。位置を変えてもいつもそれは自分の視点であって、他人の視点ではない。以前に別の位置から見た記憶はあっても、それはその都度の自分の視点であって、複数の視点を同時にもつことはできない。同じ視点を他人と共有することも、厳密には不可能である。人間のみならずどの個体も、視点に制約されているのである。そしてこの、視点に制約されているということが、現実の存在としての個体であることの証しとなっている。このことは、神が宇宙をどう見るかということと比較すればよい。

神は、その栄光をあらわにするために当然産みだすべきであると考えた現象の一般的な体系を、いわばあらゆる面からまたあらゆる仕方で廻転させ、しかも神の全知をまぬがれる関連などはないのだから、世界のあらゆる面をできるかぎり多くの仕方で眺めている［『形而上学叙説』一四章、工作舎⑧,165］。

わかりにくい表現だが、被造物と違って、神は宇宙を見るに際して特定の視点にとらわれることがなく、すべての面を同時に見わたすことができるというのである。神の「全知」というのは、こういうことなのかもしれない。被造物の認識が透視図法であるのに対して、神の認識は平面図法だと言える。これは俯瞰図とは違い、視点をもたない。全体を包括する見方であり、いわば上空の全体が目になっているような図法である。★4

なお、個体が視点を持つということに密接にかかわる論点として身体性の問題があるが、これについてはもっと後で考えることにする［▼2―3「統一性」］。

個体がそれぞれの視点から世界を眺めるということで、制限付きながらも世界とのつながりが言われたことになる。このことと、次の表現とはどう折り合いがつくだろうか。

> モナドには、そこを通って何かが出たり入ったりできるような窓はない［『モナドロジー』七節、工作舎⑨,207］。

モナドの窓

これは『モナドロジー』の中でも比較的知られた一節であり、「モナドの無窓説」などと仰々しく言われることもある。ウインドウズ愛好者からは睨まれそうだ。窓からの出入りというのも行儀が悪い話だが、この文だけを前後の脈絡なしに読むと、モナドはすべてが独立していて他と一切のかかわりを持たない孤高の存在だ、ということになりかねない。しかしそのような理解が全くの間違いであることは明らかだ。三〇年近く前に書かれた『形而上学叙説』にはこうある。

> 何ものも自然的には外からわれわれの精神のうちへ入ってくることはない……。われわれが何かを伝達する形象を受け取るとか、魂が戸口や窓をもっているとかいったふうに考えるのは、われわれのもっている悪い習慣である［『形而上学叙説』二六章、工作舎⑧,190］。

これが書かれた一六八六年の時点ではまだ「モナド」という言葉を用いていなかったので、精神とか魂となっているが、言わんとすることは基本的に同じだ。要するに、モナドも精神も魂もひっくるめてここでは個体と呼ぶとして、それのもっている内容つまりは表象はそれ自体で完結していて、他からの直接的な影響を受けないということである。この「影響」とは、物理的な作用のことを意味している。そしてこうした影響が一切ないにもかかわらず、宇宙全体を表象しているというのである。逆に言った方がよいかもしれない。すでに各個体はそれ自身の仕方で宇宙全体を映しているのだからこそ、他からの物理的な影響を直接に受ける必要はない。影響を受けているように見えることもあるかもしれないが、すべては自分自身の中からわき出すようにして展開されたものである。したがって、その表象の中身から見るならば、どの個体もその外にある宇宙全体との密接な連関を有していることになる。別の言い方をするなら、他の存在との意味のつながりは絶えず出入りしていると言える。物理的にではなく意味の連関という点で、モナドは世界に対して窓を目一杯開いている。こう言ってもよければ、モナドは窓そのものでさえある。もっと言うなら、禅寺で部屋の中から庭を眺める風景でもある。広く開け放たれた部屋は内と外の境目さえはっきりしない。目一杯に庭が入り込んでくる。その光景を、あたかも額縁のように周囲から切断するような窓枠はない。室内にいる自分自身の心象風景は庭の造作と一体化している。庭の風景は多くの場合借景を取り入れることによって空間的な制限をたやすく飛び越えてしまう。内と外、自と他という、一見当たり前の対語がその意味の区別を怪しく感じさせてしまうような場面である。

誤解があってはいけないが、ライプニッツは自然の世界を科学的に記述する場面でこのような「無窓説」を説いたのではない。物体の衝突とそれによる力の伝達などは自然現象として当然のことである。しかし形而上学的な場面、つまりは自然を説明する根拠にまで踏み込んだ議論の中では、各個体の概念が宇宙全体を含んでいるということ、そしてそれ自身について生じることはすべてそれ自身に由来するというのである。作用を与えたり受けたりするように見える関係は、実はそれ自身が他との関係をどのように表象しているかという問題に置き換えられる。

被造物は、完全性をもっているかぎり外部に能動的に作用をおよぼすといわれ、不完全であるかぎり他の被造物から受動的に作用をこうむるといわれる。そこで、モナドが判明な表象をもつかぎりそれに能動作用を認め、混雑した表象をもつかぎり受動作用を認めるのである〔『モナドロジー』四九節、工作舎⑨,226〕。

表象の判明さの度合いの違いが能動的か受動的かという見方を作る。しかしその区別は所詮相対的なのだ。被造物のあいだの能動作用と受動作用とは相互的である。……ある点では能動的なものも、別の観点から見ると受動的である。あるものにおいて判明に知られるものが、他のものの中で起こることの理由を示すのに役立っているかぎり、それは能動的であり、あるものにおいて起こることの理由が他のものの中で判明に知られるものの中にあるかぎり、それは受動的である〔『モナドロジー』五二節、同227〕。

ここでは、前と同じことを、「理由」を持ち出して述べている。相互的な関係を説明できる側の方を「能動的」と呼ぶ。一方が他方に何かを仕掛けているのではない。この見方はいろいろな点で示唆的である。何かの行為をする方が能動的で受ける方を受動的とするのは常識的な見方だが、ライプニッツは「理由」によってこの順序を逆にする〔このような態度は、たとえば時間的な前後関係を事象の生起理由(原因)を含むか含まないかで定義する場面にも表れている〔『数学の形而上学的基礎』工作舎②,68；▼4—3「空間と時間」〕〕。両者のあいだには互いに規制しあい、さらには時空の連続を通じて宇宙全体にまで波及するような関係があるだけで、その関係をどちらがはっきりと自覚できるかによって能動、受動とされるのである。実際にあるのは、宇宙全体の関係だけだということになる。結局のところ、「窓がない」という言い方は、存在の意味を示す場面において宇宙あるいは世界(ライプニッツにとってはどちらでも同じ)との関係性を説くものである。

というわけで、「私」といういわば最も内的なところから存在のあり方を考えると、どうしても世界全体の問題へと広がってしまう。そこで次では、世界から存在のあり方を考えることにしよう。

ライプニッツの発想は、いつも全体を見わたすような姿勢に貫かれていた。だからといって細部は無視するというのではない。むしろ細かいところにこそ全力を注ぐというのも事実ではある。しかし細部へのこだわりはあくまでも全体の中での位置づけがあってのことである。この節では、世界という大きな存在のあり方を考えることにする。

2-2 世界

私と世界

世界を考えるために、もう一度「私」から出発する。私という個体は常に他者との何らかの関係を結んでいるのだった。その関係は「表象」という名で、各々の「私」に帰属するものであった。「私」から他者への関係は立場を変えてみると他者から「私」への関係であり、その相互性を含む表現にするなら、「私」と「私」との関係になる。言うまでもなく、第一の「私」と第二の「私」とは別の存在である。するとこの時点で「私」は存在の基本単位として一般化されて「個体」と呼ぶことができるようになり、「私」と「私」との関係は「個体」と「個体」とが互いに取り結ぶ関係となる。前節でも述べたように、ライプニッツの「私」はデカルトの場合と違って、一般化される可能性をはじめからもっている互換的なものであった。ここまでくれば、「私」を包摂し、さらに「私」を超越する世界という視点を得ることに苦労はなくなる。すぐ後で見る、系列の全体としての世界という理解は、無限を内に含む個体という概念の裏返しにすぎないと言える。ある個体の概念はそれに生じるすべてのことがらを含んでいるのだが、微小表象まで含めて考えるなら、ある特定の個体のことを考えるだけでそれは直ちに宇宙つまり世界の全体へと波及してしまう。そしてそのことは世界の中に存在するどの個体についても言えることなのだから、世界は互いに密接に関係し合う無数の個体からなる全体だということになる。

これまでにもたびたび「世界」とか「宇宙」とかと言ってきた。それぞれ、フランス語の monde と univers の訳語として区別はしたが、どちらもすべての存在を一つのものとしてまとめてそこに何らかの秩序が存在することを表した語である。日本語でもフランス語でも語源がそれぞれ異なるので、いろいろと詮索すれば微妙なニュアンスの違いはあるのだろうが、ライプニッツが書いたもので見る限り、遣い分けをしているようには思えないし、ほとんど違いも認められない。そこで、これからは「世界」でも「宇宙」でも同じものとして考えることにしたい。その「世界」をライプニッツは次のように説明する。

世界という名称で私が理解しているものは、今後未来に至るまで含めて永遠に進行する諸事物の系列の全体のことです。これは一つの被造物ではなく一種の無限なるもので、いわば「多数からなる」寄せ集めです[一七〇八年一〇月二日デ・ボス宛、GP-II, 362]。

世界とは、時空の広がりの中で生じるできごとの系列の全体のことである。単なる雑多な集まりではなく、全体をまとめて捉えることが求められている。世界をこのような意味で理解するのはとくに珍しいものでもない。きわめて一般的であり、常識的でさえある。ただ、やや細かいことを言うなら、後半の「一種の無限なるもので、いわば寄せ集め」という表現は、世界が事物の系列の全体という言い方と整合しないようにも見えるが、これは、世界あるいは宇宙が一つの生き物であるかのような思想を意識して述べたものであり、それを否定したからといって、ライプニッツにとっての世界が緊密に関係しあった統一体でなくなるわけではない。このことについては、次節で改めて触れる[▼2—3「統一性」]。

ところで、ライプニッツが「世界」と言うときには、もう一つ重要な論点がある。

私が世界と呼んでいるものは、現に存在する事物の全体的連続、全体的集合のことであるが、これは、幾つかの世界がさまざまの異なった時間や異なった場所に存在し得たなどとは主張しないようにするためである。というのも、もしそのようなことになれば、複数の世界のすべてを一緒にして一つの世界として、あるいはお望みなら一つの宇宙と見なさなければならなくなるからである[『弁神論』八節、工作舎 ⑥, 127]。

最初にある「全体的連続」といった表現は、先のものと同じである。しかしそれに続けて「幾つかの世界」とか「複数の世界」などと言っている。これは「可能世界」と言われているもので、やや理屈っぽいものだがライプニッツの世界概念の理解にはきわめて重要な役割を果たしている。人間の自由の可能性の問題も、「可能世界」の存在にかかっていると言える。また、良くも悪くもライプニッツと結びつけられる言葉に「オプティミズム」というものがあっていろいろと誤解されているところがあるのだが、これを可能な限りライプニッツの意図に沿って理解しようとするときにも、「可能世界」の考え方は避けて通れない。現代ではこの概念は新たな角度から論じられているが、ライプニッツにあっては、何よりも世界創造という場面で問題になる。

可能世界と天地創造前夜

それではこのような世界はどのようにして存在することになるのか。この議論になるとどうしても神の存在に触れなければならなくなる。しかし神が存在すれば直ちに世界ができるというものでもない、とライプニッツは考えた。ライプニッツによる世界誕生のシナリオはどのようなものか。この問題が最も凝縮した形で書かれた『二四の命題』〔一六九〇年、工作舎 ⑧,45–62〕、『事物の根本的起源について』〔一六九七年、工作舎 ⑧,91–104〕、『弁神論』「神の大義」〔一七一〇年、工作舎 ⑦,253–29〕あたりからつまみ食いをし、多少の調味料を加えてまとめてみると、次のようなものとなる。

まず、どんなものでもよいから或る存在を可能なものとして想定してみる。これまで「個体」と呼んできたもののことである。そのようなものは無数に仮定することができる。それらが現実に存在しているかどうかは問わないが、どの個体も単なる仮想上のものとしてではなく現実に存在することを目指している。しかしそれらの中には、互いに両立ができないものもある。AもBもそれぞれ自ら存在を目指していても、Aが存在したらBは存在できないということもある。このときAとBとは、それぞれ単独で考えれば可能なものではあっても、一緒に存在することは不可能である。そのような不可能な組み合わせを排除して一緒に存在できるものだけを組み合わせたセットを「可能世界」と呼ぶ。両立不可能なものは同一世界に共存することはできないが、別々の組み合わせにおいてならばそれぞれ存在することが可能となる。こうして可能世界はいくつもできることになる。それらは質的にも量的にも互いに異なっている。ある世界は少数の個体からなるつつましやかな総体であり、別の世界は多数の個体が画一的で一糸乱れずに振る舞う体制であるかもしれない。個別的には価値の高い個体も、そのために他の存在が大幅に制約され全体としての価値が下がってしまうようであれば、全体としての価値の総量を高めるためにそこから排除されることもある。逆に、多少の悪も、それがあるために全体の価値が高まるようなことがあれば、それは「必要悪」として認めざるを得なくなるだろう。現実の世界として存在することができるのはこれらの可能世界の内のただ一つである。ではそれはどのようにして決定されるか。この問題を、神はある種の決定原理によって解決する(これについては後ほど述べることにする)。これによって現実に存在することになる世界は、他の可能な世界のどれよりも多くの可能性を実現することになり、そしてそれは最善な世界だとされる。

以上は、いわば神の創造前夜の話である。決定の原理によって最善世界が選ばれるまでのいきさつである。ではこの創造にまつわる一連の顚末で神の出番はいったいどこにあるのだろうか。少なくとも創造前夜の話を、私はあえて神の仕事として記述してこなかった。これを神の一連の振る舞いとして記述することはたやすい。以下は、神が世界を創る前の日の話である。『創世記』の第一日目で初めて昼と夜ができたのだから、その「前日」などと言うとアウグスティヌスに笑われるかもしれないが、あくまで論理的な神話として、ライプニッツの考え方に沿うように再構成してみた。もちろん私なりの脚色がなされているが、ライプニッツの神の理解の仕方を随所にちりばめたつもりである。

神は明日に備えて準備に余念がない。とにかく明日は一発勝負であり、やり直しはきかないと思っている。失敗だったら後から手直ししたり、いっそのこと全部壊して最初から作り直してもよいのかもしれないが、それは神のプライドが許さない。何事も最初から完璧にこなさなければ納得できない性分である。悲しいことに神には相談できる相手がいない。すべて一人でこなさねばならない。知恵と腕の見せ所である。以前からひそかに準備していた台本がいくつもあった。ストーリーに長短や盛り上がり方の違いはあるものの、どれもが入念に考え抜かれたものだ。それぞれの台本の中では、すべての配役の台詞とト書きが余すところなく記されていて、それらは互いに密接な関係を持っているために、孤立した台詞や行動などは存在しない。「その他大勢」などといった人物不特定の配役もない。一人一人がすべてそれぞれ独自の役柄を与えられている。しかも誰もが休みもなく出ずっぱりだ。台詞や動作がなくなっても楽屋に戻ることは許されず舞台の隅で身をひそめていることになる。どの台本も、それに沿って演じられるかぎりは不都合は絶対に生じない。台詞の一つ一つ、行動の一挙手一投足に至るまで、筋道立った説明ができるようになっている。殺された人物がいつの間にか生き返ってくるようなことはない。一人二役も二人一役もない。同じ人物が同時に二箇所以上に登場するようなへまなことも、同じ場所に同時に二人以上が立つような奇妙なことも決して

アウグスティヌス（354–430）――マニ教徒から劇的な回心によってキリスト教徒になる。新プラトン主義の流れをキリスト教に呼び込み、信仰を内面化した神学を築いた。『告白』一一巻一二章では、天地創造以前の神の所業を詮索する人のために地獄があるという説が紹介されている。

ない。「二足す三は四」などといってそのまま済まされることもない。とにかく、筋道が立たないようなことはどの台本にも書かれていない。

この台本の山を前にして、神は思案した。いったいどれを使おうか、と。よさそうなのがいくつかあった。それぞれの台本には、部分的にみると捨てがたいプロットや台詞がある。だからといって、いろいろな台本からいいところだけをつまみ食いして新しい話を作るわけにはいかない。もともとの台本のそれぞれの場面は、一箇所でも書き換えると他に波及して取り返しがつかなくなってしまうようなものだからだ。ましてそれらをつなぎ合わせたら、ちぐはぐさはひどくなる一方で、話の流れは滅茶苦茶になってしまう。これでは神の面目は丸つぶれだ。台本はどれもがそれ自体としては筋道が通った完璧な仕上がりをもっていなければならない。実際、目の前にある無数の台本はどれもが完璧だ。

では、どの台本を選ぶか。台本を選びさえすれば役者は自動的に誕生する。そこが神の強みだ。しかし運を天に任すわけにもいかない。神がさいころを振ったり阿弥陀籤《くじ》を引いたとあっては沽券にかかわる。無作為に選んだものに「最高」のレッテルを貼ればよいと考えるのは愚かな発想で、それでは神の知性が疑われてしまう。なぜこの台本を選んだのかがきちんと説明できなければならない。神は心底納得のいく最高の台本を選ぶことにした。だが「最高」だということはどうすればわかるのだろうか。それがはっきりしない以上は、知恵の絞りようがないではないか。しかし実はとっておきの計算式が神にはあった。この計算式によれば、一発で正解が出る。機械的な計算によっては「最高」だとは言えないといった批判をする輩がいるかもしれないが、それは神の深慮を理解せぬもののたわごとだ。ただしこの最高の台本を選んでも、自分の役柄が割に合わないと不平を言う連中はいるに違いない。もっと主要な役につけてくれ、悪役はいやだ、あんまり目立たない、などと言うことだろう。しかしそうした連中を少しでも満足させようとすると芝居はめちゃめちゃになってしまう。悪役や端役があるからこそストーリー全体の盛り上がりが演出できる。入念に準備された台本通りに演じてはじめて最高の芝居となるのである。アドリブも歓迎しない。機転を利かしたようでいて、流れは乱れてしまう。神の台本は完璧なのだ。あとは、翌日の開口一番の「光あれ」と叫ぶ神の力によって現実の世界となるのを待てばよい。そうすれば、この世界が存在する。そしてそれは最高の世界であり、最善の世界なのだ。

と、とりあえずここまで神の振る舞いとして書き換えてみたが、はたしてここでほんとうに神は必要だったのだろうか。必要だとも言っている。

諸事物の可能性は、その事物が現実に存在していなくても、神の存在の内で基礎づけられた実在性を有している。というのも、もし神が存在しなかったらどんなものも可能でなくなってしまうからである。可能的なものは、神の知性の観念の内に永遠に存在している〔『弁神論』「神の大義」八節、工作舎⑦、255〕。

これだと、事物の可能性も神の存在に根拠があるようだが、「神の知性の観念の内」というところがミソである。ライプニッツの神は論理規則をこしらえたり自分で勝手に作り替えたりはしない。論理や数学の領域は絶対的に真理性が保証されていて、神と言えどもおかすことはできない。この点でデカルトと異なり、ライプニッツが主知主義とされるゆえんともなっている。別の言い方をするなら、ライプニッツの「合理主義」とはまず最初にこのような論理や数学の真理性を絶対的なものとするところにあるのだ。可能世界を構成するときに必要な原理は実は矛盾律という論理原則だけである。可能世界はこの原理に基づいて構成される。しかし逆に言うなら、矛盾律を犯さないかぎりはどのような可能世界も可能だということである。不可能でないものはまずとにかく存在すると考えてみようというのが、ライプニッツの一貫した思考法であった。内部に矛盾をはらむことのない体系はすべて全体として可能である。数学の公理主義を思わせるような議論であるが、ライプニッツの存在の議論はまずはこの可能世界から始まるのである。そしてこれを構成するときに、神の役割は小さい。神でも、自分の頭の中を操作することはできないようだ。強いて言うなら、ただ矛盾律が遵守されているかどうか監視するだけだ。

次に出番がありそうだったのが、無数の可能世界から最善の世界を選ぶ場面である。だがここでも肩すかしを食らう。神は予め用意された計算方式を用いるだけだからである。「神が計算をすると、世界ができる」という言葉はケプラーのものらしいが、少なくともこの場面ではライプニッツにもあてはまる〔『対話』一六七七年、工作舎 ⑧,13,注2参照〕。これでは、神の偉大さが損なわれるというよりも、それ以前に神が不要になってしまう。ほんとうにそうなのだろうか。

存在への問い

実は、天地創造前夜のそのまた前夜があった。無数の可能世界をひねくり回しているのが前夜の話だとして、そもそもそのひねくり回しをする前段があった。それは次のような問いから始まる。

第一に問うべき問いは、何故無でなくむしろ或るものが有るのか、というものだろう。というのも、無は或るものよりも単純で容易だからである〔『理性に基づく自然と恩寵の原理』七節、工作舎 ⑨,251〕。

この問いにはさらに前段があるのだが、それは後ほど明らかにする。ここで問われているのは、「何かが存在する」ということと「何もない」ということとでどちらをとるかということである。後世「ライプニッツの問い」などと言われることになる問題である。この問いは、きわめてラディカルである。あらゆる学問や知識は現に存在しているもののあり方を問うが、存在そのものを無と対比して問いただすのは、存在論そのものであり、根本的な哲学的問いである。現に何かがあるということをわれわれは知っている。しかしそもそもなぜ何かがあるのか、なぜ何もないのではないのか、と問うことは、まずない。だがここでは存在それ自体の理由が問われているのである。「無は或るものよりも単純で容易だから」という言い方は、この問いが根本的であることを表現している。なまじ何かがあるから面倒が起きる。何もなければすっきりするし思い煩うこともない。ここに神を持ち出すなら、もし天地創造など厄介なことをしなければ神はどれだけ心静かで居続けることができたろう。裏切る者、猜疑心を抱く者、悪事をはたらく者が続出し、そのつど対策を立てねばならないのだから、神もやたらと忙しい。いっそのこと天地創造などしなかった方がよかったと思うことはないのだろうか。これは自分の人生に絶望した人間が自分は生まれてこなかった方がよかったと思う気持ちと一脈通じるかもしれないが、やはり違う。特定の誰それとかあれやこれやの存在についてではなく、およそ一切の存在の理由への問いなのだから、何よりも根本的な問いなのである。

この問いに対してライプニッツはどう答えるか。ここに必然的存在者というものを持ち出してくる。存在することが当然であるようなもののことである。早い話が「神」である。

そうした理由は、何らかの実在的有もしくは原因のうちにあるのでなければならない……〔『二四の命題』第二、工作舎 ⑧,46〕。

この有は必然的なるものでなければならない。……そのような有こそすなわち諸事物の究極の理由なのであり、一語で神と呼びならわされている〔第三〕。

ゆえに何故、存在が非存在に対して優位をしめるかということの原因がある。つまり、必然的有とは存在せしめるものなのである〔第四〕。

必然的な存在者があることによって、存在が非存在よりも優れたものになる。これが諸事物の存在の究極的な理由となっている。そしてここに、存在の「究極の根源」〔『事物の根本的起源について』工作舎 ⑧,93〕としての神、あるいは諸事物の「究極の理由」〔『二四の命題』第三、工作舎 ⑧, 46〕としての神が姿を現すことになる。これは、少なくともこの限りでは、理屈からでてきた神であって、どう見ても人格的な神でも祈りの対象の神でもない。しかし今問われているのは存在の根拠であり、少なくともそういった文脈の中で、神は究極の理由ないし究極の根源として理解されているのである。しかし疑問はかえって次から次へとでてきてしまう。神はなぜ「必然的存在者」として理解できるのか、「必然的存在者」であれば神は存在するとなぜ言えるのか、神が存在するということがなぜ存在が非存在より優位に立つことになるのか。実はどの疑問に対しても、西洋の思想の長い歴史が背景にあって、簡単には済まない。かりに必然的存在者としての神が存在したとしても、それが孤独と静謐を愛するのだったら、やはり何も創らなかったかもしれない。神は神自身の仕事を讃えてもらうために被造物を創ったという考えもありそうだが、神はそんなにナルシシストなのだろうか。これでは埒があかない。おそらくそのような問い方はライプニッツの意図とは違うのかもしれない。

ライプニッツが求めたのは、存在が非存在よりも優位に立つような根拠がある、ということだった。その根拠がどんなものであるかということが大事なのではなく、根拠なしには存在優位の判断はできないということの確認が大事なのである。そしてその根拠には神という名を与えておくだけで十分だとライプニッツは考えていたのだ。存在への問いはここで打ち止めとなる。

存在の優位性が主張できれば、可能世界の中の各個体がそれぞれ存在を目指すということも理解できる。存在を目指すそれらの力が一団となったときに、可能世界が世界として現実存在を目指す力となる。ここから可能世界同士のレースが始まることになる。それもこれも、存在の優位性があってのことなのだ。そしてこのレースの勝者が現実世界となる。そこに神の力が求められる。

現実的なものは、存在することにおいても作用することにおいても神に依存している。しかもそれは知性にのみならず神の意志にも依存している〔『弁神論』「神の大義」九節、工作舎 ⑦, 255〕。

しかし先を急ぎすぎた。その前にまだ問題が残っている。可能世界のレースのルールがまだはっきりしていなかった。

理由律

先に、存在の優位性を導くために『理性に基づく自然と恩寵の原理』七節から引用したが、この文は、前後も含めて考える必要がある。

今や形而上学へと上昇しなければならない。その際われわれは一般には殆ど使われていない大原理を使う。何ものも十分な理由無しには生じない、言い換えれば、何ものも、事物を十分に認識する者に対して、それがそのようであって他のようではないのは何故かを決定するのに十分な理由を呈示できるのでなければ、生じない、という原理を使うのである。この原理が立てられた上で、第一に問うべき問いは、何故無でなくむしろ或るものが有るのか、というものだろう。というのも、無は或るものよりも単純で容易だからである。それから、諸事物が現実存在しなければならないと仮定した上で、何故諸事物はこのように現実存在するのであり他のようではないのかを説明し得るのでなければならない〔『理性に基づく自然と恩寵の原理』七節、工作舎 ⑨,250-51〕。

存在の理由への問いは、何ものも十分な理由なしには生じないという原理に基づいて考えられる。同じことが次のようにも言われる。

何故、何ものも存在しないのではなく、むしろ或るものが存在するのか、というその理由が自然のうちにはある。これは、理由なしには何ものも生じないというあの大原理の帰結である。同様に、何故他のものではなく、むしろこのものが存在するのかの理由もまたなければならない〔『二四の命題』第一、工作舎 ⑧,46〕。

この大原理は、「十分な理由の原理」と呼ばれる〔『モナドロジー』三二節、工作舎 ⑨,217〕。簡単に「理由律」と言われることも多い。自ら「大原理」と言うだけあって、ライプニッツの哲学的な議論には必ず、一番重要な場面で顔を出す。「十分な理由なしには何ものも生じない」ということは、その対偶をとれば「何ものかが生じているならば、それだけの十分な理由が必ずある」ということである。これはライプニッツの哲学を根本で性格づけるものである。それが原理だということは、もはやそれ以上さかのぼって論証できないということである。もし論証できたらそれは原理ではなかったことになってしまう。

十分な理由を示すことが誰にでもできるとは限らない。しかし必ず理由はある、というのがライプニッツの確信である。そしてこの原理は、あろうことか神をも支配する。神ほどの知性の持ち主であれば、理由なしに何ごとかをするはずはない、とライプニッツは考えていた。

理由律は二段階の役割をもつ。第一が、先ほど見た、存在への問いである。必然的存在者としての神が存在することが、一般に存在の優位性の理由となっていたのである。そして「諸事物が現実存在しなければならないと仮定した上で」第二の役割となる。つまり、なぜこうであって他のようではないのかということの理由が求められる。つまり存在そのものの理由から存在のあり方の理由へと移っていったのである。これによって、世界は展開する。

しかし理由律の第二の役割が求められるのはなぜだろうか。それは簡単に答えられる。できごとのつながりに偶然性があるからである。

真理にも二種類ある。思考の真理と事実の真理である。思考の真理は必然的でその反対は不可能であり、事実の真理は偶然的でその反対も可能である［『モナドロジー』三三節、同219］。

数学や論理学など純粋な推論にかかわる場面においては、真理は一義的に定まり、曖昧さを残すことなく明確に答えが導き出される。2足す3は必ず5であり、それ以外の答えを出すことは不可能である。これに対して事実にかかわる事柄であれば、例えば明日私が東京にいるか大阪にいるか、どちらも可能である。明日までの私の振る舞いからすればどちらになるかはいずれはっきりするが、それでも今のところはどちらも可能である。明日になって私が大阪にいたとしたら、そのとき私が大阪にいることになった理由を、必ずしも十分に自覚しているとは言えないかもしれないが、ある程度ならあげることはできる。しかしそれでも依然として、東京にいることも不可能ではなかったと言える。このように、他の可能性があったときにどれかに決定するとしたなら、そのときにしかるべき理由が作動したと考えるのが、理由律の第二の役割である。

人間であれば、十分な理由をあげて説明することには限界がある。むしろ「このような理由は、ほとんどの場合われわれには知ることはできない」［『モナドロジー』三二節、同218］。しかしそれなりの理由なしには何も生じないはずだ、とライプニッツは考えていた。その理由が十分なものであるためには、理由の系列を一つ一つたどらなければならないだろう。そうすると、自分が自覚していることいないことの一切合切が絡んできて、結局はできごとの系列のすべてがかかわることになり、理由律は世界の全体を射程に入れることになる。そうなると、ある事象を十分に説明するためには、一つ一つのできごとだけではなく、すべてのできごとを総体として十分に説明できるものでなければならない。つまり、事象の全系列としての世界がこのようにあるということの理由が示されなければならない。そのようにして全体を説明できて初めて個別の説明が可能になる。単に理由があるというだけではなく、「十分な」理由があると言えるためには、世界全体がかかわってくることになる。

しかし、それでは理由律というのは、どのできごとも世界の他のすべてのできごとと密接にかかわっているということを言っているだけなのだろうか。そうではないだろう。世界全体を視野に入れるという問題設定は、世界の内部では完結しないからである。あるできごとが生じる理由を問われて、これがあるからあれがあるからと言い、さらにその理由があってと言えば、たいていは説明としてほぼ足りる。これが世界全体にまで拡大して、あらゆるできごとが互いに関係しあっているということを確認したとして、それで最初の「このできごと」への問いに十分に答えたことになるかというと、そうではない。それだけでは、この現実世界が可能世界の内の一つであった、と言っているだけだからである。どの可能世界もそこで生じるできごとは互いに密接に関係しあっているのだから、その関係を述べることが説明であるとするなら、説明はいつでも可能である。しかし、なぜこのものが存在するのかということの十分な説明にはなっていない。理由律の第二の役割は、特定の事物の存在にかかわるものであった。そしてそれはとりわけ、その事物が現実に存在することの理由を問うものであった。従って、その問いに答えるには、単にそれが他と密接にかかわっているというだけでは不十分で、その事物を含む世界が現実に存在しているということの理由も示されなければならないのである。この「十分な理由」は、神話的に言うならば、神が数あるストーリーの中から一つを現実世界として創造するように決定した理由であり、形而上学的に言うならば、特定の可能世界が現実存在という資格を得る根拠である。

決定の原理

この決定原理をライプニッツは「神的数学」とか「形而上学的メカニズム」と呼んでいる［『事物の根本的起源について』、工作舎 ⑧,95］。これが明らかになれば、存在論の根本と同時に神慮の秘密も覗けるはずだ。それはどのようなものか。

次のような系列だけが決定されている。すなわち、線の中では直線が、角の中では直角が、形の中では最大容積、すなわち円または球形が決定されるような具合である。また、液体がその自然本性により球形の水滴に凝集するのが見られるが、それと同じように、宇宙の自然のなかには最大容積の系列が存在する〔『二四の命題』第一〇、工作舎 ⑧,49〕。

これでは裏切られてしまう。期待が大きければなおさらだ。しかし決定原理を説明するときにライプニッツはいつもこうした語り口なのである。神の業は比喩や類比で表すしかないのかもしれないが、線や角の例を用いた説明には素直に同意できそうにない。どんな線の引き方をしてもそれ自体に不都合があるわけではないし、神が口を差しはさむことがらでもない。むしろ、線の引き方が一義的に決まってしまう方が、神の全能を損なうようにさえ思われる。しかしそれに尽きていない点もある。

事物の内には常に、最大あるいは最小によって要求されるべき決定の原理がある。つまり、言わば最小の費用で最大の効果があげられるのである。だからここで時間、場所、一言で言えば世界の受容能力あるいは容量を費用即ちその内に最も快適に建物が作られるべき土地と見なしてよいならば、それに対して形相の多様性は建物の快適性とか部屋の数と優美さに対応している〔『事物の根本的起源について』、工作舎 ⑧,94〕。

数学的な決定を前面に出し、経済的な合理性をもにおわす議論をライプニッツは好んで用いた。最大の効果を目指すという原理は功利主義を思わせる。そして、通俗的な功利主義はともかく良質の功利主義が人間の活動の多面性を決して見逃していないのと同じく、ライプニッツも、建物の快適性や優美さなどというそれ自体数字には置き換えにくい価値にも触れている。そしてそれが、「形相の多様性」に対応しているという点は重要だ。

すべての可能的なものは同等の権利をもってその実在性に比例して現実存在することへ向かうように、すべての重い物体は同等の権利をもって重さに比例して落下に向かう……。後者では重い物体の最大の落下を含むような運動が生じるように、前者では可能なものが最も多く産出されるような世界が生ずるのである［『事物の根本的起源について』、同95］。

ここで物体の落下に託された意味こそが、先の「形相の多様性」であり、それが目指すのが「可能なものが最も多く産出されるような世界」だということになる。「可能なものが最も多く」というのは、ライプニッツの決まり文句だ。前章でもたびたび述べたように、ライプニッツは常に多様性の実現を目指していた。妨げるものがなければ可能な限りその実現を認めようとする。どちらも可能であるなら多様で豊かなものが生じる方向を選ぶ。多面な活動が目指していたものはいつもそうだったし、ライプニッツ自身の生涯がやはりそうであった。そして神の振る舞いの原理においても、同じ方向性を見ることができる。というよりも、ライプニッツにとっての神は、ライプニッツ自身を反映したものだとも読める。ライプニッツの方法論は、同時にそれがそのまま世界の構造となっているのである。

オプティミズム

決定原理によって最大に多様となった世界は、倫理的な意味をも担う。

神がある一点から別の直線にまで直線を引きながら、角度を決定しようという決意もなくそうする立場にもない、という……場合には、［角度の］決定は事柄の本性から生じていて、直線は垂線となり角度は直角となる……。これだけが決定され、際立っているからである。すべての可能的宇宙の中で最善なる宇宙を創造するというのは、以上のようなことなのである〔『弁神論』一九六節、工作舎 ⑥, 302–03〕。

前半はこれまでの繰り返しだが、最後で、決定された宇宙が「最善」だとしている。ここで示されているのはライプニッツの最善世界観である。神が無数の可能世界から最善なるものを選んでそれを現実世界としたのだから、この世界は最善なものだ、という。なにやらだまされているようでもある。「最善」という倫理学的で神学的でもある問題が、幾何学の図形の決定の場面によって論じられているからである。しかしこれを、「最善」が数学的に決定される、と読むべきではない。「最善」の「最」の意味を理解しようとするなら、それは数学的な表現をとらざるを得ないということなのだろう。人間の理性が理解するための「類比」としてのぎりぎりの表現がこのような形をとったのだ、と私は見たい。

それにしても、「最善」はともかく、そもそも「善」はどのようなものとして理解されているのだろうか。それがわからなければ「最善」もわからない。

善は廉潔・快適・有益に分けられます。けれども根本では、善はそれ自身快適であるか、あるいは快適な感覚を私たちに与えうる他の何ものかに役立つはずだと思います。言い換えれば、善は快適ないし有益であり、廉潔さ自身、精神の快に存するのです〔『人間知性新論』二部二〇章二節、工作舎 ④, 182–83〕。

簡単に言うなら、善は快として捉えられている。これまた功利主義の基本と同じだ。しかもこの快は、身体的なものだけではなく、精神的な場面にも及ぶものとされている。最初から、道徳や正義の概念が含意された快だったのだ。

快とは完全性の認識もしくは感覚である。その完全性は自分の内にあるものについてだけでなく、他人の内にあるものについてもそうである。なぜなら、そのとき人は自分自身の内にも何らかの完全性を喚起するからである〔『幸福』一六九四～一六九八？年、Grua, 579〕。

完全性というのはスコラ哲学以来の伝統を受けたやや特殊な概念で、あるものがもっている望ましい積極的な性質といった意味合いである。そのものの本来あるべき姿、実現されるべき性質である。快はそれに近づいているという感覚で、それをもたらすものが善なのである。こうしてみると、西洋語の「善 good, Gut, bien」が「財」になる道筋が見えてくる。この善が総体として最大になるのが「最善」である。総体としての最善であるためには、部分的には善と悪が逆転することもある。

悪が苦痛をもたらすものであると同様に、善とは快に役立つものないし快をもたらすものです。しかし、より大きな善との衝突が生じる場合、それを私たちから奪うような善は、そこから生まれるはずの苦痛に加担する限り、実際には悪となりうるでしょう〔『人間知性新論』二部二一章四一節、工作舎④、228〕。

全体のよりよき善のためには、個別の場面で受忍すべき悪やあきらめなければならない善があるということである。これはわれわれも経験的にはそれなりに心得ている。角《つの》を矯《た》めて牛を殺すとの古諺《こげん》もある。無病息災よりも一病息災の方が健康にはいいと言う人もいる。ただしいつもねらい通りになるとは限らない。少しでも他人を出し抜こうと思ったり他人への不信感があるときには、ゲーム理論での囚人のジレンマが示すように、次善以下の結果を引き受けることにさえなる。最善や最適というのは、理屈の上ではわかっていても実際の場面ではたやすくはいかない。

それでも理念としての「最善」を目標におくことは大切かもしれない。ライプニッツはたびたび政治の場面を例にとって最善のあり方を説く。第1章の「類比」の終わりの方で一、二の例を挙げた。人の比喩によって神を語ろうとしたのか、神に託して人を語ろうとしたのか、どちらともとれそうなところがライプニッツらしくておもしろい。いずれにしても、最後は最善を目指すことになる。

> 神は先行的に善を欲し、帰結的に最善を欲する［『弁神論』二三節、工作舎 ⑦,140］。

選択が常に最善を目指しているという原則をライプニッツは「最善律」と呼んだ。これはしばしばオプティミズム(optimism)とも言われている。「最善」を意味するラテン語 optimus に由来する言葉だが、ライプニッツ自身が言ったものではなく、ライプニッツの死後にその思想を揶揄して案出されたものだ。この言葉が現在「楽天主義」とか「楽観主義」と訳されているのも、すでに初めからライプニッツの意図とは違った趣旨が込められていたからである。楽天主義だと、どんな目にあっても何とかなるさ、といった気楽さやおめでたさがつきまとう。人生にどんな波風が立とうとも、最後には必ず黒字決算になるという能天気な人生観とさえ思われるかもしれない。ヴォルテール●の『カンディード』がそのような通俗的なオプティミズム理解に一役買ったことも確かだ。★1 しかしライプニッツの最善観はそのような呑気なものではなく、むしろ時には厳しい自覚を促すことさえある。

> 確かに、神は一頭のライオンよりも一人の人間の方を重視する。しかしながら、神がいかなる観点からしてもライオンという種族全体よりも一人の人間の方を選び取るということを確信できるかどうか、私にはわからない。しかしかりにそうだとしても、無数の被造物をそっくり混乱に陥れてまでも一定数の人間の利害を優先するということにはならないだろう。このような見解は、すべてがひとえ

ヴォルテール（1694–1778）——フランス啓蒙主義の思想家。ロンドン滞在中にニュートンの思想を知り感化される。歴史、文学、哲学に通じていた。リスボンの大地震に触発されて書いた『カンディード』はライプニッツのオプティミズムを揶揄した作品とされている。

★1——しかし、ライプニッツを揶揄したはずのこの諷刺小説はもともとがオプティミズムの誤解に発していたために、主人公カンディード（無邪気、天真爛漫の意）とパングロス（すべての言語の意で、これがライプニッツのパロディーになっている）博士の惨めな人生を描いて「最善」を否定したはずだったが、その落着いた結末はむしろライプニッツの真意に沿うという皮肉なものとなっている。これこそが真のオプティミズムだ。

に人間のためにのみ作られているという、古代の悪名高き格率の残滓である[『弁神論』一一八節、工作舎⑥,213]。

ここに見られるように、ライプニッツのオプティミズムは現代の環境倫理にも通ずるところがあり、考えようによっては人間にとって辛辣なものともなっている。それというのも、もともとが「最善律」は神の立場から言われるもの、言い方を換えるなら、世界全体を視野に入れた上で初めて議論が成立するようなものなので、個人のレベルはもちろんのこと、人類というレベルにおいても計算は終了しないからである。世界全体の黒字決算をはじき出すために人間の部門だけは赤字とさせなければならないかもしれない。その意味において、ライプニッツのオプティミズムは人間にとっては厳しいペシミズムの世界観であるとも言える。偏狭で浅薄な人間中心主義とは無縁な思想である。

そうは言っても、人間を冷たく突き放してしまうわけにもいかない。呑気な楽天主義の誤りは、自分が何をしてもしなくても、行く手には幸福が約束されていると思うことにある。しかしそのような怠惰さともライプニッツは無縁であった。

最大の快というものが可能かどうか、私にはわかりません。むしろ快は無限に増大しうると考えたいのです。なぜなら、私たちを待ち受けているこの永遠全体において、私たちの認識と諸器官がどこまで達しうるか、私たちは知らないからです。したがって、幸福とは持続的な快であると私なら考えますし、この持続的な快は新たな快への絶えざる進展なしには生じえないでしょう。……それゆえ、幸福とは諸々の快を経由する一つの道程です。そして快は最短距離にある幸福への一歩前進にすぎません[『人間知性新論』二部二一章四一節、工作舎④,227]。

人間の立場からオプティミズムの全体像を計り知ることは難しい。できないかもしれない。人間にできるのは、可能な限り全体像を推し量り、全体の目的のために絶えざる前進を続けていくことである。このときオプティミズムは、すでにできあがったものとして思い描かれた目標というよりは、全体の最善を目指すための歩みを支える希望となっているのだろう。

人間にはいったい何ができるのか。宇宙の中で人間はどのような位置を占めるのか。次の節ではこのことを考える。

2-3 個体の位置

できごとの系列の全体としての世界から個体としての「私」を見るならば、個体同士の関係もまた関係の全体の中にある。その関係の一つ一つがすべてしかるべき理由によって支えられているとはいえ、自覚できるのはその内のほんのわずかにすぎない。知らず知らずのうちに関係の網の中にがんじがらめにされていることになる。ここではどれほど小さな変更であっても全体に影響を与えてしまう。とするならば、私についてこれから生じることも私の一存ではどうにもならないのだろうか。いや、「私の一存」ですら、世界の系列の果てにすでに決定されていることなのだろうか。ここには、決定論や宿命論の嫌疑が掛けられそうだ。私という個体は宇宙の中に吸収されてしまうのだろうか。

しかし「私」にとって、過去は変えられないとしても、未来は何とか自分で決められるところもあるはずだ。多くの場合、いくつかの選択肢からどれかを選ぶことはできる。たいていは何の気もなしに、時には慎重に検討して、またあるときは当てずっぽうに、どれかを選ぶ。他人に選んでもらうことも少なくない。試験では相手から選ばれる。いずれにしても、どれかの選択肢が採択されることになり、それでその後の自分の人生が一つの方向に進んでいくことになる。それによって他の多くのものとの新しい関係が生じることになる。そしてその結果はすべて他者にも波及し、つまるところは世界全体にまで達することになる。私のささいな決断が世界全体を変えることにさえなる。複雑系で言われる「バタフライ効果」[★1]だ。

そうはいっても、私の決断で世界をどのようにも変えられるというわけではない。むしろほとんど変わら

★1――気象や株価の変動のように、最初はささいな変化が予測もできない仕方でやがては大きな変化をもたらす、ということをさす。北京で蝶がはばたいて生じた空気の乱れがやがてはニューヨークに暴風をもたらす、と説明される。

ない。私だけの決断だと思っても、実はそれが同時に多くの見ず知らずの他人の決断と連動しているからである。私が世界におよぼす影響以上に世界が私を制約する。いかなる個体も互いに制約しあって世界を構成しているからである。私が先で世界ができるのか、世界があって私が存在するのか。いずれにしても、私のあり方を考えることは、世界を考えることになってしまう。私と世界とのどうしようもないほどの相関関係を解きほぐすこと、これをこの節の課題とする。

統一性

個体を表す西洋語(individu, individual)は、もともとの成り立ちとしては「分けられないもの」を意味していた。これは、人間を含めた生命体全般について考えてみると理解しやすい。一匹、一羽、一輪などと数えられる生き物の生命単位がそれぞれ「個体」と呼ばれてもかまわないはずだ。生命体としての「個体」(人間であれば「個人」)は、その身体に目を向ければいくらでも分割ができる。しかしだからといってそれが生命体として複数に分割されたわけではない。少なくとも生命が維持されている状態であれば、指手足など体の部分が切断されたとしても、一個の生命体として小さくなったということもないし、複数になることもない。あくまでもそれは一個の生命体であり続ける。そのような全体的なまとまりをもった存在を「個体」として捉えることができる。★2 その典型的な例が人間としての「個人」であることは言うまでもない。

個体としての実体が宇宙の中で視点に制約されているという主張は前々節で見た。その個体を生命体として考えるならば、視点に制約されていることの根拠は、それが身体をもつということになる。

> 有機的身体には必ず魂が伴い、魂は決して有機的身体から分離していない。……私は、自然的に全く分離された魂とか、身体から一切離脱した被造精神とかは存在しないと考える。被造物が物質から解放されて自由になったとしたら、それは同時に普遍的結合からも解放されることになり、いわば一般

★2——もっとも、生命体と一口に言ってもいろいろあって、「個体」の認定に多少の困惑や躊躇を感じるものもある。草花はどこまでが「個体」なのだろうか。クラゲの仲間のカツオノエボシは、一個は十センチメートルほどでも、たいていはコロニー(群体)を作っていて十メートルを超す巨大な一個の生物体の姿を呈している。合体ロボの比ではない。しかしほとんどの生物についてははたやすく「個体」を認定できると私は勝手に思っている。クローンは当然別々の個体である。

★3——ライプニッツは「点」を、形而上学的点、数学的点、物理的点の三種類に分けることもある(『心身の結合についての新たな説』一一節、工作舎⑧, 82–83)。真の存在にかかわるのは第一の形而上学的点だということになるが、これが後の「モナド」の用語に発展解消したからだろうか、三種の点の区別は他の著作にはあまり見られない。それほどわかりよい説明でもないので、深入りしない方が賢明だ。

ゲーテ(1749–1832)——ドイツ古典主義を代表する詩人、作家。自然に

的秩序からの脱走兵になってしまう〔『生命の原理と形成的自然についての考察』、工作舎 ⑨,18〕。

視点というと数学的な一点のようで、それだと大きさがないものとなってしまう。[★3] しかし実際には、どの現実存在も自分自身の身体をもっていなければならない。精神とか霊魂とかがそれだけで存在することはない、とライプニッツは考えていた。身体があるからこそ、宇宙の秩序の中で位置を占めることができるのである。「一般的秩序からの脱走兵」という言い方にはライプニッツの存在把握の特徴が象徴的に表れているが、脱走兵にならないためにこそ身体がなくてはならないという論点に注目しておきたい。

> 創造されたモナドは、いずれも宇宙全体を表現しているが、そのモナドのために特別にふり当てられていて、そのモナドを自分のエンテレケイアにしている物体〔身体〕をより判明に表象する。充実体のなかではすべての物質が結びあっているから、この物体〔身体〕は宇宙全体を表出するが、魂もまた特別に自分に属している物体〔身体〕を表現することによって、宇宙全体を表現するのである〔『モナドロジー』六二節、工作舎 ⑨,232〕。

ここで「エンテレケイア」というのはアリストテレスに由来する言葉だが、ライプニッツにとってはこれは存在の統一性を支えるもののことで、「完全」の意味を込めて用いられる〔『モナドロジー』一八、四八節、『弁神論』八七節など参照。ついでながら、この言葉は、「自然学者」ゲーテや生物学的形而上学者ドリーシュなどもドイツ語風に「エンテレヒー」として用いている。いずれも生命体の統一的な原理といった意味合いである〕。人間に限らず、個体を個体たらしめているもの、つまり一つのまとまりをもった存在にしているものを、ライプニッツは「エンテレケイア」と呼んでみたり、スコラ哲学の言葉をわざと復活させて「実体形相」と言ってみたりしている〔『形而上学叙説』一〇章、工作舎 ⑧,156〕が、ごく大ざっぱにいうなら統一的な原理のことである。ただしこれを、機械的な身体に

対する思索と洞察も深く、動植物の観察から形態学を構想する。『色彩論』ではニュートンの光学と真っ向から対立する自然観を展開する。エッカーマン『ゲーテとの対話』でゲーテはライプニッツの名を挙げモナド（単子）に触れながら「エンテレケイア」の活動性を称揚する。

ドリーシュ（1867–1941）——もと生物学者で、後に哲学者。ウニの発生に関する実験成果をもとに、生気論的な生命論を唱える。生命現象は機械論的には説明できず、生命活動の原理がなければならないとし、それを「エンテレヒー」と呼んだ。

後から付け加わることによって生命体とさせるような独立の精神的存在として理解すると、ライプニッツの考えから離れてしまう。身体を構成している物質そのものは流動的であって絶えず入れ替わるとはいえ、先の引用文にあるように、身体なしの精神や魂は現実にはあり得ないとライプニッツは考えていた。「個体」というのは、そのような身体と精神とを一体化したものである。というよりも、精神と身体という風に分けて考えることがそぐわないような次元のことなのだろう。

そうだとすると、この身体がらみのまとまりを指して個体ということになる。ここに、個体が決して全宇宙に吸収されはしないでいる論点として、「視点」に並んで、「統一性」という論点が問題となる。ライプニッツにとって、現実に存在するものには、それが「一なるもの」となっていることが不可欠である。

真に一つの存在でないものは、真に一つの存在でもない。私はこれを公理と見なしたい〔一六八七年四月三〇日アルノー宛、工作舎 ⑧,330〕。

スコラ哲学の伝統にあっては「一」と「存在」とは取り替え可能な概念であった〔一七〇六年三月一一日デ・ボス宛、工作舎 ⑨,132〕。ライプニッツはこの線に乗りながら、「一」であることの意味を画定しようとする。簡単に言うなら、ほんとうに「存在」していると言えるためには、ほんとうに「一」であると言えなければならないということである。そして、この逆も成り立つ。「一」であることと「存在」していることとは、互いに規定しあっているのである。

個体を問題にするときに、「一」なるものであるということはただ単に一個二個と数えられる対象であることだけを意味しない。他に対しては自分自身としての個別性があり、それ自身にとっては緊密な統一性を持っていなければならない。個別性というのは、決して他と置き換えられることのないそれ自身のかけがえのなさのことであり、ライプニッツはそれを宇宙の表現の「仕方」という形で表した。すでに見たように、表現あるいは表出の内容だけからするとどの個体も区別ができないからである。視点を持つことと表現の判明さの程度の違いによってそれぞれが区別できるのであった。しかしそのような個体が現実の世界の中に存在するためには、それ自身に固有の身体を持っていなければならない。いやこの言い方は不正確だ。個体が自分の身体を持つ、というと、身体は当の個体とは別物であり、その身体と独立した個体があるようになってしまう。もちろん、論理的には別だとも言える。なぜなら、身体は常に新陳代謝を繰り返し、川の流れのように流動的だからである。しかしそれでも川にはいつも水があるように、精神にもいつも身体がつきまとっている。というよりも、水があるからこそ川なのであり、身体があってこその精神である。身体なしの純粋な精神というものを、ライプニッツは少なくとも被造物には認めていなかった［一七〇六年一〇月一六日デ・ボス宛、工作舎 ⑨,142 など］。では、「一」なるものはいったいどこに求められるべきなのだろうか。

実はこの問いは、ライプニッツを読み解く上でかなり厄介な難問となっている。否定的にならば比較的たやすく答えられる。たまたま寄せ集められたものは本物の「一」ではない、と言えばよい。このような「一」をライプニッツは「寄せ集めによる一」だとした。

そもそも、実在的な有や実体を認めるために、真の一性なしですむはずがありましょうか。しかし、数学的学問で用いられる恣意的な一性は今問題とすべきことではありません。というのも、このような一性は、現れとしての有にもあてはまるものだからです。群とか軍隊のような寄せ集めによる存在がそのようなものであり、これらが有している一性は思惟に基づくものです［一七〇三年六月二〇日デ・フォルダー宛、工作舎 ⑨,98-99］。

羊の群や軍隊のような集まりを「一」と言うことはできても、「その一性は私たちの表象に由来している」のであって［『フィラレートとアリストとの対話』一七一一年、工作舎 ⑨,44］、「思惟の働きによって統括される限りにおいて」「一」となっているに過ぎず［一六九九年六月三日デ・フォルダー宛の手紙の下書き、工作舎 ⑨, 72］、「半精神的」なものだと言う［一七〇六年三月一一日デ・ボス宛、工作舎 ⑨, 132］。一時的でその場限りのまとまりは偶然の「一」であって、それ自身による本物の「一」にはなっていない。一時的ではないにしても、たとえば星座などは「寄せ集めによる一」の典型と言えるだろう。オリオン座を作る星々はそれら自身の間には何の必然的なつながりもない。ただその星々を一つのまとまりとして見た牧童の想像力だけが一つのまとまりを作り上げたにすぎない。構成要素がもっと互いに連関しあっていそうな人工の機械はどうか。これもやはり、寄せ集めだ。その諸部分がどれほど互いに緊密な構造をなしていても、自然の有機的な統一体にはかなわない。

私は有機体、もしくは自然の機械を定義して、各部分もまた機械になっているような機械だとしました。したがって、どんなに小さなところでもおろそかにはできないのですから、有機体に見られる技巧は無限の細部にまで及ぶのです。これに対して、われわれが技巧を凝らして作る機械の部分はもはや機械ではありません。ここに自然と技術の本質的な違いがあるのです。近頃の人々はこのことを少しも考えていませんでした［一七〇四年六月三〇日マサム夫人宛、GP-III, 356］。

生命体が人工機械と違うのは、無限の細部まで機械になっていることだ、とライプニッツはよく言う。ここには機械論的な自然観とは全く異なった、生命体への一つの直観が働いていることは認められるが、これだけでは統一という意味での「一」が説明されない。無限の細部にまで入り込まずともそれ自体で一つのまとまりとさせるようなはたらきはないのだろうか。

物塊が多くの実体を含む寄せ集めであると想定しても、［生物の場合には］そこに一つの優越的な実体を、すなわち第一のエンテレケイアによって生命を与えられたものを認めることができます。しかもこのエンテレケイアを伴った完足的な単純実体たる［支配的］モナドに対しては、有機的身体をなす物塊の全体に与る原始的受動力のみが結びつけられます。［その身体の］諸器官に配された残りの従属的モナドは、［有機的身体全体にとっての］部分をなすわけではありませんが、それにとっては直接的に必要なものとなっています。そしてそれらは、第一のモナドと合流することによって動植物のような有機的な物体的実体になるのです。それゆえ私は以下のような区別をします。①第一エンテレケイア、すなわち魂、②第一質料、すなわち原始的な受動力、③これらの両者からなる完足的なモナド、④物塊、すなわち第二質料、つまり有機的機械、ここには無数の従属的モナドが合流しています、⑤動物、すなわち物体的実体、［有機的］機械の中の支配的モナドがこれを一なるものとします［一七〇三年六月二〇日デ・フォルダー宛、工作舎⑨,101–02］。

この箇所はモナドの構成とそれからなる物体的実体つまり有機的な統一体の成り立ちを簡潔に示しているのだが、簡潔すぎて何回読んでも難解だ。第一質料、第二質料などの用語はアリストテレス由来のものでこれまた厄介だ。それらの意味を正確につかもうと思うと無限に細部にまで入り込むことになってしまう。それでも生命体の成立に目を向けるなら、それが一個の「支配的モナド」と無数の「従属的モナド」とからできているということはわかる。そして、それでもやはり統一性の説明として十分とは言えない。ひょっとしたら、これ以上のことは言えないのだろうか。ここには生気論的な思想傾向に共通する弱点があるようにも思える。それでも、支配と従属という表現は、少なくともライプニッツの叙述としてなら、もう少し発展できそうでもある。

複合実体（たとえば動物といったようなもの）の中心をなし、その一性の原理をなしているような各単純実体つまり際立ったモナドは、他の無数のモナドからなる物塊に取り巻かれている。その物塊がこの中心的モナドに固有の物体をなし、それの変状に従って、中心的モナドは一種の中心においてのように自分の外にある諸事物を表現するのである〔『理性に基づく自然と恩寵の原理』三節、工作舎 ⑨,246-47〕。

ここでは「中心的モナド」と言っているが支配的モナドと同じものだ。注目したいのは「表現」である。中心的モナドはそれに固有の物体(つまりは身体)である無数のモナド(これが従属的モナド)の変状に従って外のものつまりは世界を表現するというのだ。「固有」は「固定」を意味しない。ここで支配と従属という区別は、前々節の終りのあたりで述べた能動と受動との区別と重ねて理解するとよい。たまたまひとかたまりをなしている全体のことを一番よく認識しているものが「支配的モナド」と呼ばれる。それは全体をいわば代表しその一体性を認識している。これが通常、身体に対する精神と呼ばれているものである。「モナドには窓がない」という言い方にあったように、精神のモナドが身体の諸モナドを直接に支配するのではない。ライプニッツの言い方によれば、判明度が高いときには「精神」は「身体」をよく統御していることになる。精神と身体を全く別の存在とした上でその合一を論じるような問題設定とは全く異なる扱い方がここに見られる。これについてはすぐ後で別の角度から考える。

ついでに指摘しておくと、支配=従属という対概念は、政治的な比喩として読むこともできそうだ。人間の集団があるとして、それが統一的な行動をとるためには、中心的なメンバーが自分たちの役目を十分に自覚し、各メンバーの役割を把握して全体の行動を統率しなければならない。このときには、この中心メンバーがいわば集団の頭脳というか精神であり、その他は手足というか身体である。ライプニッツ自身がこのような政治的含意を持ち込んでいるわけではないが、啓蒙専制君主制に政治形態の理想を見ようとしたことと妙に重なり合っているように思われてならない。

とはいえ、軍隊のような人間集団は「寄せ集め」にすぎないとライプニッツは繰り返し述べているのだから、これ以上の読み込みは控えておくべきだろう。生命体の理解は、常識的な個体のレベルで済ませておくのが穏当だが、ついつい社会的なレベルにまで拡大したくなってしまう。社会生物学などを挙げずとも、そのような誘惑は魅力的でもある。これが高じると、宇宙の全体が一つの生命体だという発想になってしまう。しかしそこまでいくとライプニッツは明確に否定する。

一個の被造物、個別的実体について言えることを、宇宙にあてはめることはできない。前者は常に他によって凌駕されることがあるが、後者は永遠の未来にまで拡がるべきものだから無限である。しかも、物質のどんなに小さな微片の中にも、無数の被造物がある。それは連続体が現実に無限に分割されているからである。そして無限体、すなわち無限に多数の実体の集まりは、無限大なる数そのものと同様、本来的に言えば一つの実体ではない。無限大の数についてはそれが偶数か奇数かは言えないからである。このような論点は、世界を神に仕立ててしまう人々や神を世界霊魂として捉える人々を論駁するのに役立つ。なぜなら、世界にしろ宇宙にしろそれを一個の動物や実体と見なすことはできないからである[『弁神論』一九五節、工作舎 ⑥,302]。

同様の言い方はたびたびなされている。これには思想的な背景がある。それは、世界あるいは宇宙を全体として一つの存在、一つの生き物、あるいは一つの精神によって統御されているものと見なす思想があったからである。一七〇二年に書かれた『唯一の普遍的精神の説についての考察』[工作舎 ⑧,121–36]はこれを主題的に論じたものだし[一七〇六年三月二日デ・ボス宛、工作舎 ⑨,133なども参照]、スピノザへの終始一貫した批判の中心はここにあった。しかしこのような批判も、実はライプニッツの思想自体が宇宙を一つの存在とするという批判を絶えず受けていたからという事情もあるだろう。宇宙が一つの生命体になってはなぜいけないのか。各個体が緊密に関係しあい微小表象を通じてすべてが内的に通い合っているのだから、これこそ一つの巨大な生命体と言えそうなのに、ライプニッツはそれは絶対に認めなかった。すでに前節の初めにも引用したように、世界はいつも「寄せ集め」でしかないのである。したがって、真の存在というレベルで考えるときには、単純実体であるモナドか、せめて精神と身体との一体化した個体に即して考えなければならない。

心身問題

この方向は、人間自身が魂(心)と身体をそなえた存在であることから生じる問題に直結する。いわゆる心身問題である。★4 ライプニッツも心身問題を真剣に考えた一人であった。その考え方は、心の内側のできごとと身体という外側のできごととの間の直接的な影響関係を否定し、両者の間にはあらかじめ対応関係がつけられている、というものであった。その結果、あたかも実際の関係があるかのように二つの系列のできごとが一致するようになるというのだ。

> 物体[身体]は魂がないかのように作用し、魂は物体がないかのように作用する。しかもこの両者は、お互いに影響をあたえ合っているかのように作用する[『モナドロジー』八一節、工作舎⑨,237-38]。

早い話が、うまい具合にぴったりと合っていると言っているだけであって、これだけでは説明にはなっていない。そこで、というわけではないだろうが、神を登場させる。

> 神はまず初めに魂やそれ以外のすべての実在的一性を創ったが、その際、魂や実在的一性にはすべてのことが……外にある事物と完全な適合性を有していなければならないようにした……。……実体は一つ一つが自分なりの仕方で一定の視点に基づきながら全宇宙を正確に表現しており、外的事物の表象もしくは表出は、魂に固有の法則によってその魂に対してちょうど折りよく生じるようになっているのである。……こうしてすべての実体の間には完全な一致があることになり、この一致の故に、結

★4――これは哲学ないしは哲学史の中では最重要クラスの問題の一つで、心(魂と言っても精神と言っても、とりあえずはかまわないが)と身体とはどのようにして関係し合うかということが問われている。心は大きさも形もなく分割もできないのに対して、身体は大きさと形をもち切断も可能で機械論の説明を受け入れやすい。自分の手を挙げようとして「えいっ」と思えば手が挙がる。挙げた手の先が物にぶつかれば「痛いっ」と感じる。手の動きも神経の働きも物理化学的な作用に他ならず、機械論的な説明でだいたいは事足りる。しかし「えいっ」とか「痛いっ」といった意志や感覚は心の中のできごとであって機械論的な説明に馴染みそうにはない。両者の関係は、事実としてはきわめて明白なのに、理屈で考えようとすると途端にむずかしくなってしまう。デカルトがいわゆる心身二元論を唱えて以来この問題が先鋭化してきた、というのが哲学史の教科書が教えることである。

この心身問題には、西洋語の特殊事情が微妙に絡んでいる。これまで「身体」としていた言葉は、フランス語では corps、英語ならば body で

果的には、大方のありきたりの哲学者が想定する形象や性質の伝達によって実体が相互に交渉しあうとしたのと同じことになるのである。……こうして、宇宙の各実体の間に予め設定された規則的相互関係が、実体相互の交渉と言われるものを産み出し、他ならぬ魂と身体の結合をもたらすのである
[『心身の結合についての新たな説』一四節、工作舎 ⑧, 84–85]。

ここで「実在的一性」というのは「統一体」といった意味合いで、生命体とほぼ重なると見てよい。ライプニッツの考え方は、少なくともこのテキストで見る限りは、すべての存在者が同時に同じ夢を見るようにと創造主たる神によって造られたのだ、と言ってもよい。手の先が物にぶつかって受けた衝撃が心に痛みの感覚をもたらすのではなく、手がぶつかるという物理的なできごとが心の中の痛みの感覚の発生と一致しているというのである。手と心との間には直接的な因果関係は一切ない。そこにあるのは、適合、対応、一致などと言えるようなものだけである。ここでユング●の「シンクロニシティ」を連想しても、そう的はずれではない。ライプニッツは時計の比喩を用いて自説を補強している。二つの時計が完全に合っているからといってそこに直接的な連結機構を想定する必要はない。きわめて巧みな時計職人が技巧の限りを尽くして時計を作れば、後は放っておいてもいつもぴったり合うはずだ。そしてこれが精神と身体との関係だと言う[一六九六年一月一三日バナージュ・ド・ボーヴァル宛の手紙の追伸、GP–IV, 498–99]。時計の比喩は当時珍しくはなかったが、とりわけライプニッツにとっては、自分自身が携帯時計の作製にもかかわっていたということもあり[▼3—1「ライプニッツの計算機」]、技術への関心は人並み以上のものがあった。そしてこの比喩は、神や人間のあり方を考える際の恰好の題材にもなっていた。

　なぜそのような一致があると言えるのか、と問いたくなるのは当然だ。しかしそれに簡単に答えることはできない。ここにはライプニッツの個体や宇宙についての考え方が集約されているからである。「予定調和」というスローガンが最も前面に出ている場面でもある。

ある。どちらも、「身体」であるとともに「物体」でもある。哲学の文献の中では訳しづらい語の筆頭格に位置するものでもある。日本語では「身体」と「物体」とは明確に遣い分けられていて混同することは滅多にない。しかし西洋語ではどちらにも無理なく用いられる。自動車の車体は「ボディー」でれっきとした物体だが、「ボディー・ビル」は生身のからだだ。日本語では生命感の有無によって遣い分けているように思われるが、西洋語はそこには関心はなく空間内で一定の大きさを占めているものを称する言葉のようだ。そのために、生き物の「からだ」と無機質な「物体」とを同列に論じることができるような心理的傾向が無理なく発揮されてしまうのだろう。いわゆる心身二元論が唱えられる背景にこのような事情があるということは留意されてよい。

ユング（1875–1961）――スイスの心理学者。フロイトの精神分析に傾倒するが無意識の捉え方に違いがあって決別する。宇宙論的な集合的無意識の説は東洋思想にも通じるとされる。シンクロニシティは、物理学者パウリとの共著『自然現象と心の構

造』（海鳴社、一九七六年）に見られる。

魂は自らの法則にしたがい、身体もまた自らの法則にしたがう。それでも両者が一致するのは、あらゆる実体のあいだに存する予定調和のためである。その実体も同じ一つの宇宙の表現なのであるから
〔『モナドロジー』七八節、工作舎 ⑨,237〕。

ライプニッツは「予定調和」という言い方を気に入っていたようで、多くの論文のタイトルに「予定調和説筆者による……」などと入れているほどである。世間にもそれで通るほど浸透していたということだろうか。ただ、哲学の議論としては、「予定されている」と言ってしまっては話にならない。この言い方には論証を拒むような響きさえある。むしろこの概念は、後に述べる「自発性」とセットになって理解されなければならない。さらに、異なる秩序のあいだの対応としても理解しなければならない。ライプニッツの予定調和説は、心身問題が最も鮮明に現れてくるトピックであるとはいえ、それだけに限定されてはいけないものでもある。

作用因と目的因の調和

心身問題は原因の類比的な構造として読み直すことができる。ライプニッツは、魂の動きと身体（というか物体というか）の動きの説明の仕方を、目的因と作用因によるものとしても考えていた。そして、この二つの説明方式は互いに全く独立でありながら両者は完全に合致しているという。

魂は物体の法則を乱さないし、物体は魂の法則を乱しません。ただ互いに合致するだけです。一方は目的因の法則に従って自由に働き、他方は作用因の法則に従って機械的に働くのですから〔クラーク宛の第五の手紙、九二節、工作舎 ⑨,375〕。

これだけだと、魂と物体は互いに我関せずといった風にも理解できるが、そうではない。

魂は目的因の法則にしたがい、欲求や目的や手段によって作用する。物体［身体］は作用因の法則つまり運動の法則にしたがって作用する。しかもこの二つの領域、作用因の領域と目的因の領域の間には調和が存している［『モナドロジー』七九節、工作舎 ⑨,237］。

心身問題は人間にだけ焦点を当てたものとして考えているのではないことが、ここからわかる。魂も含めた自然の存在のあり方の中で心身問題が扱われることになる。魂と身体にはそれぞれの法則が貫かれ、それぞれに固有の原因の役割が定められている。そこを混同することがあってはならない。しかしだからといって、両者は互いに全く無関心で無関係、ということもない。目的因の秩序は作用因の秩序と調和するとライプニッツは考えていた。しかしこの「調和」とはどのような意味なのだろうか。

近代自然科学が確立しつつあったこの時代、自然を探求する論理と人間を見つめる論理とは絶妙な棲み分けがなされていた。スコラ哲学の末期から準備されてきたこの態度は、ガリレオやデカルトによって整えられて、近代という時代を性格づけるものともなっている。その明確なスローガンは、自然の現象の説明を徹底的に作用因によってのみおこない、目的因は根こそぎ排除するというものであった。ライプニッツは一方ではこうした流れに乗りながら他方では逆行するようにさえ見える。

ある動物の組織の形成とかその各部分の機構全体の形成とかを機械論的に説明しようと望む人々と、この同じ構造を目的因によって説明しようとする人々とを和解させるためには、今言ったような注意をしておくのがよいのである。どちらの説明も、偉大な職人の手腕に感嘆するためばかりではなく、物理学や医学において何か有益なことを発見するためにも、両方とも正しいし役立つことができる。

したがって、違った途を行く著作家たちは、お互いにけなし合ってはいけないのである〔『形而上学叙説』二二章、工作舎 ⑧, 181-82〕。

文中にある「今言ったような注意」というのは、これに先立つ第二一章の「自然の多くの結果は二重に証明される」というのを指すと思われる。そこでは、「一つは作用因の考察によるものであり、これとは別に目的因の考察によるものもある。目的因による証明とは、たとえば、常に最も容易で最もはっきりと定められた途によってその結果を産み出そうとする神の決定を用いるものである」とある〔同 181〕。自然の現象を作用因によって機械論的に説明することと、その現象を目的因によって説明することとは、相容れない場合が少なくない。近代科学はこの違いを大きくとって、目的因を徹底して遠ざけようとしていた。しかしライプニッツは、この二つの説明の仕方が、まったく同じものになるわけではないにしても、両立できるものだと考えていた。そればかりか、両者によって自然の理解が一層進むとも考えていた。ではこの両立とはどのようなものだろうか。

この引用文のもう少し後では、光の屈折の法則に関して、目的因を導入することによって正しい発見がなされたと述べている〔同 183〕。これはやや誤解を招きやすいかもしれない。へたをすると、作用因によっても目的因によっても大体同じようにきちんと説明ができるけれども場合によっては目的因の方がうまくいく、とでも言っているように聞こえる。まるで、大工仕事のために伝統的な手仕事器械と最新鋭の電動機械とを併用するような感じだ。得手不得手はそれぞれにあるが、どちらでも一応の仕事はできる。時には部分的に使い分けさえする。しかしライプニッツの目的因と作用因との両立とはそのような意味ではない。自然の物理的な現象は作用因だけで説明しなければならない。目的因を混入させてはいけないのである。しかしそれでもその説明が、目的因による説明と食い違わないどころか、両者がうまく棲み分けすることによって、総体としての自然が完成されるということになる。建物の耐久性や安全性という工学的なレベルと快適性や審美性という感性的レベルとの違いだと理解できるだろうか。
目的因というと、しばしば何か特定の価値を目指した精神的な働きが想定されるかもしれない。往々にしてそれは、有機的な全体性を前提にしている。ライプニッツにとっての目的因にもそうした感は否めないが、実はもっと単純なことに思える。つまり、自然は可能な限り多様であることを好むというライプニッツの確信、これが自然に託された「目的」因ではないだろうか。以前にも述べたように、ライプニッツにとって法則の単純さは現象としての多様性と表裏一体であった［▼1―3］。逆に言うなら、多様性をもたらすような法則こそが求められたのである。そして自然の法則はそのような資格を備えていなければならなかった。機械論的な作用因の論理はこうして多様性をもたらす目的因の論理と相補う。そして作用因と目的因との協同によって自然が総合されることになる。そしてそれはさらにもっと上のレベルの調和をもたらす。

さきにわれわれは、二つの自然の領域、つまり作用原因の領域と目的原因のあいだに完全な調和があることを確認したが、ここではさらに、自然の物理的世界と恩寵の道徳的世界、つまり宇宙という機械の建築者として考えられた神と精神の造る神の国の君主としての神とのあいだに、もう一つ別の調和があることを認めなくてはならない［『モナドロジー』八七節、工作舎 ⑨,239］。

これが調和の一番大きな場面だ。自然の世界と恩寵の世界との調和である。恩寵の世界は道徳の世界で、価値がストレートに問われる領域だ。目的因も自然の領域を構成している。おそらくは、この目的因の領域の位置づけが、自然の世界を道徳の世界へとつなげるものになっていると思われる。自然と道徳が直結しているのではない。調和なのである。それぞれのレベルが独自の完結性をもっているようでいながら両者相まって一層大きな全体を形作っているのである。こうして、宇宙全体の壮大な調和の体系が示される。

自発性

しかしそうだとすると、個体というものも結局は宇宙の調和の中に飲み込まれ、世界の中に縦横に張りめぐらされた関係の網の結節点の一つにすぎず、それが宇宙を含むとはいえ周囲を映すだけのガラス玉になってしまわないだろうか。ガラス玉はどれほど美しく磨き上げられようとも、主張する自己はない。そしてそのようなガラス玉の集まりとしての宇宙は、光を互いに映しあってキラキラしてはいても永遠の沈黙が支配する静止した世界であるようにも思えてしまう。個体は所詮そのようなガラス玉でしかないのだろうか。ここで改めて個体の役割を考えておきたい。

ライプニッツは単純実体つまりモナドを「宇宙を映す永遠の生きた鏡」と言った〔『モナドロジー』五六節〕。「鏡」の意味はこれまでに十分述べたつもりだが、ここでおそらく重要になってくるのが「生きた」という形容詞だろう。ただ単に宇宙を映しているだけではないという意味が込められている。「表象」と並んでその変化の原理である「欲求」がモナドの原理とされた点が思い出される。そこに「自発性」という概念の役割がある。

すべての実体は完全な自発性〔叡知的な実体においてはそれが自由となる〕をもっており、実体に起こることはすべてその観念もしくはその存在からでてくるものであり、神以外に実体を決定するものはない……〔『形而上学叙説』三二章、工作舎⑧, 202〕。

すべての実体は自発性をもつ。ここでライプニッツが「自発性」と言っているのは、その実体に起こることのすべてがその存在そのものから発しているという意味で、逆に言うなら、他からの強制や影響によることなくそれ自身を原因とするということである。そうであるなら、「モナドの無窓説」〔▼2─1「窓」〕と表現上は軌を一にすることになる。

個体的実体の概念から帰結することとして、形而上学的に厳密に言うならば、すべての実体の作用は能動であれ受動であれ自発的である［『自然の驚くべき秘密の発見試論』一六八六年、GP-VII, 312］。

能動と受動の区別は事柄の認識の判明さの度合いの違いなので、どちらの場合であっても自発的であることに変わりはないことになる。しかし前にも述べたように、「無窓説」は物理的な影響を否定するだけであって他のものとの意味的な関係までも否定するものではない。むしろ意味的にはどの実体も全宇宙と密接に結びついているのであった。このことと自発的であることとはどのように折り合いがつくのだろうか。一つ前の引用文の終りのところでは、実体（つまりほんとうに存在していると言えるもの）について、その正体を決定することができるのは神だけだと言う。この点を強調すると、やはり個体の存在意義は薄くなってしまう。自発性と言うのはたやすいが、実際それがどのようなものであり、どのようにして可能であるかと考えると、決して簡単ではない。比喩的に言うなら、緻密な台本と演出によって仕上げられた芝居の中では、役者が演じる人物がどれほど奔放な性格であったとしても、その台詞や仕草を自発的というのはためらわれてしまう。せいぜいわずかのアドリブの余地があるだけだろう。反対にほとんど即興の芝居であれば役者の自発性は高まるが、全体の構成力は不安にさらされる。しかしライプニッツは、全存在相互の関連と各実体の自発性とのあいだのつながりにさほどの困難を感じていない。

意志的行為のこうした依存関係にもかかわらず、根本的にはわれわれの内に驚くべき自発性が厳としてあるということをはっきりさせておくべきである。この自発性はある意味で、魂を他の全被造物からの物理的影響関係から独立した決心へと向かわせるものである。このような自発性はこれまで十分に認められていなかったが、われわれが行為を自ら司る力を可能な限り高めるものであり、予定調和説からの帰結である［『弁神論』五九節、工作舎 ⑥, 165–66］。

はじめにある「意志的行為のこうした依存関係」とは、人間が何かをしようとするときには必ずそれなりの理由があり、人間はそれを理解し、特に神の意志を推測してそれを実行しようとしている、ということである。それがなければ人間は宿命に陥ってしまうが、人間の内には自分で決定する力があると断言する。「われわれの行為と意志はわれわれに全面的に依存している」とも言う〔『弁神論』三〇一節、工作舎⑦,63〕。そしてこのことは、基本的には人間だけではなくあらゆる実体にもあてはまることだとライプニッツは考えていた。このように自信にあふれた書き方になっているのは、最後にある「予定調和」という考え方による。それはいわばジョーカーである。

神はまずはじめに魂やそれ以外のすべての実在的一性〔を備えた存在〕を創ったが、その際、魂や実在的一性にはすべてのことがそれ自身にとっての完全な自発性によって自らの根本から生じながら、それでいてそれらは外にある事物と完全な適合性を有していなければならないようにした、……〔『心身の結合についての新たな説』一四節、工作舎⑧,84〕。

つまり、それぞれが自発的であるようにと神がこしらえた、というのである。「自主性を高める厳格な教育」などといったスローガン以上に本質的な矛盾を抱え込みそうな表現だ。ライプニッツの説明が十分に筋の通ったものになっているようにも決して見えない。しかしこのような言い方しかできないというのも事実なのかもしれない。当然このあたりは人間の自由の問題を考える際に決定的に重要になってくるのだが、そのことについては今は踏み込まないでおく。

実体が自発的であるということと密接にかかわる表現として次の文は落とすわけにいかない。

実体とは作用することのできる存在者のことである〔『理性に基づく自然と恩寵の原理』一節、工作舎 ⑨,246〕。

いつも作用し続けているというわけではないにしても、実体にはその能力があるということである。「自発性」という言葉が心理的、道徳的な意味を含むとはいえ、ライプニッツの説明だと、できごとの概念の包含関係という論理的なニュアンスもかなり強い。それに比べると、「作用することのできる存在者」という表現は、力学的なイメージも伴う。事実、力学にかなり傾斜しながら実体の概念を説く場面もある。

> 力の概念について私は力学という個別学問のなかで解明をしてきたが、力の概念は実体の真の概念を理解するためにも最大の光を投げかけるものであると考えられる。……能動的な力は何らかの働きつまりはエンテレケイアを含み、作用の能力と作用そのものとの中間にあり、傾動性《コナトゥス》を内包している。こうして能動的力は自分自身によって作用へと移る。〔その際に、他の〕援助は必要とせず、妨げとなるものが取り除かれていればよい〔『第一哲学の改善と実体の概念』一六九四年、GP-IV, 469（河野訳『単子論』307）〕。

能動的力とここでは言うが、さらに「原始的」と付け加えて、これが単なる自然学としての力学とは違う次元のものであることを強調することもある。

> 原始的な能動力と原始的な受動力とを具えた実体、それは「我」とかそれに類したものですが、それを私は不可分のもの、すなわち完全なるモナドと見なします〔一七〇三年六月二〇日デ・フォルダー宛、工作舎 ⑧,100〕。

とはいえ、力という言葉は、それによって直ちに何かがリアルになってくるわけではない。「超能力」とか

「神通力」とか「ピラミッド・パワー」とか、怪しげな力が登場するとき、それが何かを明確に規定するというよりは、漠然とした事態を一言で表現したつもりになっているだけのことも少なくない。実体を力としてみる見方も、実体に託した思いは理解できても、それだけで理解しようとすると、同じような軽率さに陥ってしまう。力学の知見によって示唆される面とそれによってむしろ覆い隠されてしまう面とを見きわめなければならない。「能動的」とか「原始的」などといった形容詞を付け加えたことの意味もやはりここにある。一つ前の引用文にある「傾動性《コナトゥス》」などという概念も、ホッブズやスピノザもそれぞれ自分の体系の中での位置と役割が与えられて哲学概念となっている。ライプニッツにとっても同じことで、言葉が出ていることで安心はできない。どのような意味でその言葉が用いられているかが重要なのである。

話を戻そう。実体は力だと言ったからといって、それが無制約になるわけではない。

各実体の本性は能動的な力、つまりそれ自身の法則に従って変化を生み出すものに存する［一七〇四年二月九日ジャクロ宛、GP–III, 464］。

ここでは「それ自身の法則に従って」というところが重要である。力は決してその場その場で勝手気ままな動きをするものではない。なぜその働きをするのかということがどこかで説明されていなければならない。そしてその説明の根拠はそれ自身の内にあることになる。この根拠が単にそれがそうしたいという意志にのみあるとするなら、決断に一貫性がなくてもかまわなくなる。いつも違った判断をしてもそれは意志の結果だからというわけである。しかしこの根拠が法則にあるとするなら、事情は全く異なる。判断そのものに首尾一貫性が求められるからである。時には自分自身の意志に反したことが求められるかもしれない。自分の法則は自分自身を拘束するものだからである。

こうしたことは、古くから「自律」という言葉で言われてきたことである。単に独立しているだけではなく、自らを律する厳しさをも備えていなければならない。「自律」は単なる「自立」とは違う。「自発性」ということも「自律」と重ね合わせて理解されなければならない。「予定調和」の「予定」は、個体からしてみれば、自らを律する自覚と決意の表明なのである。自由はこの自発性を条件とする。

自発性だけでは自由を確立するのに十分ではありませんが、必要ではあります。そこには選択が付け加わらなければなりません［一七〇四年？ ジャクロ宛、GP-III, 571］。

この選択は、偶然性を基礎においた熟慮によってなされるものである。

スコラの神学において求められているような自由は、熟考の対象に対する判明な認識を含む叡智、われわれが自らを決定する自発性、そして偶然性……に存する［『弁神論』二八八節、工作舎 ⑦, 52-53］。

これだけで自由が論じられたわけではない。しかし少なくとも、世界の中にある個体の自覚が自由を支えるものとして求められているということだけは確実に言える。

以上で、個体をめぐるいくつかの記述について要点だけを見てきた。それぞれについて、いろいろな経緯があり、解釈上の問題もたくさん控えているのだが、実体としての個体についての重要ないくつかの側面は示されたことと思う。そしてどの記述においても、各個体の主体性とでも言うべき側面とそれが他の存在ともっている緊密な関係という側面とをいつも兼ね備えていることが明らかになってきた。ライプニッツにとってはこのどちらもが大切であり、どちらか一方に傾くことは許されなかった。簡単に言うなら、個体と宇宙とが互いに制約し合う構造がライプニッツの世界像なのである。

2-4 人間の戦略

ライプニッツの哲学は、個体と世界とのあいだを常に行き来している。ライプニッツの用語で言うならば、モナドと予定調和とがその両端を支えるものとなっている。どちらもそれだけだと説明としては成り立たず、互いに補い合うことによって初めて全体像が姿を現すものである。そしてこの両者はいつも緊張感をもって対峙しつつ支え合っている。ライプニッツの哲学を解きほぐすことの難しさは、この緊張関係をどこから描き出すかということにある。これが厄介なのは、モナドも世界もそれぞれが積極的な意味での無限を含意しているからである。そしてモナドを考えると世界まで広がり、世界を考えるとモナドに出会うことになる。何とも収まりの悪いシステムをなしている。本章のこれまでの構成が、「私」から出発して世界にいたり、世界から考えて再び個体にたどり着き、改めて個体を論じているうちに調和の世界に展開してしまったのも、そのためである。この往復運動から抜け出すための一つの試みは、中間つまり人間の存在に目を付けることだろう。

中間者

ライプニッツはしばしば人間を「小さな神」と呼んだ［▼1—5「類比の逆転「小さな神」」］。一つの視点からしか世界を見ることができず、有限な時間の中に生き、身体に制約されているにもかかわらず、理性を働かすことによって永遠の真理を知ることができ、普遍的な知識を組織立てることができるからである。しかしどれほど

ラッセル（1872–1970）——イギリスの哲学者。数学基礎論や論理学の領域で優れた思索を示す。後年は平和運動にも熱心だった。若い頃のライプニッツ研究はおとぎ話的なモナドロジーの説を論理学によって統一的に解釈しようとするもので、その強引さが魅力となって二〇世紀のライプニッツ研究史で最も影響力を持ったものの一つとなっている。

「神」並みとおだてられようとも、「小ささ」はいかんともしがたい。その小ささは、無限を把握できないというところにある。広大な宇宙の全体をつかみきることはできない。かといって微細な世界についても知り尽くすことはできない。この場合、人間はむしろ大きすぎる。結局、大きな方にも小さな方にも無限に拡がるこの宇宙のただ中にあって、人間は余りにも中途半端なのだ。パスカルは無限と虚無との二つの深淵の中間に自分がいることに恐れ戦《おのの》き、沈黙する以外にすべを知らなかった。無限を扱う数学者パスカルではなく、神なき人間の惨めさを見つめるパスカルのため息が聞こえそうだ。人はその惨めさから気を紛らすために賭け事へと向かうことになる。

人間が中間者であることを認めつつも、ライプニッツはそれにひるまなかった。だからだろうか、人間の能力と役割について実に多弁であった。ライプニッツにとって人間は中間者としての限界内にあるとはいえ、決してそれは歎くべきものではない。中間者にこそふさわしい存在価値と役割とがあると思ったのであろう。しかしその価値は人に生まれつき備わっているものではない。それなりの努力が求められることになる。その努力は、理論にも実践にも向けられる。ライプニッツが実践の場にどれほど多くの時間と労力を費やしたかということの一端は、3章で述べよう。このような実践の場での議論はライプニッツの本領を発揮していない分野だという理解もある。例えばラッセルがその典型だ。確かに実践の多くは結果として不首尾に終った。しかしそれでも挫けることなく、あるいは性懲りもなく、繰り返し挑戦を続けていた。この実践の場での姿勢は、楽天的と言われるにふさわしいものがある。だがそれだけでは説明がつかないことも確かだ。それに答える鍵は、人間自身へ向けられたライプニッツの目にあるように思われる。

それでは、モナドロジーと予定調和の哲学者が中間者としての人間の実践的場面について論じるとどのようになるか。それを以下で考えたい。やや見通しを先回りして言うなら、そこには等身大の議論が見られる。いわば、身の丈サイズのモナドロジーがあり、地上のオプティミズムが展開されるのである。そして私はこのようなライプニッツの姿を捉えそこなうことがあってはライプニッツ理解としては致命的な誤りに陥るとさえ考えている。等身大の議論は決してライプニッツの宇宙論の矮小化ではなく、むしろその完成である。ライプニッツはそれを本気で目指していたと私は考えたい。

幸福の学

デカルトは「学問の樹」の比喩で学問の全体を一本の木に見立て、形而上学を根、自然学を幹、医学と機械学と道徳学を枝とした［『哲学原理』フランス語版序文］。ライプニッツはこれを理論的な順序としては認めるとしても、実践を前面に出した分類の必要性をも感じていた。デカルトとライプニッツの学問に対する姿勢の違いの現れでもある。

人間の幸福を最初に掲げて学問を見わたすことはライプニッツ自身の活動の自己確認の意味でも大切であった。一六九〇年代の短いメモでは次のように言う。

一──〈徳〉とは知恵に従って振る舞う習慣である。なぜなら、善行がたやすく自然におこなわれるようになりそれが習慣となるためには、行為に認識が伴わなければならないからである。習慣はもう一つ別の自然だからである。

二──〈知恵〉とは幸福の学である。つまり、他のあらゆる学問よりも一層学ばねばならないものである。幸福よりも望ましいものは何もないからである。

三──〈幸福〉とは喜びの持続的状態である。……幸福の学の本質は、喜びと快を選びとり、それらを得て悲惨をさけるための手段を見付けることにある。いくつかの快は、一層大きく一層長く続く苦痛をもたらしたり、一層大きく一層持続的な快を妨げたりする。極めて有効で教訓的な苦痛や罰がある。それゆえ、幸福の学の本質は、喜びと快を選びとり、それらを得て悲惨を避けるための手段を見付けることにあるのである［『幸福』Grua, 581-82］。

同様の言い方が他にもある〔『百科全書あるいは普遍学のための予備知識』工作舎 ⑩, 212 など〕。少なくともこれで見る限りでは、道徳の問題に直ちに取り組もうという姿勢がうかがわれる。学の順序として最後に置かれ結局はそれを仕上げることがかなわなかったデカルトとは大違いだ。「幸福の学」が完成したか否かということよりも、学問の全体の構図のなかでどこに場所を与えられたか、そしてその全体のどこから手をつけていったか、ここをよく見ておきたい。

そうは言っても、スローガン倒れになってしまうのでは、カラ公約を連発する口先だけの政治家と同じになってしまう。実践にかかわる学が実際に進められなければならない。そしてこの点でライプニッツは人後に落ちなかった。実際的な場面で苦労と失敗を重ねながら、国家のため、人類のため、あるいは個人的な楽しみのためにあらゆる分野に手を染めた。だからといって、やみくもに何でもかんでもやっていればよいというものでもない。

これまで何度も示しましたように、哲学においてだけでなく神学においても、そしてまた医学や法学や歴史学の問題においてでさえも、あちこちにすばらしい書物や優れた思想が数限りなくあるのに、〔学の〕確立〕にはいまだほど遠いのです。確立と私が言うのは、少なくとも確実なところまで方向が定まり成果を上げ、論争の余地のないような確実な命題が据えられ、〔学問を〕その上に展開できるような地所と基礎とを獲得するようになるときのことです。これは数学者たちの方法に固有のものです。彼らは「確実なものを不確実なものから」「発見されたものを発見されるべきものから」区別します。そしてこうしたことは、他の分野ではほとんどなされていません。というのも、われわれは確実なものと不確実なものとを心地よさそうに混ぜ合わせた美文で耳を楽しませては、互いに迎合しあっているからです。このような書き方は、耳あたりのよい思想や知識や表現に事欠かない学者や才人にはお手のものですし、そうしたものを読んでいるあいだは面白がって楽しんでいる読者にとっても好ましいものです。しかしこれは普通、音楽や喜劇のような移ろいゆく価値であり、精神にはほとんど何も残さず安らぎを与えることもありません。このため、人はいつも堂々巡りをして、同じ問題を例外だらけのおぼつかない仕方で始終論じるはめになっているのです［一六九七年二月一／一一日トマス・バーネット宛、GP-III, 191-92］。

実践にかかわる学の場合でも、それにふさわしい方法がなければならないということである。この文にあるように、「数学者たちの方法」を見本にするというのは一つのやり方かもしれない。少なくとも数学は確実な学問の姿を示しているだけではなく、体系性もきちんと備わっているように見えるからである。近代以降の科学者の多くがそのような体系性を理想としてきたのは確かだし、哲学者の中にも、スピノザのように幾何学の叙述形式を試みているのも少なくなかった。数学を学問の理想と見なす姿勢はカントにまで続いている。もちろんライプニッツもそのような流れの中にあった。むしろ、数学をモデルにした諸学問の全体系ということには誰よりも大きな関心を抱いていたと言える。しかしそれだけに、その全体像の構築がどれほど困難なものであるかということも自覚していた。図書館をめぐる苦労はそのあらわれの一つである［▼3—2］。純粋に理論的に進めていける学問と違って、実践にかかわる分野には特有の論理が必要になるとライプニッツは痛感していたようだ。

実践哲学は真のトピカもしくは弁証論、つまり論証の程度を評価する術に基づいています。この術は今のところ論理学者には見あたらないものの、法学者だけがなかなか感心すべき見本を与えていて、歴史的事実を検証するのに適した証拠の学問を築きテキストの意味を与えうるものとなっています。というのも、法律学者は訴訟の場でいつもその両方にかかわっているからです。……根拠は数えられるものではなく計量するものだということは、しばしば当然のこととして言われます。それなのに、根拠の力を計量できるような秤を示してくれた人はいません。これはわれわれの論理学の重大な欠点の一つです。正義や平和や国益、人間の健康、宗教、これら人生の最も重要かつ深刻な問題でそのことを痛切に感じます。……もし神が私に寿命と健康を与えてくださるなら、それを私の主要な仕事としたいのです[同前、GP-III, 193-94]。

幸福の学を築くという作業には相当の困難が予想されるだけに、それなりの覚悟が求められてもいる。その理由をライプニッツは、人生にかかわる重要な問題を扱う論理学がないからだと言う。論理学を綿密に研究していたライプニッツが言うと、迫力がある。人生の問題はこまごまとした無数の事実に取り囲まれている。その中で何らかの問題に明快な答えを出そうとしても、容易ではない。数学を強引に取り入れようとするなら、数学的な扱いに馴染むものだけに目を付け、それ以外は不要な夾雑物として排除してしまえばよい。自然科学であればそのようなやり方もある程度は可能かもしれない。しかし人事にかかわることは決してそうはいかない。ライプニッツが方々で体験した苦い思いが、事柄の単純化を思いとどまらせたに違いない。あるいは法律学者または法律の実務家としての経験も反映しているかもしれない。かといって、論理や数学的な方法を一切無視すればよいというのでもない。実践の学にもやはり確実性が求められ、それを導く論理が必要になる。

蓋然性の論理

ここでライプニッツが重視したのは、「蓋然性」という概念である。これは「多分そうだ」と言うときの真らしさの程度のことである。「蓋然的だ」というのは、絶対に確実だとは言えないけれど、十中八、九は間違いないと確信できる、ということである。

真らしいものに基づいた臆見も、おそらく認識という名称に値するでしょう。そうでなければ、ほとんどすべての歴史的認識や、他の多くの認識が崩れ去ってしまうでしょう。……蓋然性の程度の探求は非常に重要であり、しかも私たちにはまだ欠けていて、このことは私たちの論理学の重大な欠陥であると思います。というのも、問題を完全には解決できない場合でも、［蓋然性の程度がわかれば］所与から真らしさの程度を常に決定できるからです。したがって、どの方針が最もありそうなものであるのか、理性的に判断できるのです。……本当らしさを評価する技法を確立することが、私たちの論証的な知のかなりの部分よりも有益ではないかと私は思います［『人間知性新論』四部二章一四節、工作舎 ⑤,148-49］。

絶対に確実なものを求めるデカルトのような探求方法からすると、蓋然的であるということは評価に値しなくなってしまう。十中八、九は真らしいということは、一、二は間違っているかもしれないと言う含みがある。それでも実生活の場面ではたいていは事足りるものだが、確実性を極限まで追いつめようとするならば、蓋然的であるということは完全に間違っているというのと同じ扱いをされることになる。厳密な思考の連鎖をたどろうとすると、どうしてもそうなってしまうのだろう。しかしライプニッツはそのような方向はとらなかった。

推理の術をうまく使うには、思いつく術と蓋然性を算定する術、さらには善悪の値の認識が私たちには必要でしょう。そして結論に到達するためには、それに加えてさらに注意と忍耐が必要でしょう。……最も重要な事柄、この上なく大切なものにかかわる事項、すなわち幸福と悲惨については、幸いなことにさほどの知識も助けも巧みさも必要ではない。これは本当です。参事院や軍事会議で、裁判

★1――とはいえ、ロックはライプニッツに対して不信感を抱いていた節もある。ライプニッツの文通相手にロックの名前はない。ライプニッツは何度か接触を試みたこともあるらしいが、反応はない。電子テキストになっているものでロックの著作・書簡から検索してもライプニッツの文字はただの一度もヒットしない。ライプニッツは『人間知性新論』以外にもロックの教育論や政治論にもたびたび触れていてその才能を高く評価していただけに、このアンバランスは意外である。ライプニッツからの完全な片思いだったようである。

所で、医者の診察で、神学とか歴史の何らかの論争で、あるいは数学や力学の何らかの問題点で、適切な判断を下すのに要するほどの知識、助け、巧みさは必要ないのです。しかしその代わりに、至福や徳といったこの重大な問題点にかかわるものにおいては、常に適正な決意をしてそれに従うためにはいっそうの堅固さと習慣が不可欠です。端的に言えば、真の幸福のためには知識は少なくてもすむけれども、よりいっそうの意志が要求される。したがって、いかに愚かな人であっても、この上なく博学で学殖豊かな人に劣らぬほど容易に真の幸福に到達しうるのです[『人間知性新論』二部二一章六六節、工作舎 ④,245]。

ここで見る限り、ライプニッツは蓋然性の見積もりさえできれば、幸福への道はそう難しくはないと考えているようである。『人間知性新論』の第四部一五章「蓋然性について」、一六章「同意の程度について」あたりでは、確実に真だとは言えないような事柄について、人間がどれほどの信頼を持つことができるかということが論じられる。もちろん、この書はロックの『人間知性論』の批判なのだから、もともとの問題設定はロックによるものである。ここでライプニッツはいつにも増して蘊蓄を傾け、法律、神学、歴史などについてマニアックな知識をひけらかしている。しかしそれでも、実践への取り組みの必要性を痛感している点ではライプニッツはロックに引けを取らない。片や市民革命の思想的、実践的な指導者であり、こなたは啓蒙専制君主に期待を寄せる宮廷付きの学者であったが、人間の幸福を願う気持ちは互角だったのだろうか。★1

しかし、おそらくロックと異なるのは、その蓋然性の見積もり方として、数学を導入しようとしている点である。

道徳や、最も確実性がないと思われる分野においても、さらにはまったく偶然のことと思われる事がらにおいてさえ、論証の題材に事欠かないということを知らなければならない。そのことは、パスカル氏やホイヘンス氏や他の人たちによる運不運の確率の論証とか、デ・ウィット総督による終身年金に関する論証から判断することができることである。また、商業や貨幣の鋳造にかかわる分野とか、数学的厳密さに則る他の多くの主題についても論証を行うことができるし、またその例を見ている。……蓋然性しか問題でないときでさえ、与件のなかで何が一番真実らしいかということはつねに決定することができるのである。実際には、このような有益な論理学の部門はまだどこにも見出されていない。しかし、それは、実践において、何か重要な討議でどちらの側にももっともな理由がたくさんある場合、その蓋然性の程度を知るために見込みや兆候や推測を問題としなければならないときに、すばらしく有用なものとなるに違いないのである［『諸学問を進展させるための格率』工作舎 ⑩,252−53］。

実際の生活の場では、一つのことがらもそれと関連する多くの他のことがらを考慮に入れなければならなくなる。それをすべて計算しつくそうとするなら、果てしのないほどの準備と労力が必要になってくる。しかし現実は悠長に待ってはくれない。ある程度のところで決断を下し、実行に移らなければならなくなることもある。限られた情報の中からどれが一番信憑性が高いかを判定することが必要になる。

今ここで「信憑性」と言ったが、これは「蓋然性」と同じだろうか。実は、同じとも言えるし、違うとも言える。たまたま「蓋然性」と訳したprobabilitéという言葉にその鍵がある。この語には「確率」というもう一つ重要な訳語がある。「蓋然性」であれば、文字通り「蓋《けだ》し然り」なのだから、「きっとそうだと思う」という心の中の信念状態を表す主観的な意味となる。これに対して「確率」というと、ばらつきのある現象の相対的な頻度という客観的な意味となる。パスカルとフェルマーがその基礎を築いていた。そしてラプラス以後、学問の世界では確率の意味として用いることが多くなるのだろうが、少なくもライプニッツの頃には、まだまだ「信憑性」という主観的な意味合いが濃厚であった。ライプニッツの時代までのprobabilitéの扱われ方についてハッキングはきわめて多くの示唆を与えてくれている［I. Hacking：*The Emergence of Probability*］。古くは、

デ・ウィット（1625−1672）——オランダの政治家。総督として活躍した。数学にも通じ、年金の合理的な運用についての提案をライプニッツは高く評価している。

フェルマー（1601−1665）——フランスの数学者。ただし本職は法律家で数学はアマチュア。確率論の確立に寄与した。整数論の領域でも貢献し、「フェルマーの定理（大定理とか最終定理とも言う）」（$x^n+y^n=z^n$（n＞2）を満たす整数解は存在しない）は長らく数学者たちを悩ませてきたが、谷山—志村の日本人コンビの予想に基づき、一九九五年にワイルズによって証明された。

ラプラス（1749−1827）——フランスの数学者。天体力学を極める一方で確率論を築き上げた。両者を結合した決定論的世界観は後世「ラプラスの魔（デーモン）」と呼ばれる。

権威者の考えを根拠として「証明」する際に用いられてさえいたらしい[p. 23-]。このときには、蓋然的であることを支えるのは「人」だということになる。しかもその「人」への信頼感がなければならない。このような含みをもった「蓋然性」にデカルトが過剰なまでの警戒心を抱いたのにも理由があったわけだ。

蓋然性がいわば人間臭さを脱却するきっかけは、ハッキングによると、記号と計算の導入である。どちらも客観的な「証拠」を求めるものである。記号は、例えば医学における診断の際に、身体徴候を重視する態度に見られるものである。経験主義的な姿勢だとも言えよう。具体的な事象の一つ一つの持つ意味を慎重に探ることによって未知の出来事を予想する。その推論を支えるのが「蓋然性」なのである。「未知」のものとは未来のことに限られない。少なくとも人間にとって現在のところ知り得ないものであれば、過去の事象であっても、同時的なものであってもかまわない。原因の探求もあるし、結果の予測ということもあるだろう。いずれにしても、直接に目当ての事象を知ることができない。それでもなお可能な限り予測をしようとするときの武器の一つが「確率」である。同様な事象が数多くあることによってその一連の流れに頻度を想定することができるようになる。事象が本来完全に決定されていて必然的だとしても、人間にとって知り得ないのであれば、その事象は人間にとって「偶然的」でしかない。しかしそうした事象が一定の頻度として理解できるときには、確率的に知ることができる。この限りにおいて、つまり「確率」という意味において、偶然性は必然性に転化したと言える。一個の事象の決定的な予測は不可能であっても、確率としてなら予測は可能となる。現在身近になっている天気予報、とりわけ降水確率は、過去の類似した気象状況の事例から降水現象のあった比率を立てたものである。したがってそれは過去の情報であって「予報」ではない。しかしそれを「予報」として受け取ることによって現実の生活に役立てるのである。ライプニッツが蓋然性(確率)を問題にしたのは、実践の場での学問的探求の道筋が必要だったからである。そしてその数学は、賭をめぐる議論から発生した。

私は、蓋然性の程度をあつかう新しい種類の論理学が必要になるであろう、といく度か申し上げました。アリストテレスが『トピカ』のなかで少しもそれをしていないからです。……有能な数学者が、あらゆる種類のゲーム〔賭〕について詳細で正しく論証された大著を書いてくれるといいのですが。それは、発見の技法を改善するのに大いに役立つでしょう。人間精神がより鮮やかに現れるのは、最も真面目な問題のなかというよりも、遊びにおいてなのですから〔『人間知性新論』四部一六章九節、工作舎⑤, 274-75〕。

パスカルにとって確率論は賭の議論をきっかけにしていた。いわば遊び（ゲーム）の領域である。一方でパスカルは、中間者としての人間が自分の悲惨な存在から気晴らしを求めて賭に耽る様も描いている。ここでは賭の議論は人間の真の幸福と対極にある。★2 賭に端を発したパスカルの確率の研究をライプニッツも楽しんだ。ある意味ではパスカル以上に楽しんだかもしれない。というのも、パスカルの賭の研究はゲームにともなう配当金の分配の仕組みにかかわるものが中心だが、ライプニッツはゲームそのものについてまで踏み込んだ研究があるからだ。バセットやソリティアさらには中国の囲碁も研究している。これらを本気で楽しんでいたのだろうか。ソリティアは、ある形に並べられたピンを飛び越しながら消していくゲームだが、ライプニッツは更地から逆の順序でもとの形を作って楽しんだ。このへそ曲がりな遊び方は理性的な方法に基づくものだと豪語している〔一七一六年一月一七日レモン宛、GP-III, 668〕。それというのも、これは「発見の技法を完成させるためだ」からとライプニッツは言う。遊びのためではあっても遊ぶためだけではない。ゲームの手法の研究は年金制度や富籤《とみくじ》などの社会政策と直結するものがあるからだ。★3 ライプニッツがパスカルと異なるのは、遊び（ゲーム）の核心に据えられる数学的本質を、社会政策にまでつなげようとした点である。現代のゲーム理論の射程を見抜いていたかのようである。★4

すでに何度も述べたように、ライプニッツは人間を小さな神と呼んだ。しかしそうした人間理解では満足

★2――パスカルにとってはもう一つ、神の存在の証明をめぐる賭の議論がある。これはこれでおもしろいのだが、だいぶ離れた問題になってしまう。

★3――パルマンティエが編集した『確からしさの評価』[Parmentier : G. W. Leibniz ―― *l'estime des apparences*]には、ライプニッツの確率論の研究論文とともに、ソリティアや囲碁の研究、そして年金に関する論文が多数収められている。

★4――ちなみにフランス語ではゲームを jeu と言う。そしてこれは「賭」も意味する。英語の game も gamble と語源は同じだ。

★5――K-VI, 231-42. 原文は一〇ページそこそこの短いものなので、ここではいちいち引用箇所を示さない。これについて私は「共有される悪――ライプニッツの保険論」でやや詳しい評価を加えたことがある（巻末「文献」参照）。以下はその一部をもとにして書き換えたものである。

していない。確かに人間には小さな神として知性を発揮する力がある。だがそれも所詮は有限な範囲の中においてでしかない。この分限を越えることはできない。それでもなお、可能な限りの力を発揮させるために人間は戦略をもたなければならない。ここに恐らくは、ライプニッツの社会哲学の意義がある。一言でいうならその戦略は、神が独りでなし得ることを人間は共同体によって果たそうとする、というものである。このことを、ライプニッツの保険論のなかで検証したい。なぜなら、保険という制度は確率の議論を社会政策に直結させたものだからである。

保険論

一六九〇年頃に書かれたと思われる『保険論』[★5]の論点をまとめておこう。

まず、三〇年戦争後のドイツでの奢侈を求める風潮が高まる一方で経済の不安定も増加していることが指摘される。三〇年戦争とは、一六一八年から一六四八年まで続きヨーロッパ全土を巻き込んだ宗教戦争で、ドイツはその中心となったため荒廃はひどいものだった。それに対処するために国家・国王は、国民に重い負担をかけることのない新たな管理術を考案しなければならないとライプニッツは言う。この方策を立てるに当たってまず留意点を二つ挙げている。

一つは、どの負担でもそうだが、それは国民にとってある程度有益なものでなければならないということ、もう一つは、とりわけ何にもまして人々の気持ちを和らげ、喜ばせなければならないということである。そうすれば、人々は利益を実感できるようにもなる。

ついで、この新たな管理術（つまりは保険制度）の基本思想が述べられる。それは、国民の生活を向上させる際につきまとう危険性の回避もしくは軽減のための方法にかかわるものである。

自然的な社会では親と子、夫と妻、主人と奴隷は愛と苦を共にしなければならないが、それと同様に、共和国あるいは市民社会における公平は、偶発事がいわば人々に共通のものとなって、それを担うのを互いに手助けすることを必要としている。偶発事であれば、あるメンバーが神の摂理に従って他のメンバーの負担を引き受けることになるからである。かくして、〔嵐に遭った〕商船を軽くするために投棄された船荷は共同の費用から支払われるべきだということが賢明にもロードスの投棄法によって制定されていたのと同じように、共和国全体もいわば一艘の商船と見なしてよい。それはさまざまな気象条件と不運の下に投げ出されているのだから、わずかな者だけが不運に見舞われそれ以外の者は無事だというのでは不公平である。各商社では、損失も利得も共同で考えられているのだから、それが千も集まった大きな社会においても、損失と利得は単に少数の者にだけではなく、共通の福祉に方向づけられ、ある者が他の者の損失を、心の動揺や過敏さとは別に、見て取るべきである。

「ロードスの投棄法」とは古代ギリシアのロードスの海上法のことで、引用文で説明されているように遭難の際の共同負担を取り決めたものである。ここではそうした「偶発事」を共有するという点が指摘されていることは重要である。すぐ後で見るように、保険思想には「偶然事故」への対処という観点が基本にある。ライプニッツの主張もそれに沿うものと見ることができる。さらに留意しておくべきことは、ここで商船や商社が引き合いに出されているということの意味についてである。これは一方で、近代保険成立の社会的基盤が資本主義の成立と密接にかかわることに呼応している。その意味で、商船や商社は単なる比喩ではなくかなり実質的な意義がある。しかしそれと直ちに同一視することもできない。市場経済原理の下での保険の役割と、ここでライプニッツが提案しようとしている国営保険との間には、小さくない違いが認められるからである。ライプニッツは、この類似点と相違点とを巧みに使い分けながら、国営の保険制度の原理と可能性とを検討する。

ところで、「偶発事の共有」という考え方に対してライプニッツは二つの反論を想定している。第一の反論は、「偶発事の共有」であるならば、不運だけではなく幸運も共有しなければならなくなる、というものである。これに対してライプニッツは、「国が存在することの利点は、各人が暮らしをそのまま続け、没落しないようにしているという点に存するということを考えるべきであ」り、「神は、一方に特別な幸運を贈り、それによって他方も手助けられるようにしている」と言う。ここには、共有されるべき「偶発事」ということで基本的には不運な者だけが考えられているということ、そしてさらに、不運な人を助ける者には神からその役割を授けられていることが述べられている。後者は、つまりは崇高な使命感が与えられていることで報われているということである。

第二の反論は、破滅する人の多くは自分のせいでそうなるのであり、「偶発事から生ずるもの、気の弛みあるいは悪意から生ずるものは、十分には清算できない」というものである。これに対しては、貧困や不運といった悪の原因は複雑なので、不運な人には励ましを与え不心得者は法で管理すべきだとし、さらに、不運に見舞われて絶望し悪意を抱くようになった者もいるだろうから、人間の善き本性が有効になるような方法が必要だと言う。

この二つの仮想反論の主旨は、不運な者を助けることが一方的でしかないとしたら、助ける者が損をして助けられる者が得をするということにある。それに対するライプニッツの答えは、助ける者も少なくとも精神的には報われるし、また、助けを受けるべき不運な人もそれは決して自分だけのせいでそうなっているのではない、という考えにある。それをさらに言うなら、幸運と不運というものは偶然性に基礎をもち、その偶然性が人知を越えたところに根拠をもつものであるならば、不利に陥った者だけがその責任を個人で全面的に引き受けるのは正義に反するという思想がある。不運に基づく損害や不利は、それが本来、全体に対する偶然性という仕方で想定され、たまたま特定の個体に集約的に現実化しているにすぎないのならば、損害を全体で引き受けるというのが本来あるべき姿だ、ということである。

ライプニッツが構想する保険の制度は、以上の二つの想定された反論をも考慮に入れたものである。それは、不運な者に手をさしのべるのが当然であるという思想に基づくとともに、手助けを与える側にもその制度を支えるための動機を与えるものでもある。そのためには、個人の、あるいは国家の単なる慈善事業とは異なる論理がなければならない。それは、偶然性が人間にとっては予期できないものである以上、すべての人が予め一定の額を拠出しておき、不運な事故にそこから補償するというものである。

偶発事がいつ起こるかは誰にもわからないのだから、単にそうした出来事に見舞われる人だけではなく、国内のあらゆる人が残らず保険に寄与し一定の年額を支払うべきで、政府はその偶発事に応じた分を彼らに保証しなければならない。

この制度が健全で安定的に維持されるためには、公正な運営が必要であり、そのための実際的な留意点にもライプニッツは意を注ぐ。特に、保険金の運用を保険目的以外に流用することは厳しく禁じている。

こうした保険金には、それに見合った管理法が必要で、この資金を君主の他の収入と一緒にしてはいけない。というのも、国民はこの資金を保険の目的以外に用いないということをはっきりさせてほしいと望むからである。

これは結局のところ、国家にとっても個人にとっても制度にとっても望ましいものだと考えているからだが、現在の民間保険企業が資産運用をも一つの大きな事業としていることと比較すると、ライプニッツが構想する国営保険のあり方の特徴がうかがえる。それは、保険が保険事業のためにあるのではなく、あくまで民生の維持にあるとの考えである。

保険の金も国の改良のために「のみ」使用されるべきである。つまり、勤勉なのに乏しく貧しい生活をし過失もないのに不幸に襲われたような人々に、公正に生活する手段と機会とが与えられることによって国はもっとよくなるのである。一言で言えば、国民の暮らしの保険のために彼ら自身によっていわば寄託されるものは、ひとえにこうした彼らの暮らしの維持と享受へと用いられねばならない。

ライプニッツが考える保険制度は、現在から見れば当たり前のようにも思えるが、近代的保険との関連で考えるといくつかの特徴が指摘できる。

第一に、近代的保険の成立の必要条件ともいうべき保険金の合理的運用の考え方が明確に現れている。ライプニッツは、ベルヌーイ一族と交わした膨大な書簡を通じて、「大数の法則」についても詳しく知っていた。これが偶然な出来事の中から確実なものを得ていくための方法であり、頻度としての客観的な蓋然性、つまり確率に基礎を置くものであることは言うまでもない。この法則に基づいて保険金の管理を確実に行うならば、単なる慈善事業ではない、一種の企業的な保険制度の安定した運営が可能となる。

第二に、今の点と関係してくるが、ここには近代資本主義の精神を見て取れる。この『保険論』でライプニッツは海上保険と火災(もしくは水害)保険に触れ、その民間保険業者のあり方に言及しつつ国営(王立)保険の整備を進言するのであった。もちろん、これらはいずれもが保険の範疇に入るものであるから、引き合いに出されることには何の不思議もない。しかし、丁寧に見てみるならば、海上保険とそれ以外の損害保険(あるいはそこに生命保険を入れてもよい)との間、また民間保険業者による保険運営と国営保険による運営との間には、本質的とも言える違いが認められる。だがライプニッツはこの違いを、わざとかあるいは気付かずにか、ほとんど言及することなく並列してしまっている。第三に、この制度は決して経済的合理性のみに基づいているのではなく、社会のメンバー全体が不運を背負っていくという、いわば共済の精神が基礎にあることである。これは近代的保険というよりはむしろ原始的な精神に基づくものである。だがライプニッツは、人間同士が幸運と不運に分かれながらなおかつ助け合うことが可能となるための心理的な動機を見逃してはいない。

不運な人が自分の不運を実感できないようにするためには、そうした不運をその人だけではなく、彼と共に暮らす人々全体が共通に受け取り、幸運な人も不運な人も、同様に保険制度に役立つように手助けするのでなければならない。

不運に見舞われたものは精神が荒《すさ》び社会にとって益々好ましくない傾向を身につけるかもしれない。幸運に恵まれたものはそれを独り占めして格差の拡大を更に望むかもしれない。だがそのような社会が健全なものとは言えないことを、ライプニッツは見ている。そしてここに、オプティミズムをこの世に実現しようとする人間自身の自覚の精神が示されることになる。

これは実にすぐれた事業である。というのも、保険に入るか入らないかは自由であっても、賢明な人であれば進んで自分の心情をひたすら平静に保つようにするだろうからである。ところが、これが素晴らしいことだと実感できるのは、かつて不幸にあった者には及ばない。彼は、自分と自分の家族が困窮していた際に、そのような保険制度があったとしたらどれほど慰めになったことかと思ったはずである。

国家の存在意義を自覚した自由な個人の決意が保険の制度を根本から支え、それが個人と共同体の結合の絆となることをライプニッツは願っている。そして次の言葉で『保険論』を締めくくっている。

ドイツでは人は「終身の民兵」として各自が国の維持に意を注ぎ各人が自分の国の主人となるべく決意すべきであると思われる。こうして、この目的のために、考え方を一つにまとめ、この提案によって人々がしっかりと結びあわねばならない。

それでは、このライプニッツの保険論にはどのような意義が与えられるだろうか。

偶然性

保険という制度は、人間にかかわる偶然な事象に対処するための方策の一つであった。つまり、仮に予期せぬ不運が避けられないとしても、それによって受ける不利益を最小限にとどめるために、偶然性を統計的な処理によって必然に近づけ、不確かな未来を確実なものへと変えるのである。ここでは、偶然性、危険（リスク）、不確実性などはほぼ同じような局面を表している。ライプニッツの『保険論』においても、当然のことながら、「偶然の出来事」が保険制度の出発点にある。

予期せぬ事態が人間にとって偶然的だと言うときには、「反対が可能」という論理的な規定とは異なる意味が「偶然的」という言葉に含まれている。つまり、「人間にとっては知り得ない」という意味である。ライプニッツがこのような意味で「偶然性」という言葉を使った例は実は見あたらない。『保険論』において「偶発事」と訳した原語は casus fortuiti であり、ライプニッツが形而上学的な議論のなかで「偶然性」を意味するために通常用いる contingence の系統の語ではない。前者はむしろ法廷用語で、「不意の出来事」といった意味あいらしい。つまりは、当事者には知ることのできない、あるいはできなかった事柄ということである。人間にとって偶然性は、論理的な意味よりは認識の可能性の問題として迫ってくる。それゆえ、不安と期待との感情が絡んでくる。少なくとも不安を取り除きたいと思うなら、偶然性を必然性へと変えることが一つの有効な手段となる。神の目からすれば世界はすでに決定しているかもしれないが、人間の知識の問題としてはどうしても必然的にならない。そこで人間の用いる手段が、統計による確率的な推論ということになる。

個人の運命がしかるべく決定されているというのは、世界の決定の論理、すなわち神の視点からのことであり、当人を含めて少なくとも人間にはまったく知る由もない。それゆえ、不運に陥ったものは自分の責任でそうなったと考える(第二の反論の趣旨)のも無理はない。しかし、社会を維持しさらに発展させるために多少のリスクがどうしても必要だということが、少なくとも経験的に理解されたとするならば、誰が不運に見舞われるかはともかく、誰かがいわば貧乏くじを引かなくてはならないことになる。そして、その不運な個人が不利な運命を背負うが故にこそ、その他の人々を含めた全体が善きあり方に至るのであれば、不運な者に対しそれ以外の人々は恩義を感じても当然である、ということになる。したがって、ここでは神の視点と人間の視点との違いを明確に区別して考える必要がある。保険の制度は、偶然の存在を知り、しかもそれを全体として引き受けることが社会にとって必要不可欠であるということを理解しながら、それでもどの特定の人間にその不運が振りかかるかを十分に予測できない人間が、全員で不運を分担することによって不利を最小限に食い止めるための制度であろう。

リスク・マネジメント

原理的に知ることのできない未来の出来事を何らかの形で認識の枠に収め、不運に対処しようとするための合理的な手段が、数学的な方法で与えられるか。ライプニッツが保険制度を考えたときの動機の一つはこれであった。そしてこの方法は、事故の予測の面でも、また補償の額に見合う資金の調達という面においても有効に働いた。近代保険の制度がいわば誇らしげに謳う合理的な運営システムを、ライプニッツはこのときすでにはっきりと表明していた。『保険論』で論じられているのは概ね損害保険に関するものであるが、ライプニッツは生命保険をも射程に入れていたと考えても間違いではない。例えば、『人間の寿命ならびに人口についての新たな考察』と題された論文では、極めて粗雑な議論ではあるが、平均寿命を四〇歳として各種の共済制度を立案することの合理性を論じている[K-V, 326-]。そしてそこで用いる手法はやはり確率であり、これによって不確かなものを確かなものへと変えようとするのである。これは年金額の計算法とも関係する。そこで用いられた債権の計算に関するライプニッツによる複利方式は、現在でも遺失利益の算出方式として日本の民事法廷でも採用されることがある。

しかし人間は、数学的な合理性のみで社会的使命を自覚できるのだろうか。近代保険の合理的制度は、そのような使命感とは無縁な地平で営まれるであろう。だが果たして人間はそのような数学的合理性のみで動くものなのだろうか。現実の人間は社会的・歴史的使命感に命を懸けることもある。しかし同時に、個人的な動機・欲求の命ずるままに振る舞い他者を顧みない行為に及ぶことも珍しくはない。ライプニッツはこのような一般的でありふれた人間のあり方を射程に入れた合理性を保険論の中に取り込もうとした。『保険論』にはライプニッツの深謀遠慮が込められていることに気付く。それがすべて、現実の世界に暮らす人間の姿に向けられている。私の見るところ、それは次の点に認められる。

第一に、保険の基本を偶然性(偶発事)の共有という点におくことによって、生活の安定を図る。これは当時のドイツの不安定な生活状態を直接に反映していると見ることができる。仮に不運に見舞われてもその損失を埋め合わす手だてが予め施されていれば、日常の生活からの不安は取り除かれるわけである。俗に「備えあれば憂いなし」と言われている考え方である。これは主として火災保険や生命保険に該当する。ライプニッツが『保険論』で提唱した国営の火災保険と水害保険も基本的にはここに属する。

しかし第二に、ライプニッツの保険論には、生活の不安を払拭した上で安心して新たな事業に挑戦しようとする資本主義的な精神が読みとれる。「備えあれば憂いなし」の考え方は、恐らく次の二つの方向を含む。一つは、平穏無事な生活が保障されることがなによりであり、危険性は可能な限り回避する、というものである。これは「君子は危うきに近寄らず」といったものである。もう一つは、備えを万全にした上でさらに生活の範囲・水準を拡大・向上させ、発展が期待できるなら多少の危険は敢えて冒そうとするものである。これは海上貿易の際の保険に該当する。いわば「虎穴に入らずんば虎児を得ず」である。この場合には「リスクなしに保険なし」の格言がそのまま当てはまる。もしそのリスクを避けようと思うなら、海上貿易を止めたり事業の拡大を諦めるという方法があるが、資本主義の論理は常に拡大再生産へと向かう。火災保険・水害保険・生命保険は、共済の精神から発したとする歴史的な事情からすれば、第一の方向に位置づけられるべきであろうが、ライプニッツの扱いは、二つの方向の類似性を強調していて、両者の違いには気がついていないかのようである。あるいは意図的に両者を混同しているのかもしれない。実はここに、ライプニッツが実務的な保険学者と異なる観点が隠されているのである。

以上の第一と第二の論点で保険のための共同出資の論理は出来上がるのだが、その出資は危険が現実のものとなっていない限り人は保険制度を積極的に支えようとはしないかもしれない。そのために、「これが素晴らしいことだと実感できるのは、かつて不運に見舞われた者には及ばない。彼は、自分と自分の家族が困窮していた際に、そのような保険制度があったとしたらどれほど慰めになったことかと思ったはずである」と言う。だが、危険が現実的なものとなってからでは後の祭りである。そこで考案されたのが公営保険である。しかしこれは、実はライプニッツが楽観しているようにはうまくいかなかった。『保険論』の中でライプニッツはハンブルクの例を挙げて見本にすべきことを述べているが、一七、八世紀のドイツの各地で試みられた公営火災保険が当時の農民の経済構造(グーツヘルシャフト)とすれ違っていずれも効果を上げなかったという指摘もある[水島一也『近代保険の生成』10–24]。新旧の社会経済体制間の軋轢がその原因の一つであろうが、同時に、その保険制度が人々の利己心を十分に考慮していなかったということもあろう。

そこで第三に、保険制度は人間の個人的欲求との関連をつけることによって維持されるとする。ライプニッツは、保険制度を支えるためには、人間が実利的で欲望に支配される面を軽視すべきではないと考えているのである。初めに引用した二つの留意点がそのことを物語っている。つまり、「一つは、……国民にとってある程度有益なものでなければならないということ、もう一つは、……人々の気持ちを和らげ、喜ばせなければならないということである。そうすれば、人々は利益を実感できるようにもなる」という指摘である。もちろんこれだけで人々の利己心を十分に汲み取ったことにはならないが、社会政策の立案の場面で個人の欲求という現実的な視点が示されていることは注目に値するであろう。しかしライプニッツはこの欲求を決して非合理的なものとしては捉えていない。むしろこの個人とは近代資本主義の人間像でもある。今の引用文に続けてライプニッツはこう言う。「国民および国の利益が追求されるようになるのは、人と金とが国に集まり、国土が改良され、その中で仕事をするための雰囲気がつくられ、彼らの労働が貨幣に換えられ、彼らの勘定書に付けられるときである」。貨幣に換算され個人所有となることによって利己心が満足されると考えるところに、資本主義的精神と軌を一にした合理性を考えたライプニッツの人間像がある。

しかし第四に、実利本位の合理性とは異なる、いわば理想主義的な合理主義をもライプニッツは含めていると思われる。例えば、「保険に入るか入らないかは自由であっても、賢明な人であれば進んで自分の心情をひたすら平静に保つようにするだろうから」だという主張には、人々が打算を超えたところに保険の意義を認めることを期待していることがうかがわれるし、『保険論』を結ぶ箇所で言われた「終身の民兵」としての自覚的働きこそは、国家の一員としての役割を担う自立的個人の成長を促すものと読むことができる。

以上から、ライプニッツのいわゆる合理主義が単に数学的なものなのではなく、もっと広い視点から考察すべきことが示唆される。彼のオプティミズムを考える際にもこのことは十分に留意しなければならない。

人間が求めるオプティミズムは、基本的には神のオプティミズムをモデルにするものである。しかし知性が有限な人間は神と同じ戦略を採ることはできない。そのため、善と悪に対して異なる方策を必要とした。それが悪に対する平準化の思想であり、それは保険制度に具体的な姿をもって現れていた。ライプニッツの社会哲学の可能性は、このように、神の論理と類比的でありながらも異なる戦略をもたざるを得ない人間のあり方を直視するところから出発している。そしてそれは実は、神を透かして人間を見ようとするライプニッツの哲学的態度の現れでもあった。

保険論はライプニッツにとってはきわめて特殊な論題であるにもかかわらず、そこからライプニッツの思想の全射程をのぞき見ることができたように思われる。誰が言い出したのかは知らないが「神は細部に宿りたまう」という言葉がある。★6 これはライプニッツにとってはまたとなく当てはまる。小さいトピックの中にライプニッツの発想のあらゆる面が込められている。細かい襞に入り込んでいけばいくほど、その思想の奥の深さを実感する。宇宙を映す鏡という比喩もまた、ライプニッツ自身によくあてはまるものである。ミクロとマクロをつなげるいくつもの道具を絶えず駆使していたライプニッツならではの世界像がそこに見えるはずだ。人間によって神を語り、神を通して人間を理解しようとしたライプニッツの精神が随所に息づいている。

★6――「神は細部に……」は誰の言か判然としない。建築家ミース・ファン・デル・ローエ(1886–1969)だとする説や美術史家ヴァールブルク(1866–1929)だとする説があるが、それより前にフランスの作家フローベール(1821–1880)に「善き神は細部に宿る」とあるらしい。しかしそれも最初かどうかはわからない。真相は紛れてしまうほど細部に潜んでいるようだ。なお、ヴァールブルクが貴書・奇書の膨大なコレクションを収めたハンブルクの「ヴァールブルク文庫」(現在はロンドン大学の付置研究所となっている)は、独自の配列法によって背表紙が互いに他を呼び寄せるようにしていたという。ライプニッツの研究史でも重要なカッシーラーはこの文庫を訪れたときに「手をつけないか入りびたるかのどちらしかない」と言った[ゴンブリッチ『アビ・ヴァールブルク伝』360]。ライプニッツとは違った神の宿り方があるようだ[▼3―2「図書館改革――ハノーファー」]。

3……発明術と実践術

◉ライプニッツという人物はその「活動」の細部に表れている。この章では、あえて学問とは異なる場面でのライプニッツの活動ぶりを紹介しよう。これは従来どちらかと言えば逸話（エピソード）とされてきたようなものである。しかしむしろこれらの活動が、主要と呼ばれるものと実は遜色のないようなものとしてライプニッツその人を表していると考えてみたい。もっと言うなら、私はライプニッツには逸話・エピソードというようなものは存在しないとさえ思っている。さまざまな活動を、「すべてがいつでも本気」として受けとめようとするなら、そこには、前章まで述べてきたライプニッツの精神が全面的に息づいていることがわかるはずだ。

3–1　計算機の発明

ライプニッツをヨーロッパの学界に知らしめた第一の業績は、計算機の製作であった。これはパスカルなどがそれ以前に作ったものを基礎に、掛け算と割り算が簡単にできるように改良したものであった。ライプニッツはこの計算機をとても自慢に思っていたに違いない。一六七〇年代にヨーロッパの各地を訪れた際にこれを提示し、パリとロンドンのアカデミーの会員に推挙してもらっている。その後もさらに細かい改良を何度も重ね、晩年に至ってもなお、改良の意欲は衰えることがなかった。

パスカリーヌまで

計算のための道具は洋の東西を問わず昔からいろいろと考えられてはいた。西洋でも、数学や天文学のような学問的研究から商取引のための実用的計算まで、需要はもともと高かった。特に金銭の計算は、十二進法や二十進法が混在していたために繁雑を極めていた。しかも、西洋語は日本語に比べると数字の表し方でや一貫性に欠けるように思えるし、「九九」も日本語ほどのリズムはなさそうだ。計算の苦手な人は多かったに違いない。それだけに、実用的な計算道具は必要なものであった。「計算機とは、頭脳の助けを借りないで、計算の出来る装置のことをいう」といった、半世紀前の直截的で味わいのある定義「城憲三、牧之内三郎『計算機械』」に基づくなら、そろばんは頭脳の働きを大いに必要とするので「計算機」とは言い難い。たいして考えなくても計算ができる道具が求められていたのである。西洋では一七世紀ころにはいろいろな道具が考案

ネピア（1550–1617）――スコットランドの数学者。対数を発案し計算器に応用した。

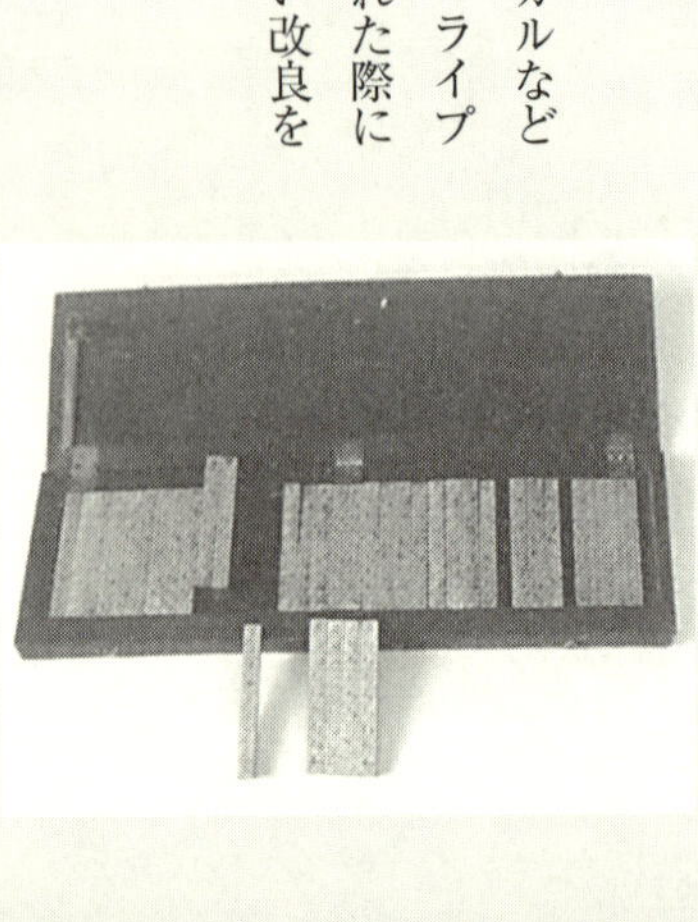

図8――「ネピアの骨」　対数の原理で掛け算を行う。

★1――ドイツのシッカードはネピアの棒を取り入れながらそこに歯車を組み込んで、加減乗除の四則演算ができる計算機を作ってケプラーにも進呈したとされている。メモは残っているのだが残念ながら現存品はない。

されていた。ここには大きく分けて二つの系統がある。一つは掛け算や割り算を素早く行うものである。そのなかでもかなり実用性の高いのは、一七世紀の初頭にイギリスのネピアが考えたもので、「ネピアの骨」という数字を記した棒を用いて、実に簡単に掛け算ができる。またネピアは対数の原理も着想して、これが後にイギリスのオートレッドらによって計算尺となる。おそらくこれは、計算機のなかで唯一のアナログ機械であろう。ガリレオも計算尺を作らせていたらしい。しかしこれらの計算道具は掛け算を素早く行うもので、足し算や引き算を目的としたものではなかった。

もう一つの系統は足し算のための工夫である。現存する最古の歯車式計算機はパスカルの手になるものである。[★1]「パスカリーヌ」というかわいらしい名前で呼ばれているこの機械は、内部にピン歯車を用いて繰り上がりを正確に行うようにした。回転する数字盤にバネを仕掛けることによって数字の表示がデジタル式になるように工夫してある。ただしこの歯車は一方向にしか回転しないために、引き算をする場合には「補数」を用いなければならない。[★2]パスカルはこの計算機で一儲けを企んで賭けに出たが、この皮算用は外れてしまった。技術的にも難しさがあったようで、多くの桁が同時に繰り上がりになるとき(例えば9999+1のような場合)には多数の歯車が同時に作動するために、動きが悪くなってしまうのである。近所の時計屋がこしらえた偽物の方ができがよかったという。この時計屋は歯車に微妙な「遊び」を与えてうまく作動するようにしていたのである。理論家と職人との違いだ。しかし、営業活動はともかく、原理的にパスカルの計算機は足し算とその逆の引き算を瞬時にこなすものであった。掛け算は足し算を繰り返すのに近い、やや原始的な方法を用いなければならなかった。それでもできばえは決して悪くなかったようである[内山昭『計算機歴史物語』99. ここではパスカルの計算機の詳細な使用法が紹介されている]。

ライプニッツの計算機

ライプニッツが計算機に言及したものとして確認できる最初は、一六七一年のことだが[MK, 22–23]、このと

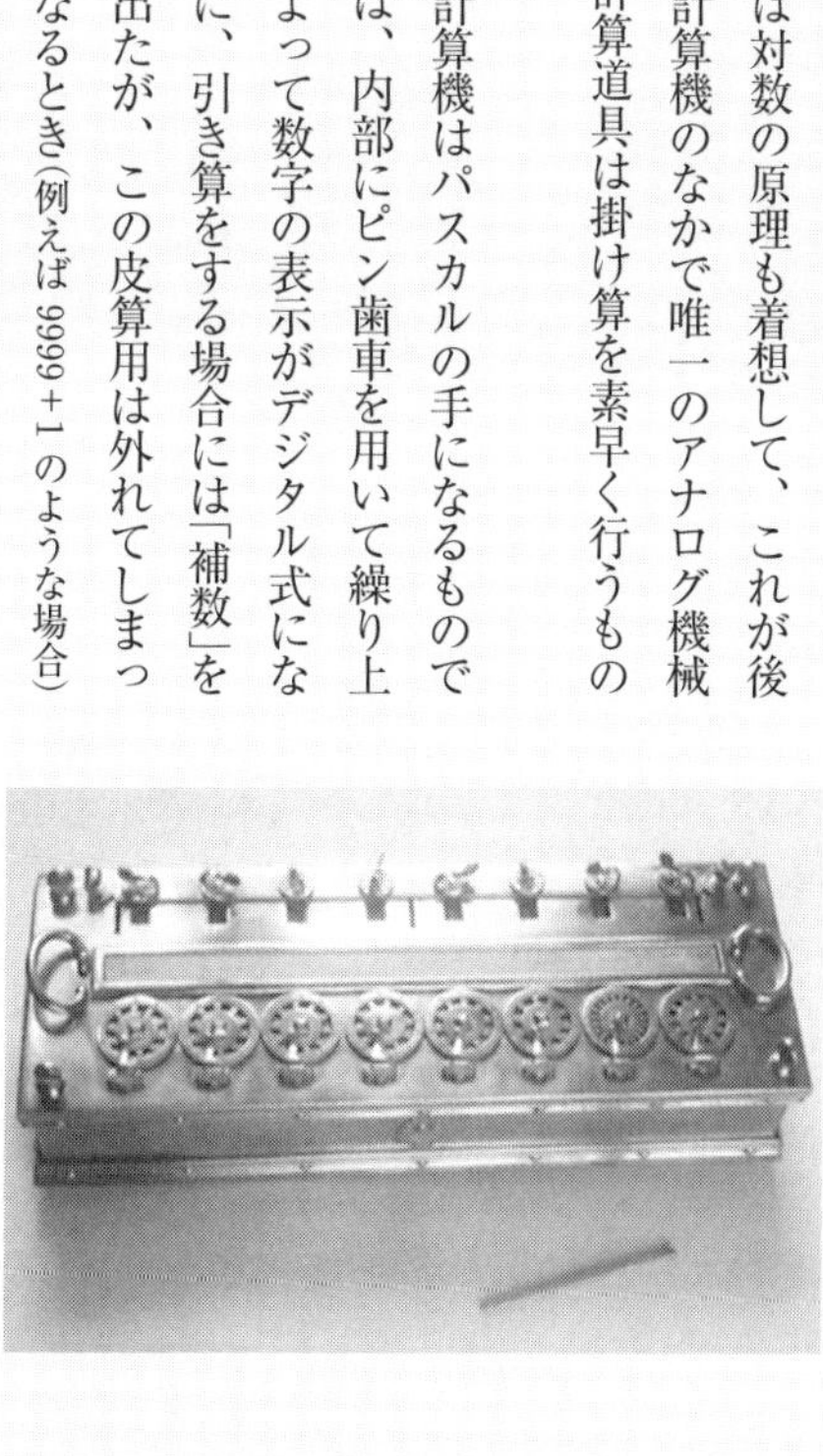

図9――「パスカリーヌ」付属の棒で円盤を操作して計算する。

★2――補数とは足して九になる数のことで、五には四、三には六といった具合である。これを使うと、巧みに引き算ができる。

きはまだアイデアだけだった。一六七二年の三月にマインツ選帝侯の重臣ボイネブルクの依頼でパリに来てからは、本務の外交官としての仕事の傍ら実に精力的に副業をこなし、計算機のことも決して忘れてはいなかった。実際に最初のモデルができたのは、一六七二年の夏から翌年の初頭にかけての頃であった[MK, 29]。一六七三年に外交官としてロンドンを訪れた際には、王立協会で公開実験も試みているが、必ずしも好意的に受け取られたわけではなかった。その後もパリに引き続き滞在して数学を集中的に研究し、計算機の改良も重ねていた。一六七五年の一月九日、パリ科学アカデミーの公開実験では成功を収めることができた。財務長官コルベールは国王と王立天文台と財務局のためにそれぞれ一台ずつ、計三台の製作を注文している[MK, 37；エイトン 84-85]。一六七六年にパリを発ち、イギリス、オランダを経て新任地ハノーファーに着いた。この後も、多忙な仕事のかたわら、計算機の改良の試みは続けられていた。

一六八六年、形而上学の論争相手のアルノーから、計算機はどうなっているのかと、尋ねられている。これに対するライプニッツの返事はほとんどぼやきである。この中で「時計」と言っているのは懐中時計のことで、一六七五年のパリでの計算機の公開の際に同時に発表されたものである。これはこれでやっかいな論争に巻き込まれる種になったものであった[エイトン 84]。

この国の職人は怠け者で、仕事上の好奇心もあまりない。でなければ私の計算機など、とっくの昔にできあがっていたでしょう。じつは私にぴったりといった感じの職人と交渉していたのです。ところが、天に召されてしまいました。でもこのままにほおっておいても、残念というものです。ですから、まあまあの職人を一人、特注で呼びよせようか、そうすれば時計のほうも仕上げられるのだが、などと思案いたしております[一六八六年一二月八日、工作舎 ⑧, 305]。

このおよそ二〇年後、アムステルダム在住のセザール・カゼと二進法について交わしたいくつかの手紙の中に、計算機に取り組んだ自分の歴史を振り返る箇所がある。それまでの他の計算機との比較もしながら、自分の機械がどれほどすぐれているかを自慢している。

三〇年以上前に私がパリで披露した計算機は小さいものでしたが、［それ以前の計算機とは］全く異なる種類のものでした。これはラブドロジー［ネピアの原理による道具］とは全く異なり、いくつかの円盤からできています。円盤は互いに回転を伝えあって総計を出します。あらかじめ掛け算をしておくことも、補助的な足し算をすることも最初から必要ありません。その後、パリやロンドンの王立協会でも披露しました。故マティオン氏［数学者］もご覧になって、讃辞を大きく彫り込んでくださいました。ホイヘンス氏やアルノー氏もがんばるようにと手紙で私を励ましてくださいました。ところが職人に恵まれなかったために、私は足踏みしていました。もうそろそろ放ったらかしにしておこうかと心づもりをしていました。

でも今は、八桁の数を掛けあわせる掛け算ができる大型の計算機に取り組んでいます。これによれば、大きな数の掛け算も小さな数と同じくらい素早くできます。割り算も掛け算と同じくらい簡単です。パスカル氏の機械は正確に言うと足し算しかできません。モーランド、グリレット両氏はそれに円盤状になったラブドロジーを組み合わせました。そしてラブドロジーで掛け算を、パスカルの機械で補助的な足し算を行うのです。しかし私にはこれにさしたる利点があるとは思えません。一掛ける一で始まるいわゆるピュタゴラス表［九九のことか？］は使わなくてもよいのですが、小さい数の足し算が増えるために計算法は長くなってありきたりの間違いも犯しやすいのです。これにひきかえ、私の機械では、頭をほとんど使わず、マティオン氏の言うように子どもでも（サルでもとは言わないまでも）超特大の掛け算をこなすことができるのです［一七〇五年六月二三日、Zacher, 351–52］。

「頭脳の助けを借りないで」という前述の定義がぴったり当てはまっているところがおもしろい。「サルにもできる」といった言い回しはパソコンのマニュアル本でも見たことがある。それはともかく、ここで言う大型の計算機は、すでに一六九三年すぎには一応の完成品ができていたものである。しかしライプニッツはこれに決して満足してはいなかったようで、この後も改良の希望を抱き続けていた。一七一〇年に刊行された『ベルリン科学協会紀要』第一巻★3では自分自身の多分野にわたる多数の論文と一緒に『計算機略述』という論文も掲載し、図版とともに自作の計算機の構造と使用法をていねいに説明している[D-III, 413-15]。

一七一一年、ライプツィヒの南にあるツァイツを訪れて宮廷説教者のゴットフリート・トイバーと知り合うことになり、この人から、新たな設計に基づく計算機の開発に手を貸してもらうように話を取り付けた[エイトン 439]。この後、トイバーからは何度か手紙がライプニッツのもとに届けられている。一七一五年には「もうすぐ完成する」と期待を持たせていたが、翌一六年の二月には「まだできない。技師の仕事が遅い。ハノーファーからいいのを寄こしてほしい」と、言ってきている[LBr, 332]。三〇年前のライプニッツのぼやきとよく似ている。一七一六年はライプニッツ最後の年なのだが、夏過ぎにもツァイツを訪れ、トイバーの仕事の様子を尋ねている。結局は満足のいく計算機を手にすることはなかったのである。

工夫「ライプニッツの歯車」

ライプニッツの計算機は、技術的な改良は晩年にいたるまで続けられていたが、原理的には最初のうちからほぼ一貫している。連動した歯車の組み合わせによって計算結果が示される。足し算は基本的にパスカルのものと同じだが、歯車は逆回転ができるので、引き算の際に「補数」を使う必要はない。それよりも、ライプニッツの計算機の「うり」は、掛け算と割り算が機械的にできるということにある。パスカルの計算機では掛け算は足し算を桁ごとに繰り返すという複雑な操作を要求するものだった。割り算はやってやれないことはないものの、操作が非常に複雑で実用性はなかったという。ライプニッツの計算機も原理的には掛け算は足

★3――これ自体がライプニッツの活動の広さを物語っている。図版を除いて本文だけで四〇〇ページほどもある論文集のほとんどがライプニッツのもので、言語に基づく民族起源論、中国の囲碁論、燐の発見史、小動物形態論、算術記号論、機械の摩擦論などなどで、マニアックな研究のオン・パレードである。Ravier, 143-44.

図10——1693年頃に作製されたライプニッツの計算機。
ニーダーザクセン州立図書館蔵。

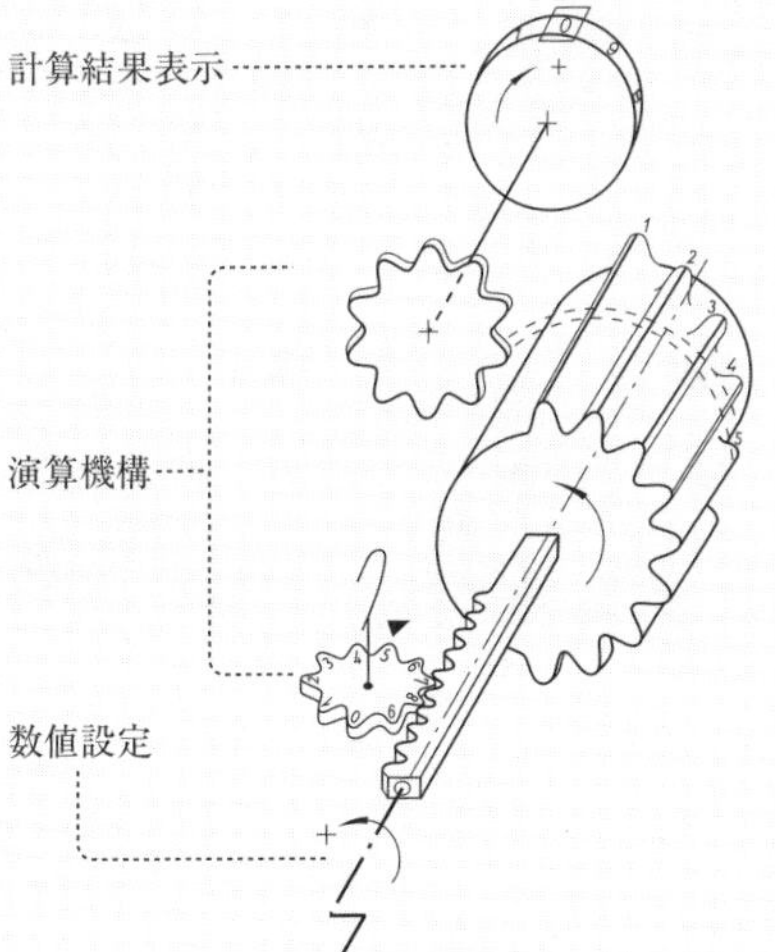

図11——「ライプニッツの歯車」(L.v.Mackensen による図式)
段違いの歯によって足し算の繰り返しが機械的にできる。

し算の繰り返しであり、割り算は引き算の繰り返しである。ただしこの繰り返しは相当に早く行われる。そのための工夫がライプニッツの腕の見せ所であった。一つのポイントは、機械の手前に見えるハンドルである。これをある方向に回せば掛け算が、逆方向に回せば割り算ができる。

これが持つ意味は、数値の表示システムと計算の操作メカニズムとを切り離したところにある[Popp & Stein, 91]。そろばんと電卓とを比べてみればよい。そろばんは、玉の位置が数値を表示し、その玉を操作することで計算ができる。玉の移動の操作によって計算の手順の一つ一つを直接確かめることができている。計算結果もまたその玉の位置関係で示される。ここでは、数値の表示システムと計算の操作メカニズムとが一致している。一方電卓の場合は、数字の入力は数字キーで行われ、演算キーを押すと、計算結果は表示窓に数字で示される。計算それ自体は内部で電気的に処理されていて、人の目には触れないままである。パスカルの計算機は、答えは一応は表示窓に示されるし繰り上がりも自動的に行われるとはいえ、数値の入力がそのまま計算の操作であるという点では、そろばんに近い。一方ライプニッツの計算機は、少なくとも掛け算と割り算に関しては電卓に近いものがある。数字の設定をしさえすれば、機械的に、期待通りの結果を導き出すことができるのである。「機械的に」ということは、「頭脳の助けを借りないで」ということである。計算の途中経過を見守る必要もないということである。やや読み込んだ言い方をするなら、記号の操作がおのずからその意味を表すのである。

もう少し計算機の構造に立ち入って見てみよう。最大の技術的工夫は、段違い(段状、段付きなどとも言う)歯車にある。最初のうちはピン歯車を使っていたのだが、期待通りに作動しなかったため、正確な動作が見込まれるものとして段違い歯車を考えついたようだ[Popp & Stein, 104]。これは「ライプニッツの歯車」とも呼ばれているらしい。こんなところにもライプニッツは名を残していた。文字では説明しにくいが、軸の長い円筒形の歯車の周囲約半分のところに、軸方向にそって長さが九段階に異なる歯が順についている。輪切りの状態で見れば、歯が九個のところから一つずつ減っていき、最後には歯が一つもないところもあることにな

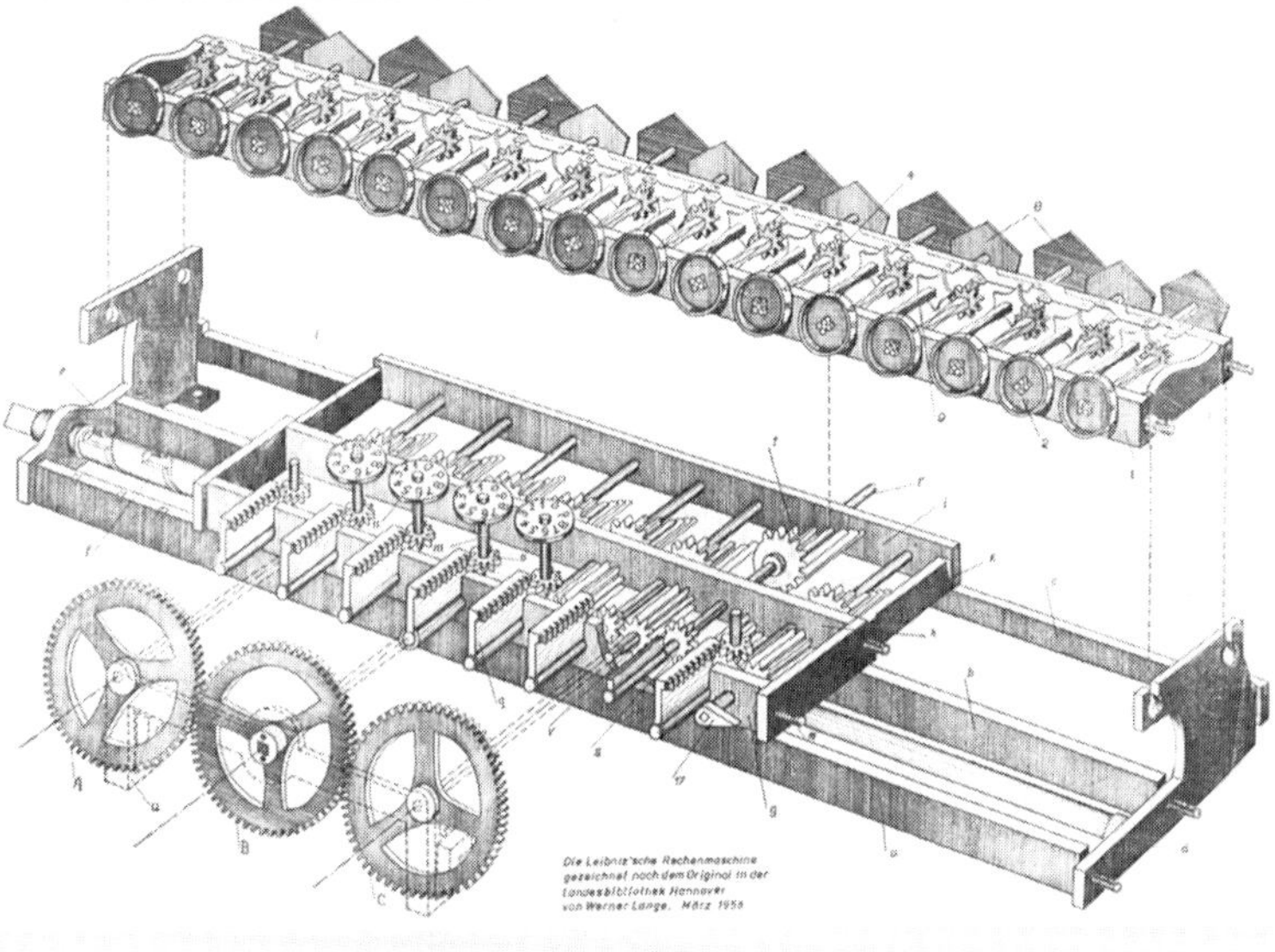

図12——全体の構造(1958年の解説図より)

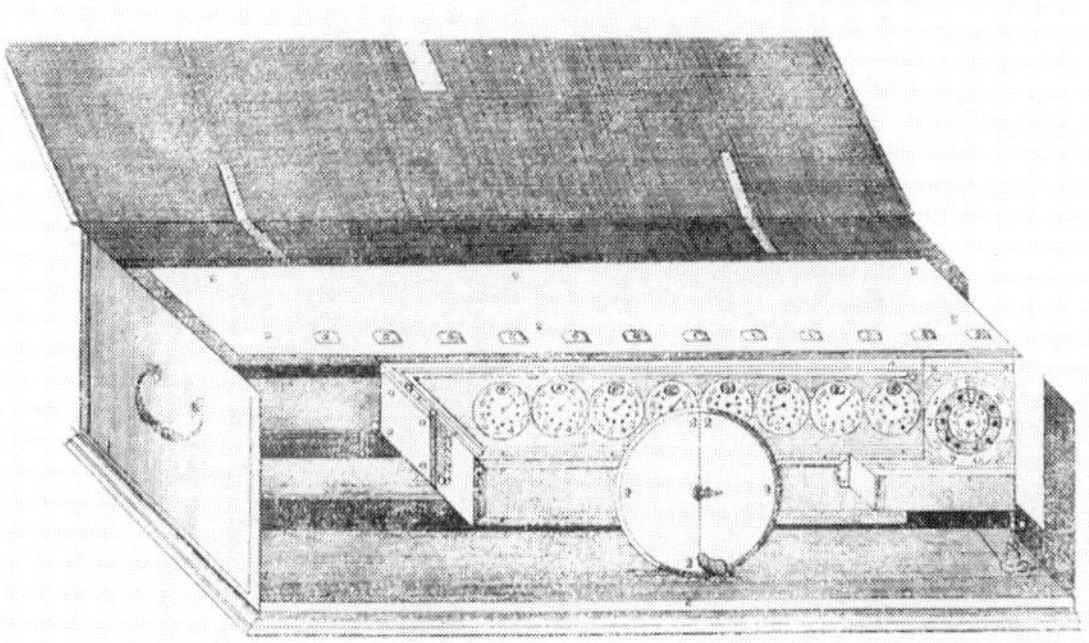

図13——『計算機略述』での挿し絵

る。これを回転させれば、歯が九個あるところでは一回転で九個分の運動を伝えるが、三個のところでは一回転しても三個分しか運動を伝えない。ライプニッツの計算機はこの歯車を八列ほど並べたものである。計算の数字を入力するために各桁の数字盤を回すと、段違い歯車の位置が変わる。例えば、一七〇九×三六五という計算をしようとしたら、[★4]まず、一の位から順に、九、〇、七、一となるように数字盤をセットする。次に手前のハンドルをまわして、一七〇九を三六五回加え続けるのである。これはハンドルを三六五回まわすということではない。機械の手前に時計の文字盤のような一種のカウンターがあるので、何回加えたかはいちいち数えなくてもよい。各桁で繰り上がりが生じれば、上の桁に一だけ自動的に加わっていく。段違い歯車の歯が軸の周囲の半分にしかないのは、繰り上がりが同時に生じる場合に備えた一種の「あそび」で、順繰りに桁が上がっていくことによって、操作が重くなることが避けられる。計算の最終結果は入力の数字盤とは別の表示窓に出てくる。この表示窓は一六桁分ある。ハンドルの力は歯車の組み合わせによってすべての段違い歯車に伝わるので、軽快に作動するはずである。ライプニッツが数値の表示システムと計算の操作メカニズムとを切り離したことの実用的な意義は小さくない。

割り算は掛け算の逆の操作をする。六二三七八五÷一七〇九であれば、まず六二三七八五の数値を、掛け算の時に結果が出た欄に入れる。手前の数字盤には一七〇九を指示させる。そして掛け算とは逆回転でハンドルを回す。これは六二三七八五から一七〇九を引き続けているのである。今度は繰り下がりが自動的に行われる。全部引き終わったときの回数が割り算の答えとなる。割り切れなければ、余りを出すか、必要なところまで小数点以下の計算をする。なにしろ、八桁の段違い歯車を備え、計算結果の表示窓は一六桁もあるのだから、位取りはかなり融通がきく。普通の電卓が八桁か、多くてせいぜい一二桁であることを考えれば、実用的には十分だろう。大きな桁の計算もできるし、小数点の設定もお望みどおりというわけだ。大きな数同士の掛け算の場合でも、位取りに工夫をすれば、実用に耐える程度の概算は出せるはずである。

★4——この計算例は、前記『計算機略述』にあるもの。この例から、論文が一七〇九年に書かれていたことがわかる。

二進法計算機

一六七九年には、二進法による計算機に取り組んでいる[Popp & Stein, 93–99]。これをコンピューターの元祖だと言うのは時代錯誤だけれども、二進法に対するライプニッツの研究の深さと広さ(これは中国論にも関係する)を考慮すると、ついつい言ってみたくなるほどではある。コンピューターのことを考えるとなにやら構造的に難しそうに思うが、実はきわめて単純な仕組みである。二進法の演算の基本はごく少数しかない。掛け算の九九もいらない。強いて言うなら、「一一」だけあればよい。したがって、数字を適切に入力できさえすれば、あとは簡単この上ない。

ライプニッツがまず考えたのは、ほとんどおもちゃのような機械で、歯車も必要としない。上部に玉が多数入った箱があり、下部にはゆるやかな斜面にそって開閉できる穴がずらっと並んでいる。この穴が桁の位置を表している。二進法なのだから、穴には玉があるかないかのどちらかだけが示されていればよい。玉があれば「1」を、なければ「0」を示すというわけだ。一つの穴に二個の玉が入ることはあり得ないようになっている。足し算で二個の玉が重なりそうになれば、一個は下の箱に廃棄されもう一個は押し出されて次の穴に移される。これが「繰り上がり」である。特別の動力を用いなくても、スプリングを組み込んだ仕掛けと重力のおかげで勝手に繰り上がりが行われる。掛け算も簡単だ。ただこの計算機には難点がある。引き算と割り算は結構難しいのである。そしてさらに、この二進法の計算機は桁数があまりにも大きくなるという欠点もある。それでもこの二進法計算機をライプニッツはいたく気に入っていたようで、二進法に慣れていない人のためだろうか、一六八〇年には、十進法と二進法の変換機も作っている[Popp & Stein, 106]。

計算機の裏側

ライプニッツはどうしてこれほどまでに計算機に夢中になったのだろうか。パスカルの場合は、徴税吏の父親の労力軽減のためというのが定説のようだが、ライプニッツの場合にそのような実務的な理由があったとも考えにくい。おそらくは、「おもしろそうだから」だったのではあるまいか。ライプニッツにとってはこれだけでも十分な理由となる。しかしそうは言っても、単なる発明マニアの作品の一つというわけでもあるまい。勘ぐってみればいくつか背景を探ることはできるだろう。

第一は、近代という時代の特徴の一つである、数学的な自然観、世界観である。これは、ある意味ではピュタゴラス、プラトン以来の西洋思想の伝統でもあって、世界の秩序の根本には数学的な合理性があるという信念である。この信念は近代科学の成立にとても大きな役割を演じ、中でもケプラーの場合には、天文学と数学と、そしてあろうことか音楽までもが結びついて、宇宙の秩序すなわち宇宙のハーモニー(和声)を数学的に語ろうとする。このケプラーの思想に通じる「神が計算し、思考すると、世界ができる」という言葉をライプニッツも記している［一六七七年の『対話』の欄外註、工作舎⑧,13註］。しかしこの事情だけでは、ケプラーもニュートンも手がけなかった計算機をなぜライプニッツが作ったのか、説明できない。

第二は、ライプニッツの技術への関心である。パリで計算機を披露する際には懐中時計のアイデアも示していた。一六八〇年代の前半はハルツの鉱山開発事業で技術者として苦労している［▼3―3］。ちなみに、ゲルラントが編集した『遺稿集』には、ライプニッツの技術面でのノートが多数の挿絵とともに収められていて、この方面でのライプニッツの関心の深さを物語っている。技術関係の文献の目次だけを並べてみよう。( )内の数字は同書に収められた文献の数である。時計(一)、鏡(一)、銃(二)、揚水ポンプ(二五)、風力利用法(二)、湾曲軸頸(三)、風力揚水機(四)、航行法(九)、車輪(七)、馬車(六)、鋸(一)、釘とハンマー(二)、釣具(二)、揮発性液体の容器(二)、煙突(一)。ライプニッツは工芸博物館の設置も構想していた［▼3―2「図書館改革――ハノーファー」］。技術そのものがライプニッツにとって重要だったのである。とはいえ、それだけでは、計算機への徹底ぶりが十分に説明しきれない。

第三は、二進法との関連である。ライプニッツと二進法の関係は、きわめて深くまた広い。若い頃から研究し続けていただけではなく、後に中国の易の思想との類似性が指摘されると、単なる記数法の問題として

ピュタゴラス(前570頃-?)――古代ギリシアの哲学者。数の神秘主義を説いたとされる。実態は不明。しかしその思想は教団として影響力を持ち、プラトンを経由して西洋思想の一つの大きな源流となっている。

ではなく、存在の根本にかかわる原理としても考えていくことになる。詳細に触れることはしないが[▼1―5「中国」]、この方向は最晩年にいたるまで粘り強く続けられていた。二進法の計算機の考案がこの一連の流れの中にあることは間違いない。しかしライプニッツの計算機で実用化されたのは十進法の機械の方である。あくまで計算機という観点から見るなら、二進法の機械は「ついで」である。

第四は、ライプニッツの学問理念との関係である。計算機をライプニッツの結合法と結びつけて考えたとしても、決して突飛な発想にはならない。ライプニッツ自身が比較的早い時期にその抱負を表明している。

> 数学や機械学においては、私は結合法を用いることによって、実践上かなり有益なものを発見することができました。中でもとりわけ算術の分野では、私が生きた計算道具と呼んでいるものが重要です。これはどんな数でも自動的に加減乗除の計算ができるからです[一六七一年初頭、ハノーファー公ヨハン・フリードリッヒ宛、A-II-1, 160]。

ここで「結合法」というのは、1―2「発見の記号学」で述べたライプニッツの学問の理念である。そこでは記号が大きな役割を果たす。こうした理念を実現するために、いずれは森羅万象について概念計算ができる巧妙な計算機を作成しようと夢みていたのだろうか。

いずれにしても、計算機にかけられたライプニッツのエネルギーと執念は並のものではない

ライプニッツ以後

しかしながら、継続的な努力にもかかわらず、細部の技術的な問題に阻まれて結局は試作品の域を出ず、ライプニッツの計算機は実用的な段階にまではいたらなかったようだ。これが商業用に実用化されたのは、ライプニッツの死後百年余りを経過した一八二〇年のことで、フランスのトーマスが製作した「アリスモメ

トール」であった。段違い歯車にも改良が加えられ、一八四一年には原理的には同じだが「出入り歯車」というものが考案された。数字の設定によって歯が出たり引っ込んだりして歯数を変える仕組みである。一八七六年にロシア人オドネルがこれを実用化し、長らく普及していたという。しかしこれらもすべて今では電子計算機に取って代わられてしまった。段違い歯車が二進法計算機に移行したわけで、どちらもライプニッツのアイデアの延長線上にあった、と言ってはやや持ち上げすぎだろうか。

ライプニッツの計算機の実物(作成年代は確かめそこなってしまったが、多分一六九三年以降のもの)を、ハノーファーのライプニッツ文庫で見せてもらった。★5 実際に触れることはできなかったものの、ブレガー所長に説明をしてもらった限りでは、操作方法はきわめて合理的でしかも簡便なものであり、メカニズムが正確に動きさえすれば、実用性を十分に備えていると思われた。しかしこれを見た私の第一印象は、とても美しい、というものだった。もちろんそれは一種の機能美ということなのだろうが、細部に施された模様は単なる計算の道具を越えたものであって、工芸品と呼ぶにふさわしいものであった。金属(真鍮であろうか)と木目の質感のコントラストは、計算という冷静な営みにほんのりと暖かみをさえ与えていた。

★5——この精巧なレプリカが、東京の国立科学博物館にある。

3-2 図書館活動

ライプニッツは一六七六年から死ぬまでの四〇年間、ハノーファー家の図書館長として勤務している。さまざまな仕事をこなし、いろいろな役職に就いていたライプニッツにとって、この職は一番長いものである。もちろん彼のことだから、ずっと図書館につきっきりということはないのだが、単なる名誉職とか便宜的な役職だったというものでもない。何事にも中途半端が存在しないライプニッツである。図書館長として留意したのは、言うまでもなく図書館の充実である。これには量的な充実はもちろん、質的な意味での充実ということもある。そしてまた、質的な充実ということには、優れた書物を収蔵するといういわばハードの面と、それらを有効に利用できるような体制を作るといういわばソフトの面とがあろう。ライプニッツはこの両面に意を注いだが、特に後者については、ライプニッツ自身が徹底した資料調査のエキスパートであっただけに、ことのほか重視した。そしてなによりも大事なことは、さらにこれがライプニッツの普遍学の構想とも響きあうものとなっているということである。

本との出会い——ライプツィヒ

ライプニッツと書物との密接な関係は幼少の頃に始まる。ライプツィヒ大学の道徳哲学の教授であった父親の書庫には相当の蔵書があったらしいが、ライプニッツが六歳の時にこの父が死去すると、書庫は封印されてしまった。その頃少年ライプニッツは地元のニコライ学院で初等教育を受けていた。子供の遊びにはあまり関心を示さず、歴史書や文学書に大いに興味を抱いていたらしい[MK 4]。杉浦茂の漫画で猿飛佐助や太閤記や西遊記などの「歴史」を楽しんでいた私とは、似ているようでずいぶん違うものだ。子どもとしてはかわいげはなかったかもしれない。ライプニッツは学院でラテン語の初歩を学んだ後は独力でラテン語の読書を続けたという。学院の教師はそんな少年の姿を案じ、年齢不相応の本を近づけさせないようにと家族に言った。もっと子どもらしくあってほしいと思ったのだろう。実に教育的な配慮だ。しかしある貴族がそのやりとりからライプニッツの並々ならぬ才能を感じとり、父親の書庫を少年が利用できるように家族に取り合った。この非教育的な横槍のおかげで、多くの古典の書物が目の前に現れたのである。このときライプニッツ、八歳である。その後は、ギリシア語も学びながら、ギリシアやラテンの古典、教父哲学、スコラ哲学、神学書などを読み耽った[エイトン 29–32]。後年のライプニッツが書いた文章の中には、古典からの引用が数多く見られる。研究者たちの考証ではその引用には不正確なところが少なくない。おそらくは幼少時の記憶だけを頼りにしていたのだろう。これはこれで恐るべきことではある。いずれにしても、少年ライプニッツは、書物があるということ、そしてそれ以上に書物が利用できるということの意義を実感したに違いない。これ以後、ライプニッツの天才は、人類の知恵と知識の大軍勢を引き連れた巨大軍団となっていくのである。この点では、ほとんど自分の才能だけを頼りにいわば丸腰同然で才能を磨き上げていったパスカルの天才とは好対照である。

蛇足だが、ライプツィヒは古くから大学町として知られているばかりではなく、ドイツ有数の出版都市でもあって、多くの出版社が存在していた[エンゲルハルト・ヴァイグル『啓蒙の都市周遊』12]。また、見本市の町でもあり、書籍商、古本屋が内外から集まってきていた[同 147–48]。こうした知的、文化的風土が少年ライプニッツを育んでいた。★1

★1――長い歴史を誇るライプツィヒ大学は、旧東独時代にはカール・マルクス大学と呼ばれ正面にはマルクスの銅像があったらしいが、東西の統一後はもとの名称に戻り、銅像はライプニッツに差し替えられている。

図14——幼少時代のライプニッツが学んだニコライ学院。当時の銅版画。

図15——現在もほとんどそのまま残っている。旧東ドイツ時代は警察署だったが現在はレストランになっている。室内の壁には学院時代の標語（聖書やストアの）が薄く残っている。

図書の整理――マインツ

一六六七年からライプニッツはマインツ選帝侯の重臣ボイネブルク家に身を寄せることになった。ボイネブルクは文化や宗教に深い理解を示し、大きな図書室も持っていた。ライプニッツはその蔵書の主題別インデックスの作成を始めた。この主題別インデックスはカタログというより索引と考えるべきものであり[Newman, 12. note]、たとえば一つの小さなパンフレットでも内容に即して十カ所以上から検索できるようにするというものだった[A-I-1, 38]。あくまでも、求める資料に行き着くための索引であって、単なる整理のための目録ではないのである。このことは、後年書かれた『人間知性新論』で学問の分類として述べられていることと符合する。「蔵書を整理する人たちが、ある書物をどこに置くべきか分からなくなることもしばしば起こります。二つか三つの等しくふさわしい場所のうちで決心がつかないからです」。そこで学問を大きく分類し、それぞれの書物の表題の主要な名辞をアルファベット順に並べるという方法がとられることになるが、それだけだと、同じ主題について書かれていながら表題が異なっているために離れて配置されることになる。したがってもっと詳しい索引がなければ実際には役に立たないと言う[『人間知性新論』四巻二一章、工作舎⑤, 354-56]。ここでは配列法とともに索引の必要性が主張されている。そしてそのアイデアは、少なくとも、このマインツ時代にまでさかのぼることができることになる。

この索引作成の作業は二つの面を持っていた。一つは既存の蔵書の要約を作って名辞をアルファベット順に並べ、学問の歴史の全体像を形作ること。二つ目は、その第一のリストに、これから刊行されるべき書物のあらましを付け足していくことである。これは、学問の発展や新発見に期待してそのための場所をあらかじめ空けておくということであろう。すでに述べたように[▼I―2「目録」]、こうした作業が積み重なることによって百科全書ができていくことになる[Newman, 13]。とはいえ、図書の詳細な目録作成というアイデア自体はライプニッツの発明ではない。すでに一七世紀の前半にフランスではガブリエル・ノーデ、イギリスではトマス・ボドリーなどが先駆的な仕事をして近代の図書館運営の基礎を築いていた[Newman, 10. 31；ロスト

『司書――宝番か餌番か』53-54］。ライプニッツのアイデアは、目録を単に資料を検索するための強力な武器としてだけではなく、さらに、今後あるべき図書をも予告し、それによって全学問の総合的体系を構想しようとするものでもあったところに特徴がある。二〇歳代の若者がここまで考えていたのである。

マインツの顧問官としてパリに滞在していた一六七六年初頭、ハノーファー公ヨハン・フリードリッヒはかねてからライプニッツの才能に目を付け手紙のやりとりもしていたのである。ハノーファーの宮廷から顧問官としての招請状がライプニッツのもとに届けられた。ライプニッツはこれを受諾したものの、なかなかパリを離れようとはせず、着任を幾度も催促するハノーファーからの声を尻目に、数学の研究を続けるかたわら、パリのアカデミーの席を得ることを望み続けていた［エイトン 93］。七月になると、ハノーファー公の図書館を任される旨の連絡があり、俸給の増額も示された［Davillé, 27］。旅費も支給され、外堀を埋められた。こうして、この年の暮れにようやくハノーファーに着任して、顧問官、兼図書館司書となった。

図書館改革――ハノーファー

ライプニッツはヘレンハウゼン宮殿の中の図書館に住むことになった。これが偶然のことなのか、命じられてのことなのか、はたまた望んでのことなのかはわからないが、その後も図書館が移転するたびに、一緒に動いているところからすると、かなり気に入っていたのかもしれない。最高の職住接近であるが、やや公私混同の感も否めない。このことは、あとで触れる［▼4―1「情報整理」］。

司書としての最初の仕事は図書館の充実であった。その図書館の蔵書は、当時の王侯貴族の図書館の水準から言えば並以上なのかもしれないが、二〇代にしてすでに学識豊富であったライプニッツからすれば不満足なものであった（エイトンによれば三三一〇巻の書物と一五八巻の手稿。ただしニューマンは書籍を一三一〇巻としている）。これを拡充するに当たり次のような図書館改革案を提示した。要点を示す。

一——必要なものが十分に備わるようにしたい。神学、公法と私法、医学、数学、哲学、文学、歴史など重要なすべての分野についての基本的な情報が必要である。量よりは選定が大事である。小さくてもよく選ばれた個人蔵書の方が、貴族や団体に属した膨大な蔵書よりも望ましいと私は思う。後者は見せびらかすためだけであって役に立つ本がないからである。

二——私は最高の図書館におくべき書物を選定する権利を得たい。

三——必要な書物を入手するための方法として、新刊書については、書籍商や見本市のカタログのみならず、文通相手からの情報も通じて、ほとんど全ヨーロッパのあらゆる分野のおもしろい新刊本について最新情報をつかんでいる。それ以外にも新刊情報を私に知らせてくれる人は大勢いる。

四——既刊書については、オークションのカタログや書籍商のカタログを受け取っている。さらに私は近々売却されそうないくつかの図書館に常に目を配っている。これらはどれもがなかなかのもので、どの一つをとってもそれら以外の図書館十個分に匹敵するものである。

五——最後に、図書館の有効な活用を促すための簡単な方法を提供したい。それは、これまでなされてきたものとは全く異なるカタログや索引によるものである。ただし、これを実施するための職人が必要である[Newman, 18–19；A-I-2, 15–16]。

この図書館運営の方針は基本的にはライプニッツが終生持ち続けていたものである。ここでも迅速な検索が可能となるような目録を作成しようとしている。それにまつわる話がある。一六七七年に、シュヴァクハイムという牧師から、ハノーファー公の図書館に重複収蔵されている書物を自分の蔵書と交換したいという申し出があったが、その手紙に書物の所在が「窓のそば」とか「入り口の左手」と記されていたらしい。これで検索目録作成の必要性をライプニッツは実感したようである★2[エイトン 112]。当時の王侯貴族の図書室、図書館にも、似たようなところがあったのだろう。そのような図書館は、蔵書数を誇ったとしても、誰もが使える

★2——ここで思い出されるのは、ショーン・コネリー主演の映画にもなった、ウンベルト・エーコ作の『薔薇の名前』である。ここに登場する中世修道院の図書館長は、他の誰にもわからないような仕方で蔵書を配列していた。これと同じではないにしても、収集方針や配列方法でライプニッツが目指したのとは全く逆を行くように思われるヴァールブルク文庫は、それはそれで一つの特徴を示している[▼2—4 注6]。

ゾフィー(1630–1714)——ハノーファー選帝侯エルンスト・アウグストの妃。ライプニッツのよき理解者で、多数の書簡は双方の人柄、当時の政治や宮廷の状況、哲学の諸問題など多岐にわたって記されて貴重な資料となっている。母方が英国のスチュワート家の出だったため、アン女王の死去で同家が途絶えた後ゾフィーの子ゲオルク・ルートヴィッヒがジョージ一世としてイギリス国王となりハノーヴァー家となった。

ものとは到底言いがたい。目当ての書物の存在をそらで言い当てることができるような芸当の持ち主が不在になったら、誰かが一からやり直しということになる。これは、保存し自慢するための図書館ではあっても、利用するための図書館ではない。

図書の配列法についての提案がいくつか残されている。そのたびに分類の仕方が微妙に異なっているがその一つを紹介すると、大きな分類項目として、神学、法学、医学、理論哲学、数学、自然学、言語学、歴史、文学史の順に挙げられていて、それぞれにまた細分された項目がある。また別の分類では、神学、法学、医学、自然学、哲学、数学、言語学、文学、歴史、などとなっている[D-V, 209-14]。これらの分類法は、一方で現在の図書分類法（十進分類法など）の理念と相通じるところがあるが、他方でこれはライプニッツの普遍学の構想と表裏をなすものとして見ることができる[工作舎 ⑩「普遍学」の解説 295-99 参照]。ライプニッツはだてに図書館で暮らしていたのではない。

一六七八年にはある故人の蔵書の購入のためにハンブルクへ赴いた。先の改革案の第四番目にあるように、複数の筋から情報を得ていたのである。きっと、「どこぞの誰それはかくかくしかじかの書物をたくさんもっているけれどそろそろ寿命のようだ」といった噂が届いていたのだろう。後れをとってはならじと「その時」を手ぐすね引いて待っていたに違いない。そして首尾よく三六四五冊の書物を二二〇〇ターラーで購入した[Newman, 19]。ハノーファー市当局の全体の支出が一七〇〇年で一万九〇〇〇ターラーであった[谷口健治『ハノーファー』68. ちなみに、当時のライプニッツの俸給は五〇〇ターラー（ただしこれにはいろいろ不満もあったようだ。エイトン 111]）ことを考えるとかなりの金額だが、これによってハノーファー公の図書館は自然科学関係と歴史関係で充実した[Davillé, 31-32]。

一六七九年に図書館がヘレンハウゼン宮殿内からハノーファー市内へ移った[Newman, 19]。この年、ライプニッツの庇護者ヨハン・フリードリッヒが死去し、その弟エルンスト・アウグストが新しい君主となる。この新ハノーファー公の妃が、ライプニッツの最もよき理解者で常に励まし援助していたゾフィーであった。しかし夫君の方は先の君主ほどには開明的ではなかったようで、宮廷におけるライプニッツの位置は保証したものの、その仕事を十分に理解するには至らなかった。その証拠に、図書館に当てた予算が、ヨハン・フリードリッヒの場合には三年間で四五〇〇ターラーであったのに、エルンスト・アウグストは七年間で七〇〇ターラーしか認めていなかったのである［エイトン 154］。それでもライプニッツは図書館の拡充計画を進言し続けていた。

一六八〇年一月にライプニッツがエルンスト・アウグストに宛てた一五項目の図書館改革案が残っている。それを要約してみよう。

一——図書館は、毎年図書を購入するだけでなく、拡大の方法をも考えるべきである。これまでは歴史書のみを求めてきたが、完璧な図書館としては、全分野のものを持つべきだ。特に、ドイツ史に関するものは拡充すべし。

二——図像の収集は教育に必要。ある人がよいコレクションを持っているが高齢のため売ろうとしている。これが手に入れば有用な宝を入手することになる。

三——そうすれば図書館に「工芸の間」を作ることができる。このような図書館は他に類例は一つしかないので、賞賛を得ることだろう。この工芸博物館には機械あるいはその模型も収集すべし。

四——ハルツは自然と工芸とが競いあう劇場だ。そこから出た各種の鉱物等を展示すべし。

五——有用な機械や発明も重要なので、優れた職人も確保すべし。各分野の職人を雇うべし。

六——職人の育成のために、工芸博物館を活用すべし。

七——活版印刷も、さまざまな種類の記録を残すためには有用だ。

八——工芸博物館には実験工房を作り、大言壮語をはかない有能な助手を採用する。大量の器具は不要だが、必要だといわれたら揃えてやる。

九――さまざまな記録は散逸すると探索が困難なので、活版印刷で出版すれば後世のためにもなる。
一〇――しかしそれが大きな善に資するためには、特定の利害のものは別にしておくべし。
一一――君主の正確な家系は、知られている資料に基づいて記述すべし。
一二――このために、あらゆる資料を探し目録を作って収集・整理することが必要。
一三――それでも不十分なので、他の然るべき筋とも関係をつけておくべし。
一四――先の君主は大金を投じて多くのものを集めた。これを図書館で管理することは大切だ。
一五――図書館や工芸博物館や実験工房などは秘書に任せて、資料の関連づけに意を注ぐのがよかろう[A-I-3, 16-21]。

この提案はいろいろなことを含んでいて興味深い。第四点目でハルツに触れているが、ハルツの開発と時期的にはちょうど重なっている[▼3―3]。図書館と博物館とを一緒に論じているのもライプニッツらしいところである。しかもそこには、職人育成に役立てるといった教育的視点、あるいは国家経済の活性という観点が含まれている。これを百科全書の構想としてまとめた論文に『確実性の方法と発見術』と題されたものがある[工作舎 ⑩, 263-77]。執筆時期は不明で諸説があるが、さまざまな工芸の記録の必要性と図書館の役割が記されている[同 275]点では、右の図書館改革案と符合する。第一一から一三点目は、歴史研究の問題で、これはこれでライプニッツが生涯にわたって取り組んだ課題であった[▼1―2 注2]。

エルンスト・アウグストは書物や手稿の価値を兄のようには重視しなかった。彼の主要な関心は学問を奨励することではなく、むしろ自分の家柄の力と地位を高めることにあった。そのため図書館の性格も、学問的な意味で百科全書的であったというそれまでの性格から公的な「内閣図書館」へと変わっていった。さらに一六八五年にライプニッツがハノーファー家つまりはヴェルフェン家の歴史編纂を任じられると、この図書館は修史事業のための参考図書館ともなっていった[O'Hara]。とはいえこの君主は実際面における分野ではライプニッツを評価していて、ハルツ鉱山の開発計画では辛抱強くライプニッツを支えていたということは、次の君主ゲオルク・ルートヴィッヒとの比較で言うなら、付け加えておかなければならない。

ウィーン、イタリア旅行

一六八八年、ライプニッツは外交交渉のために南ドイツを経由してウィーンに向かった。翌々年の六月にハノーファーに帰るまでの長期間、イタリアの諸都市を含め方々を訪れている。もちろん例によって各地の図書館や文書館で資料を漁っている。その目的は表向きにはヴェルフェン家史編纂のための資料収集ではあるが、ライプニッツのことだからそれにとどまるわけがない。ついでに、そこに住む各分野の第一人者と交流することも忘れてはいない。それは同時に図書館のあり方を考えるチャンスともなっていた。ミュンヘンを訪れて同地の図書館で資料を閲覧している際には、あらぬ誤解を受けて閲覧に制限を受けるという苦い経験もした。ミュンヘンの宮廷楽長アゴスティーノ・ステッファーニの取りなしも功を奏さなかったという★3［エイトン 211］。

その足で一六八九年にはイタリア各地を旅し、やはり方々で資料を目にしている。ヴェネチアに滞在中、ウィーンに設立することを提案した帝室図書館に備えるべき基本図書の目録を作成し始めた［MK, 95-96］。『万物精選文庫（*Bibliotheca universalis selecta*）』と題されたこの目録は、夏から秋頃には完成したものの、印刷に付されることもなくウィーンの担当大臣に渡された。これは現在のアカデミー版の全集では三五ページに及ぶもので、神学、法学、哲学、歴史、数学、自然学などあらゆる分野をカバーした約二五〇〇点の書物が記されている［A-I-5, 428-62］。ちなみに、日本に関する書物は四点挙げられている。B・ヴァレン『日本王記』（一六四九年）、J・F・マリーニ『イエズス会神父日本地方伝道記』（一六六三年）、『対日本皇帝東インド会社使節団』（一六八七年）、『対日本諸皇帝統一東インド会社記念使節団』（一六八〇年）である。「皇帝」は天皇のことか将軍のことかは不明である。これらにライプニッツが実際に目を通していたかどうかはわからないが、ライ

★3――蛇足ながら、このステッファーニは翌一六八九年からハノーファーの宮廷楽長となり、ライプニッツとも手紙を何度か交わす仲となっている。さらに蛇足を付け加えると、ステッファーニの後任として一七一〇年に宮廷楽長となったのが二五歳のヘンデルであった。しかしヘンデルはハノーファーにはあまり居着かず、結局はイギリス人になってしまった。

★4――これはあくまで推測でしかないが、教会合同問題が背景にあるのではないだろうか。ライプニッツはもともとはルター派に属するといわれているが、神学的にはライプニッツはむしろカトリックに近いところも多く、中国在住のカトリックの宣教師とも親しく文通を続けていた。カトリックになるようにとの誘いはいろいろな機会に多くの人からあった。しかしその一方で、マインツ時代から、カトリック、プロテスタント両教会の合同問題に取り組んでいた。また、ハノーファーは当時の合同運動の一つの拠点でもあった。後で述べるハルツの山中からも合同のための手紙を書き続けている。神学的な理由であれ、友人関係

プニッツのことだから本当に読んでいたかもしれない。この目録は、旅の途中ということもあってか、ほとんど記憶を頼りに書かれたということである。その証拠といってはおかしいが、全集版の脚注では人名や書名の綴りの間違いがいくつか指摘されている。この記憶の誤りに人間臭さの一端を感じ取れるとしても、書かれた書物の量と分野の広さとを考えれば、人並み外れた能力としか言いようがない。

ローマ滞在中にはヴァティカン図書館を何度か訪れていろいろな資料を閲覧している。そこではカサナータ枢機卿が同図書館の司書官に就くように勧めてくれた。しかしそのときの条件が、カトリックに改宗するというものだったのでライプニッツは断った[エイトン 229]。似たような話は、一六九八年にもあった。このときは、パリ王立図書館の司書への誘いであった。そしてこれもまた、改宗が前提となっていたため、ローマでの事情を説明して断っている[エイトン 313]。ヴァティカンやパリの図書館の資料を自由に閲覧できる地位はライプニッツにとって喉から手が出るほど欲しかったはずだ。それをみすみす断るほどの事情があったのだろうか。★4

のためであれ、図書館利用の便宜のためであれ、かりにカトリックに改宗したなら、表向きにはルター派を否定することになる。それは教会合同運動の根拠を自ら否定することになってしまう。ルター派にとどまることはそれがたまたま生家の事情であったというだけだからあえて他を否定することにはならない。教会合同運動という大義は知的欲求に優先するとライプニッツは自覚していた。私はこのように推測している。

もう一つの図書館——ヴォルフェンビュッテル

一六九〇年六月に長い旅から帰ったライプニッツは、秋にはエルンスト・アウグスト公に伴いブラウンシュヴァイクに赴き、その近くのヴォルフェンビュッテルのアウグスト公図書館を訪ねている。ライプニッツがここを訪れたのはこのときが最初ではない。一六七七年のヨハン・フリードリッヒ宛の手紙では、「ヴォルフェンビュッテルの図書館を見ることができました。私にはきわめて有益でした」と書いている[K-IV, 385 ; Davillé, 31. n2]。この図書館は一七世紀の中頃にアウグスト男爵によって創建された後、量的にも質的にも充実したものとなっていて、歴史研究にとっても必要な資料がそろっていた。そればかりか、この図書館は一六六六年以降は毎日開館し貸出もなされていた。これは当時はきわめてまれなことだったのである[Newman, 24]。ライプニッツはここで、この図書館の館長になるようにとの要請を受けている。もちろんヴァティカンやパリのような改宗の条件もない。公妃ゾフィーからも許しが得られた。これ以後ライプニッツは頻繁にヴォルフェンビュッテルを訪れることになる［エイトン 244］。一六九一年にヴォルフェンビュッテル図書館の館長に就任すると、将来に向けた組織作りと長期計画の作成に取りかかった。最初の仕事はアルファベット順の著者名総目録の作成であり、これは一六九九年に完成した。また、同図書館の手稿本を用いて国際条約に関する資料集を編纂した『国際公法彙典《いてん》』が一六九三年に出版された［エイトン255：▼1—2「目録」：4—1「情報収集」］。この序文は、ライプニッツの国際問題への視点がうかがわれる重要な文献となっている。

多分この頃に書かれたものだと推測される短い図書館論がある。ヴォルフェンビュッテル公に図書館の構想をしたためたものである。それほど内容的に斬新さがあるとも思えないが、教育的効果にも触れ、知的財産の公共性という観点がうかがわれる点がおもしろい。現代の大学図書館や公共図書館にもあてはまる議論があるので、ここに全文を紹介する。

「ヴォルフェンビュッテル公図書館の維持を推進するための提案」

十分に整った図書館というものは、いわば知識の倉庫であり、また偉大な諸侯が制定した法や（とりわけ国家や政府や経済にかかわる）出来事の記事を満載した古文書そのものであって、法廷文書館や公文書館におけるよりも多くの情報が得られる。図書館の主要な効用は、正義の管理、神の真理の擁護、社会秩序の維持にあり、あらゆる種類の誤謬や無礼に抗することにある。この目的のために教会や学校が建てられ充実した図書館が設置されると、そこに収められた沈黙する学者たちによって、図書館は教会や学校の道具や装飾品として役に立つことになるのである。

それゆえ、もし教会や学校が政治家の配慮を受けるものになっているなら、図書館もまたそこに付属するのは当たり前のことである。

しかし図書館は、どんなに美しいものでも、拡大しようとしなければ、維持はできない。神学や法

図16——ライプニッツの意向が取り入れられたヴォルフェンビュッテルのアウグスト公図書館。ヨーロッパ最初の独立建造図書館。19世紀末に防災上の理由で建て替えられた。

学や自然学や数学やその他の興味深い学問についての実に優れた書物が毎日この世に出ている。それらは、自然を探求したり、政治的なものを経験したり、有能な人々が思索をしたりしたことによって書かれたものである。だがそれらもようやく出始まったばかりだと言ってもよい。われわれは自然や大宇宙、小宇宙のシステムを認識する第一級の著作を今世紀になってようやく見つけだしたところなのである。歴史について正確な探求ができるようになるのにはそう長くはかからない。以上から言えることだが、偉大な王の図書館は、その偉大さに見合うだけの大きさに仕立て上げられないならば不完全なものともなることだろう。

それゆえ、世に有名な当館が何年もの間軽視されてきたことからすると、今のところは維持している名声を今後失ってしまうのではないかと危惧される。というのも、もはや隠しおおせなくなってしまったこの［書物不足の］欠陥には、この国の人だけではなく外国人も気がつき、驚くはずだからである。もし古くさい図書館だと一度でも世の中に思われてしまったら、名声を失ってしまい、もはや回復するのは難しいものとなるであろう。このときの［世の人々の］驚きは、その図書館が文芸を愛する国王のものだと人が知ったらなおさら大きなものとなる。図書館が名声と栄光を失えば、同じことが国王自身にも降りかかることであろう。それゆえ、いまこそ当館を少しずつでも大きくし、世に知られている評価を失わないようにし、他の図書館に負けないようにすべきなのである。

こういうわけで、私の考えは、この図書館を維持し、公的な証書を銀に変えて図書館につぎ込むことにある。というのも、ここには一つの関係があって、紙から変わったものが再び紙に変わるからである。このような援助は、国王がこれまでにも多くを出費してきたし、そこに費やす税金は必要なものを維持しその地を豊かにするためにのみ使われてきただけに、きわめて理にかなったもので、家臣も進んで認めることになるはずである。

この税の効果と利点は決して失われることはなく、常にこの地全体の財産と公益となることであろう。なぜなら、この国の子供たちはそこで学問という宝物と彼らの幸せの基礎とを見つけるからである。著名な学校や地域や家族はそこで自分たちの家系の起源や発展や歴史や由緒を明らかにするであろう。誰もが、法廷の訴訟、厄介な事件、医療、経済、建築などについて、必要に応じて知見が得られるであろう。一言で言えば、戻ってくる効用や利得は実に大きくまた多様であるので、それに比べれば、[注ぎ込まれた]税金など取るに足らないほどである[D-V, 207-08]。

ヴォルフェンビュッテルでは、図書館創建者の息子のルドルフ・アウグスト公が一七〇四年に死去して弟のアントン・ウルリッヒが後を継いだ。この人もまた兄に劣らず図書館の充実に尽くし、資金の投入を惜しまなかった。その意を受けたライプニッツは一七一〇年、デンマークの枢密顧問官で歴史家であったマルクファルト・グーデの収集したギリシア、ラテン、アラビアの手稿本四六九点をヴォルフェンビュッテル図書館で購入するための協議を行い、約二四〇〇ターラーで購入が決まった[エイトン 433 では二四九〇、MK, 218 では二二四〇、Newman, 26 では二四〇〇ターラーとある]。こうした支出が破格のものであることは、ベルリンの選帝侯図書館の年間平均支出額が一七世紀には一千ターラー、一八世紀でも二千ターラーであったのに、アウグスト公は毎年一万五千から六千ターラーもつぎ込んでいたことからわかる。一七〇四年から一七一五年にかけてこの図書館が購入した書籍は二四三五巻、手稿は四八〇点、寄贈されたものは書籍一〇六二巻、手稿は二八点である[Newman, 26]。図書館の建物も、増大する資料を収めるために新築された。一七一〇年に完成した新図書館は、ライプニッツの提案を入れた一八世紀最初の独立建築図書館で、楕円形のドームを持った美しいものであった。ただし、採光と暖房はライプニッツの期待通りにはならなかったようだ。

終《つい》の棲家《すみか》――ハノーファー

一方、ハノーファーの図書館は、ライプニッツがウィーンに滞在中の一六八八年六月にオペラハウス建設のため市内の近くの家に移っている[MK, 90；エイトン 217]。ここは一六九〇年代には事実上ライプニッツの使用のためだけに供されていたらしい。君主エルンスト・アウグスト(一六九二年からはハノーファー選帝侯)は図書館がヴェルフェン家史のための参考図書館として発展することを望んでいたからである。それでもライプニッツは歴史書や手稿を収集してこの図書館を充実させた[O'Hara]。ハノーファーの図書館のために、ある人物の遺した神学関係のコレクションを一六九〇年頃に購入し、一六九六年には、ハノーファー宮廷の官房長官であった故ヴェステンホルツの蔵書から、法律、政治に関する三〇〇〇冊の書籍を一八〇〇ターラーで購入した[エイトン 258]。エルンスト・アウグスト公も今度は承諾したと見える。

一六九八年、エルンスト・アウグスト公が死去し、その子ゲオルク・ルートヴィッヒが新選帝侯となったが、ハノーファーでライプニッツが仕えた三人目の君主はライプニッツを理解しないどころか敵意さえ抱いていたようだ[エイトン 312]。ライプニッツがハノーファーの図書館長でありながらも兼任のヴォルフェンビュッテルの図書館に頻繁に足を向けていたのも何となくうなずける。この年、ハノーファー公の図書館がシュミーデシュトラーセのリューデ夫人の家に移されるのに伴い、ライプニッツの住まいもそこに移った[エイトン 316]。ここがライプニッツの最後のすみかとなる。図書館としても以前より広くなり[MK, 154]、その一階がライプニッツのアパートと彼の個人蔵書のためにあてられ、二階には王立図書館が、最上階にはライプニッツの書斎と仕事部屋があった[O'Hara]。しかし、図書館の蔵書とライプニッツ自身の個人蔵書とがほとんど混じり合っていたというのが実情のようである[Davillé, 453]。

一七〇二年、ライプニッツは「図書館拡張計画に関する覚え書き」を選帝侯に提出している[MK, 179]。内容を確かめることができないのだが、多分、単なる計画書というよりも、無理解な君主ゲオルク・ルートヴィッヒへの何らかの抗議の意図が含まれていたのではないかと推測される。その成果があってか、一七〇六年にはルーアンの文献学者の蔵書から五五〇〇巻を購入している[Newman, 19]。

一七一六年一一月一四日、ライプニッツはハノーファーの図書館内の自宅で息を引き取っている。看取っ

図17——ライプニッツが住んでいた家。1828年の銅版画。

ないだろうか。

た人も少ない寂しい最後だったとされているが、司書ライプニッツとしては最高の死に場所だったとは言え

その後

ライプニッツの図書館構想が実を結んだのは、ゲッティンゲンにおいてだといわれている。この地の大学が一七三三年に開設されるのに先立ってまず図書館ができた。十分で安定した財政的基盤を持ち、組織的に蔵書を配列し、さまざま検索に対応できるような充実した目録を有する図書館というライプニッツの理想が実現した。しかしこれをライプニッツは目にすることができなかった。

ハノーファーの王立図書館は、現在ニーダーザクセン州立図書館となり、その一角にライプニッツ・アルヒーフが設けられていて、ライプニッツの手稿やライプニッツに関する世界中のさまざまな刊行本、研究書が集められている。驚くべきことに、ライプニッツの手稿の大部分は、二五〇年以上もの間、政変や戦争や占領などをくぐり抜けてもほとんど散逸しなかった。図書館の建物とライプニッツの蔵書と手稿のコレクションはナポレオン時代の占領(一八〇三〜一四年)の間にもほとんど無傷で、何も失われなかった。第二次世界大戦で、図書館の入っていた建物は破壊されてしまった。この戦争でドイツの他都市と同様ハノーファー市も激しい攻撃を受け、市街地の大半は壊滅状態となった(現在のハノーファー市庁舎の一階ホールには市街模型が歴史順に四基置かれていて、そのうちの二基は戦災前と直後のものである。その変貌ぶりには戦慄を覚える)。しかしこの時にも図書館の貴重資料はほとんど傷を付けられることなく生き残った。それらは一九三九年から一九四六年までハノーファー市郊外の銀行の地下倉庫に保管されていて、そっくりそのまま無事だったのである[O'Hara]。今日これらの手稿を収める州立図書館は一九七〇年代に建てられた近代的な建造物で、残念ながら歴史的な雰囲気は感じられない。しかし多くの人々のたゆまぬ努力によって文化遺産が守り続けられてきたことにかわりはない。

図18——焼失前のライプニッツハウス
最上階の書斎

図19——現在のライプニッツハウス
オリジナルは第二次世界大戦で焼失したため、別の場所に復元されたもの。

一方ヴォルフェンビュッテルのアウグスト公図書館は、ライプニッツ後も維持発展の努力が続けられた。一八世紀後半には啓蒙主義の作家レッシング•が司書となって図書館運営に寄与した。図書館のすぐそばのこぢんまりとした住居がレッシング・ハウスとして整備されている。ライプニッツ当時のドームの建物は一九世紀に建て替えられてしまったが、周囲の街並みは第二次大戦の際にも破壊されず、歴史を感じさせている。図書館の書庫の中には一六、一七世紀の書物が十数万点収蔵されている。かなりの稀覯《きこう》書も含まれているが、簡単な手続きで閲覧可能である。ここにもライプニッツの精神が受け継がれている。

クリスティアン・トマジウスはライプニッツを「生きた図書館 viva bibliotheca」と評した[LBr, 336]。これは「生き字引」の上を行くものである。もちろんここで「図書館」はメタファーなのだが、ライプニッツは現実の図書館に生命を与えようとしたとも言える。その意味で、「生きた図書館」の文字通りのものをライプニッツは望んでいたのである。

レッシング(1729–1781)——ドイツの作家。劇作家として一時挫折し、一七七〇年からヴォルフェンビュッテルの図書館に勤務して文献研究をした。後年の著作がスピノザ主義だと批判されたのをきっかけに汎神論論争が起き、ドイツ観念論の大物たちを巻き込む大論争となった。

3-3 ハルツ鉱山開発

ライプニッツがハノーファーの宮廷顧問として請け負った多くの仕事のなかでも、比較的継続して時間と労力を割いたのは、図書館運営、家史編纂、そしてハルツの鉱山開発である。このなかでハルツの仕事は一応は一六八六年には終了しているが、それに費やされたエネルギーは莫大である。

ハルツへの挑戦

ドイツ中央部、ハノーファーの南東約一〇〇キロのところに横たわるハルツ山脈は、鉛、銀、銅、亜鉛などを産出する鉱山として古くから知られていた。代々のブラウンシュヴァイク家は鉱夫に免税などの特権を与えて採鉱事業を保護してきた。一六世紀前半にはクラウシュタールとツェラーフェルトの鉱山町が相次いでできた(現在両町は一つになって、クラウシュタール＝ツェラーフェルトという地名になっている)。この二つの町にオステローデを加えたところがライプニッツの主な活動場所となる。一六七八年、ライプニッツはハノーファー公に、この鉱山の開発を効率的に進めるための提案をした。この提案は紆余曲折を経た末に認められ、実際の採掘作業も含めてライプニッツに指揮権が与えられた。結局は失敗に終わってしまうのだが、この過程でライプニッツは苦々しくも貴重な経験を積むことになる。

そもそもこの提案の背景には、国家財政を豊かにするという目的もあった。そのためには、鉱山の開発は実効あるものでなければならない。つまり、そこには何らかの安全で効率の良い合理的な計画がなければならない。しかも鉱山の開発は安定した事業にならなければならない。ライプニッツはそれを支える保証を与えようとしていた。最大の技術的問題は、鉱脈を掘削する際に排出される水の汲み上げの方法であった。現場責任者ライプニッツは、その排水ポンプの動力をめぐって考察している。排水は安定しかつ強力でなければならない。しかも当然ながら経費の面でも有利なものでなければならない。人間や動物の力は不利な点が多いので二種類の動力が候補に挙がる。一つは水力、もう一つは風力である。しかしいずれにも、エネルギーの安定した供給という点では難がある。風はたえず方向と大きさを変えるし、川の流量は年や季節によって変化する。そこでライプニッツは、この二つの不規則な動力を組み合わせたシステムを考案した。つまり、両者の利点を最大に引き出してそれぞれの欠点を補おうとしたのである。

ライプニッツのハルツ計画を詳細に検討した数少ない研究者の一人エルスターは、ここにライプニッツらしい洞察が働いていると見る。「自然の一見不規則な力を規則的で合理的なものにすることにライプニッツの全努力が傾けられていたことは誰もが認めることである。この哲学者は、〈どんなに不規則に見えるように気ままに手で描いた線でも、ある規則と定義に還元できないものはない〉ということを知っていた。この技術者は、自然の力で規則的な流れに還元できないものはあり得ないことを証明しようとしている」[Elster, 88]。ここで「どんなに不規則に見える」以下をエルスターはライプニッツの一六八六年のある研究メモから引用している[Robinet : *Malebranche et Leibniz*, 222]が、同年に書かれた『形而上学叙説』の一節を思わせる。

たとえば、人の顔をとっても、その輪郭が幾何学的線の一部をなさず、一定の規則的運動によって一気に書けないような顔はない。しかし、規則が非常に組み入って複雑となると、規則にかなうものがかえって不規則とされるのである[『形而上学叙説』六章、工作舎 ⑧,151]。

事実、『形而上学叙説』はハルツの鉱山町クラウシュタールで書かれている。形而上学的な思索は実践の場面での工夫と結びついている。

こうしてライプニッツの計画は順調に進んでいくはずだった。しかし技術的な面でも必ずしも予想通りには進まず、さらに別の「動力」の問題が起きて、結局ライプニッツのアイデアは頓挫してしまった。それは人間の労働力という「動力」である。そもそもこの計画は国家事業として君主に進言したものであった。為政者としてその進言に乗ってもらったからこそ計画は実行に移っていったのである。しかし技術上の困難と、財政状況と、とりわけ人心掌握での失敗とが、ライプニッツの計画を思惑通りに進めさせてはくれなかった。ハルツの開発計画を、エルスターにならって四段階に分けて考えていこう。

第一計画＝水車改良

第一の計画は一六七八年に始まるもので、エルスターはこれを「連続的水流の段階」と呼ぶ。一六六六年からの一二年間、この地方は例年にない干魃が続いたため、水源が枯渇して水車は十分に稼働しなかった。そこでこの計画の主眼は、ライプニッツ自身が考案した新型ポンプによって坑道の水を効率よく汲み上げるというものであった。このポンプは安定性や効率性においてこれまでのものとは比較にならないほどすぐれているということだが、そこで用いられる動力は、近くを流れる川の水流だけである。風力はまだ考慮されていない。したがって、技術的に見るならば、この計画にはとりたてて画期的なものは見られない。しかし、次の二点には注意を向けてもよい。

第一に、ライプニッツはこの計画を内密に進めようとしていた。詳細が明らかにされたのは書簡や覚え書きにおいてではなく、君主と直接会見した折りのことで、「おそらくこれは、大事な秘密が、宮廷官房に出入りし書簡を読むことのできるものによって奪われるのを防ぐためだった」らしい［エイトン 134］。ライプニッツはいったい誰に秘密が漏れるのを警戒していたのだろうか。これは全くの推測だが、ライプニッツにとって新型ポンプの考案は単なる技術上のことだけではない。それよりも、この提案が自らのものであることを示すことによって、開発計画そのものの主導権を得たいと思っていたのではないだろうか。ただしそれは、利権を独り占めしようとしたためではない。そもそもライプニッツがハルツの開発に積極的であったのは、それが国家を豊かにするだろうからであり、またさらにそれが、かねてから望んでいたアカデミー建設の資金にもなると考えていたからである[エイトン 135]。ここに私利私欲といった動機は考えられない。むしろライプニッツはこの計画を、技術面のみならず、政治的、経済的な意義も含めた総合的な計画として考えていたに違いない。技術面でイニシアティブをとることによって計画そのものの主導権を握り、そうすることでライプニッツ自身の構想した図柄が完成するのである。

第二に、これはライプニッツへの否定的な評価ということになる。ライプニッツは自分のポンプがすぐれたものであることを主張するために、鉱山当局のピーター・ハルツィンクという技術者がすでに出していた構想を手ひどく批判したのである。[★1] ハルツィンクの案は、貯水池から流出して各採掘場の機械を次々と運転させた水をポンプによって再び貯水池に戻そうとする循環方式であった[エイトン 34]。興味深いことに、この案はポンプの動力として風車を用いるのであった。ライプニッツはこれを、一六七八年一一月（新暦では一二月）の覚え書きで、一五項目の論点を挙げてそれが無価値であると述べた[A-I-2, 99-103]。風車の計画については、「実に奇怪な新しい風車はどんな風でも動くだけではなく、ほんのわずかな風でも、さらに風以外の力によっても動く」と、皮肉たっぷりにと言うよりは悪意すら感じさせる表現でこき下ろした。

第二計画＝風車併用

一六七九年早々にライプニッツは第二計画を君主に進言する。ここでは、水力と風力とを併用することによって両者の不規則さが互いに幾分相殺されるようになる。ただし、このときにはまだ、水車と風車とは直接に連動してはいない。

★1——ピーター・ハルツィンクには日本人の血が流れている。ピーターはオランダ商館員の父と氏名不詳の日本人女性との間の子として、一六三七年に日本の平戸で生まれた。オランダ商館が長崎出島に移った一六四一年、父母と弟と一緒に日本を離れた。母のその後は知る由もない。ピーターはオランダで医学を学び、デカルトの『幾何学』のラテン語訳の助手としても有能だったらしい[山田弘明『「方法序説」を読む』115]。やがてハルツ鉱山で技師として働くことになった。しかし病に罹って一六八〇年六月に死去し、ハルツ山中の町オステローデに葬られた[宮永孝『阿蘭陀商館物語』202, 216；岩生成一「デカルトの孫弟子——日系人 Pieter Hartsinck の墓碑」]。この町はライプニッツが幾度となく足を運んだところである。ハルツィンクは地下から苦々しげに見つめていたことであろう。彼が日系人だと知るとなおのこと肩を持ちたくなる。ライプニッツの手紙の中で、一六七八年（第一計画）頃にはハルツィンクの名前がしばしば出てくるが、一六八〇年になると、さっぱり登場しない。手紙の相手である鉱山当局者からは時々触れられ、重い

> 水力と風力とを結び付けるために私が採った手段に基づくなら、時によりどちらか一方が停まり他方が動いたりしても、また一方だけだったり両方一緒だったりしても、さらに一方が速く他方が遅かったりしても、両者は互いに妨げ合うことなく協力しあう。このことは重要なのだが、私以外にこれまでこのように考えた者はいない。実際これをやってみると、水流が細いときでも十分に水量がある時と同じようになる。風力が助けるからである。しかし水力が助けないときには風力だけで働くし、風が止んでしまったら、可能なら水力が単独で働く。結局、人はこれまで、全く違った二種類の力の実に愉快な結婚を見たことがないのである。このことが分かれば、水車の職人が水力だけでは十分な結果が得られないときには風力を用いて似たようなことをしだすだろう。この結婚は極めて簡単な一個の部品のみによってなされたのだが、それは隠されている。そしてとりわけこの点にこそ秘密が存するのである[A–I–2, 188–89]。

自慢げに語るこの計画には、確かに画期的な面がある。鉱山から水を排出するために風車を直接利用すること自体がそれ以前に全く見られなかったことだからである。この年の九月にライプニッツは初めてハルツへ行き、クラウシュタールの鉱山当局者と交渉をした。このときはまだ不和は顕在化していなかったのだろうか。合意した内容は、最初の一年間はライプニッツが自分の計画に基づいて自費で作業を行い、うまくいくようであれば以後は発明者として終身年金一二〇〇ターラーを受ける、というものであった。その後宮廷からも異論がでたりしてライプニッツは説得に奔走する破目になるのだが、最終的には君主(ヨハン・フリードリッヒ)から裁可が下り、一〇月二五日に正式に承認された[エイトン 136]。しかしその年の暮れに君主が死去したためにこの計画は棚上げになってしまった。

新しい君主エルンスト・アウグストからは、改めて承認を得ねばならなかった。だがそれも一六八〇年の四月には認められた。三基の風車を用いた試運転の費用は君主、鉱山当局、ライプニッツで三等分すること

病に罹っているということも知らされていたのだが、ライプニッツ自身から記されることはほとんどなかった。死去を知らされた直後にほんの軽く触れているだけである[A–I–3, 65]。やましい気持ちがあったのかもしれない。いずれにしても、後味のよくない場面である。この顛末が尾を引いているのだろうか、世界中のあらゆることに関心を向け、中国についてもあれほど深く研究をしていたライプニッツに、日本についての記述はわずかしかない。当時すでに相当の資料がヨーロッパに渡っているし、ピエール・ベールも『歴史批評辞典』ではやや詳しく(所々は噴飯ものだが)扱っているのだから、材料がなかったわけではない。ライプニッツがハルツィンクを日本人として認識していたからかどうかはわからないが、どうもこの一件以来、「日本」を遠ざけていたように思われて仕方がない。

になった。このことでもわかるように、ライプニッツは相当の自腹を切ってまで開発計画を推進しようとしている。これを「資本投資」としてみる[Elster, 101]のはやや穿ちすぎているだろう。しかしこの計画も、実験をしたセント・カテリーナ鉱が風車に不向きな土地である上、鉱脈が地下二〇〇メートルにあり、配水管を多数つながなければならず、うまくいかずに失敗してしまった。

第三計画＝連動風車

ライプニッツは一六八〇年七月二六日(新暦で八月五日)に第三の計画を考案してクラウシュタールの鉱山管理局に提出した。この計画の新しさは、水力と風力の連動の仕方にある。第二計画では、水力も風力もともに揚水ポンプの動力であり、実際には水力が主で風力はそれを補完する役割であった。しかし今度の案では、風力はポンプの直接的な動力ではない。ポンプの動力は水力だけである。風力は、坑道の水を汲み上げるポンプの動力なのではなく、ややこしい表現だが、ポンプを動かす動力となる水を汲み上げる動力なのである。言い方を換えると、ポンプに対して水流は直接的な動力であり、風は間接的な動力であるにすぎない。

ライプニッツはこれにより鉱山全体をシステム化するような案を練っていた。大づかみに見るなら、このシステムの基本構造は、上部貯水池と下部貯水池、いくつかの溜池、そしてそれらの間をつなぐ水路とから成る。最下部の溜池にいったん貯められた水は、風車(図では、後で見る水平型風車となっている)で動くウォーム・ギア(アルキメデスのらせんポンプ)によって下部貯水池にまで揚げられる。ここからさらにまた風車の力で上部貯水池にまで揚げられる。ここで得られた位置エネルギーが水車の動力となる。水はここから別の溜池を経由して水路に導かれ、採掘所の水車を次々に回してやがて再び最下部にある溜池にまで達する。このように水が循環することによって、エネルギーのリサイクル・システムができあがる。ここには永久機関の疑いはない。水が循環する間に生じるエネルギー損失は風力が補うことになっているからである。風力と水力とが密接に連動することによって、水流の長期的サイクルの変化と風力の短期的サイクルの変化とが欠点を

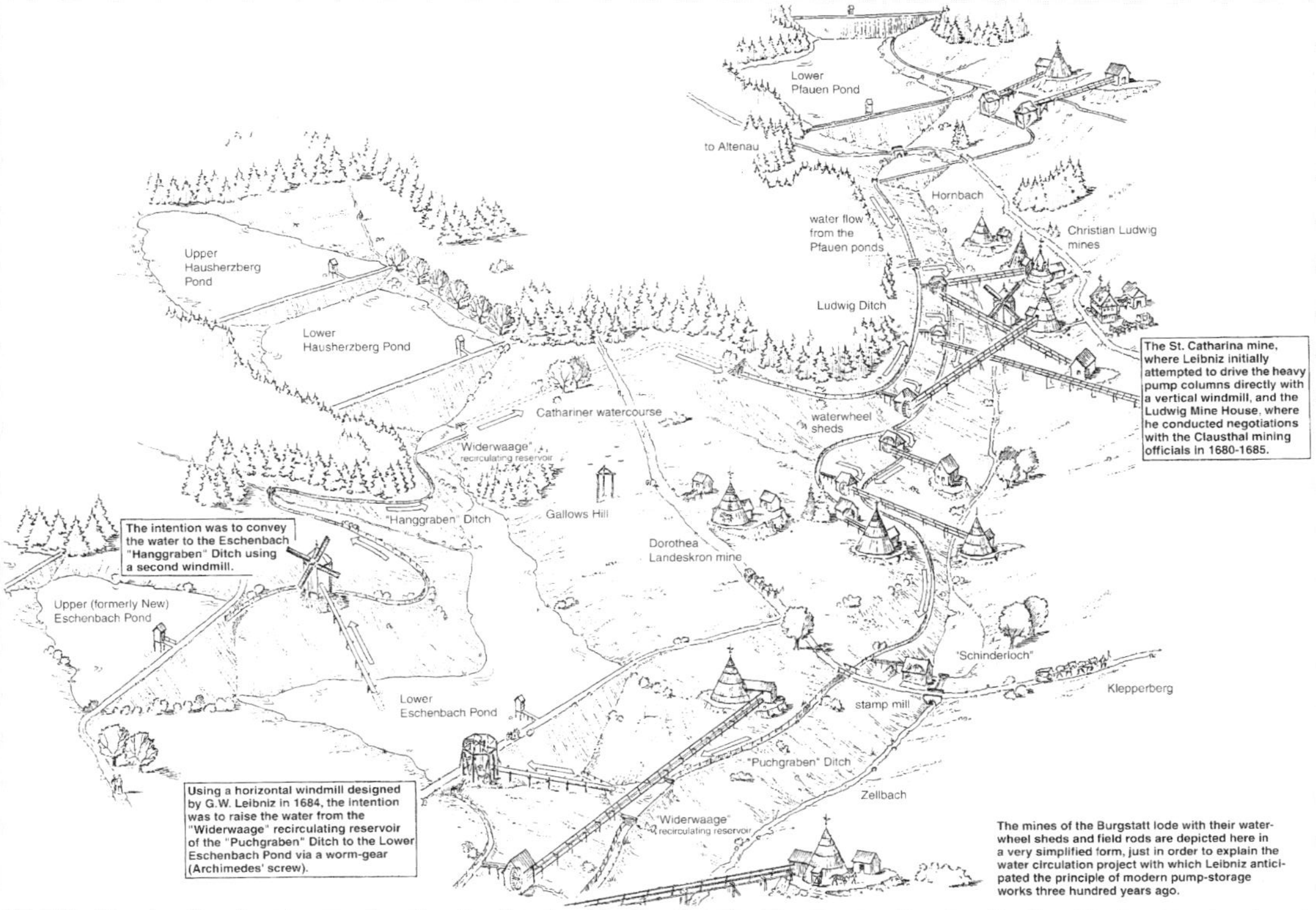

図20——水車と風車を組み合わせた動力循環システムの模式図(H.-J. Boyke. 1988)

互いに相殺する。ライプニッツはこのリサイクル方式の意義を強調する。

風力を節約し、言わば貯蔵することは可能である。つまり、この方法によって水を貯水池にまで導いてそこに保管するのである。そして次にそれを水力機械や採石場などに割り振って鉱山全体でうまく利用できるようにする。こうすれば、風はどうしても制御できないとするような主な反論は無力となる。貯水池に導かれた水は価千金である。多く貯めておけばとても利用価値がある[A-I-4, 43]。

ある種類の力が十分な有効性を持たない場合にはほかの種類の力の助けを借りてもよい。こうして、自然が我々に提供する膨大な力は無駄にはならずに、有用な仕事に転換されるのである[A-I-4, 54]。

単純に考えると、溜池は最下部のもの以外は不要にも思えるが、図を見ると溜池は水流を調節する役割を果たしているようだ。二段階の貯水池ももう一組別にあるようだし、自然の川の流れも並行しているように見える。推測だが、おそらくこれらは人工的なシステムの設定を越える事態への対策ではないだろうか。水はただでさえ蒸発や漏出により減少する。補給する水も渇水時にはままならない。そのため水源を別に確保しておく。しかし巨大で堅固なダムを造るような土木技術もなかっただろうから、逆に異常な増水があれば貯水池は決壊してしまう。その恐れがあるときには余分な水を自然河川に放流しなければならない。こうした事態に対処するための一種の「リスク・マネジメント」とでも言うべき仕掛けがこのシステムの中には組み込まれている。

貯水池からの水流は、池が空になりさえしなければ、ほぼ一定のものとすることができる。風は絶えず強さが変わるが、風が強いときに貯水槽を一杯にしておけば、風が弱まったり止んでしまったときでも時間稼ぎができる。あまりにも風が強いときには風車の羽根を少しだけ回転させて破壊を防ぐような工夫も加えられた。こうして、風量の平均値が水流を規定することになる。安定性に欠ける風力が位置エネルギーとして貯水池に貯められることによって安定性が得られるのである。「風は弱くても非常に強くても無駄にはならず、むしろ余分にあれば後で必要なときに役に立つこともある」[A-I-3, 78]。この方式によって、風の運動エネルギーは貯水池の位置エネルギーに転換され、エネルギーの不規則な蓄積が規則的な供給と両立できるようになる[Elster, 92]。別の言い方をするなら、自然の偶然性が人工的システムによって必然的なものになったということである。偶然性の必然性への転化というテーマは、ライプニッツの実践哲学にとって重要なものだと私は考えている[▼2―4「保険論」]。

これによって、ハルツの開発当初から抱えていた技術的な問題に対する一応の解決策を出し得た、かに見えたが、ライプニッツは強烈な向かい風を受けることになる。

そもそも、ライプニッツが自画自賛しているこの提案は、こともあろうに、第一計画の際にけなしまくったハルツィンク案とそっくりだったのである。第一計画の際にライプニッツは風力を利用しようとは考えることさえなかった。風力を併用するというハルツィンクの案は、永久運動をもくろむ愚かな企てゆえに一蹴したのであった。それが今度は自分の案として、しかもそれがきわめて価値あるものとして提出されたものだから、ハルツィンクの仲間である鉱山当局者たちから猛反発を受けたのは当然といえば当然である。ライプニッツが不誠実だと思われても致し方ない。以前から燻《くすぶ》っていた鉱山当局者たちとの軋轢《あつれき》が一気に吹き出し、これ以後さらに厳しくなったことは想像に難くない。

一六八二年、ライプニッツは『ハルツの鉱山業の全般的改善に関する報告書』を君主に提出する[A-I-3, 149–66]。この長大な報告書で彼は鉱山についての観点を、法律、地理、化学、技術、地形学、鉱業法、地図製作法、管理運営、産業経営、その他いろいろな角度から詳細に列挙している。ハルツの開発計画が単なる銀の掘り出し事業にとどまるのではなく、国家的事業としても、さらに学問的観点から見ても重要な意義を有するものだと言いたいのだろう。

この時期、ライプニッツは主として三点に留意していたと思われる。第一は細かい技術的改良である。圧縮空気を用いて動力を伝達する工夫も試みているが、これはパイプ作成に問題があって失敗してしまった。第二は、ライプニッツの計画が採算の点でも有利であることの立証である。しかし技術的な改良案も裏目に出ては、説得力はない。風車建設の費用としてライプニッツが当初見積もっていたのは三〇〇ターラーだったのに、一六八三年の半ばまでに二二七〇ターラーに達していたのである。君主は財政援助を打ち切ると通告したが、ライプニッツは翌一六八四年の末までは自費で続行すると言った[エイトン 164]。ライプニッツにも意地があったに違いない。第三は鉱山当局者たちとの人間関係である。ハルツィンク絡みの問題で、すでに当局の担当者たちの心はライプニッツから完全に離れていた。信頼感を失った以上は何を言っても何をしても素直に受け入れられることがないのは、世の習いである。このころの君主宛の手紙では、ライプニッツは鉱山当局者たちとの不和に困り果てているとぼやいている[A-I-3, 143-46]。

第四計画＝水平型風車

ライプニッツはそれでも懲りずに、一六八四年に第四の計画を提起する。これは、車軸が垂直で羽根が水平面に沿って動く水平型風車であり、強風による羽根の破損の危険も少なくなるし、風向きによる風車軸の調整が不要なので見張仕事も節約できるというものである。このころヨーロッパで普及していた垂直型風車(車軸は水平となる。ただし実際はさまざまな事情からやや上向きに設置される)は小屋の中にいる風車番が風向きにあわせて風車そのものを回転させなければならなかった(自動的に風車の向きを変える羽根付き尾翼が登場するのは一八世紀中頃、イギリスのリーの発明による[アン&スコット・マグレガー『風車』32])。さらに、製作費も抑えられるという。ライプニッツの計算では、従来の垂直型風車の建設費が八〇〇ターラーであるのに対し、水平型風車は二〇〇ターラーで済む[A-I-4, 43 ; Popp & Stein, 116]。この年の一月末に君主にこの提案をすると、君主は直ちに資金を出してくれた。まだ信頼していたということなのか、最後のチャンスというつもりだったのか、君主の

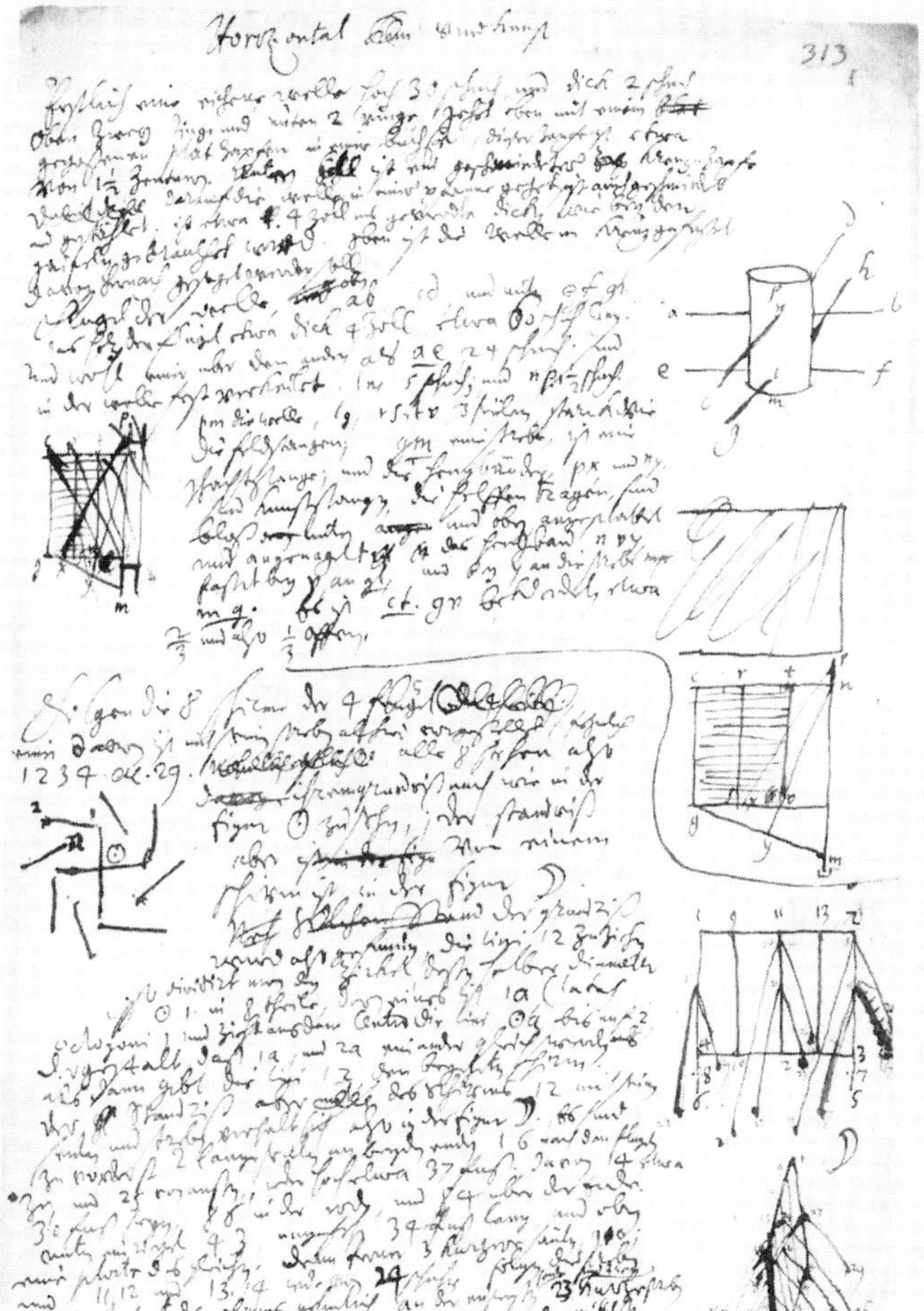
図21——水平型風車の設計メモ。左中央の卍型のものが回転羽根。右下が風を誘導する板。

図22——模式図(H.-J. Boyke. 1988)

意図は分からないが、臆測では後者のような気がしてならない。そうはいってもその金額はわずか二〇〇ターラーで、これでは風車一基分にもあたらない。

ところで水平型風車は、単純に考えるとどの瞬間にも羽根の一部しか風力を受けていないという点ではエネルギー効率が非常に悪いものである。お椀を四つ組み合わせたような風力計を思い浮かべてみればよい。そこでライプニッツは、この効率を高めるための工夫として、回転する羽根の周囲に風を誘導する固定板を八枚設置することを考えた。これによって、風を無駄なく受け止め、しかもどの方向からの風を受けても羽根は同じ向きに回転するようになる。★2

水平型風車をライプニッツはどのようにして着想したのだろうか。エイトンは、「ライプニッツは自分の創案になるものと考えていたが」とした上で、一七世紀初頭のF・ヴェランツィオ（ヴェランティウス）『新機械』（一五九五年頃）にこの種の風車の図が描かれていると述べている[エイトン 165-67]。別の説では、オランダ人ヤン・ニウホフの紀行文（一六六九年アムステルダム刊）により、中国で水平型風車が用いられていることをすでに知っていたからだと言う[Popp & Stein, 116]。真相はともかく、このあたりには東西技術交流史の一端がのぞける。

ヨーロッパでは一二世紀頃から風車が動力源として登場するが、それは最初から垂直型であった。ペルシアや中国ではこれより早く、水平型風車が実用に供されていた。中国の事情に通じていたライプニッツが見逃すはずがない。ハルツでの水平型風車の提案の五年後の一六八九年、ローマ滞在中のライプニッツは、宣教師として中国に向かう予定のグリマルディと会い、三〇項目に上る質問をまとめて調査を依頼している。その中の一つが、中国の水平型風車についてであった[Widmaier, 5]。ライプニッツはスケッチとともに「彼ら中国人は土地の灌漑のためだけではなく、必要に応じて地表の排水にも用いている。だがその[詳細な]記述はない」と資料の不足を指摘してもいる[Widmaier, 212]。さらに、一七〇五年八月北京在住の宣教師ジャルトゥー宛の手紙でも、中国の機械について問い合わせながら、「あなた方が教えてくれた水平型風車はヨー

★2――現在は発電を主な目的としてさまざまな種類の風車が世界各地に設置されている。そのなかでは、二枚もしくは三枚翼のプロペラを用いた垂直型風車がエネルギー効率が最もよく、世界の主流である。上から見ると巴の形をしたサボニウス型と呼ばれている水平型がライプニッツの案にやや近いが、これはプロペラ型の四分の一程度の効率しかない。水平型風車ではリボンをねじったようなダリウス型というのが比較的よい成績を出している。

★3――このあたりの事情は、以下による。ジョセフ・ニーダム『中国の科学と文明』第9巻下 736-45.

ロッパでも大いに関心を抱いております」と述べている［Widmaier, 210］。ライプニッツは中国の風車が気になっていたようである。

しかし当時の中国で広く用いられていた風車はライプニッツが計画したものとは違う。誘導板をもたず帆布の運動だけで巧みに風を受けるものであった。ニウホフの書に挿し絵とともに示されているのはこの型である。これは中国で近年まで用いられていた。一方、誘導板をもった水平型風車はペルシアに見られた。現在もアフガニスタンに残っているらしい。この型がヴェランツィオによってヨーロッパに紹介された。その設計図がどういうわけか東へ向かい、一六二七年頃中国で出版されたイエズス会士の『奇器図説』に載った。つまりこの型の情報は中国にも届いていたのである。そこから再びヨーロッパに流れたかもしれない。ライプニッツの案に近いのはこちらの方である。めまぐるしく東西に情報が行き交っている。★3 ライプニッツがこれらの情報と一切無関係に独創で誘導板付き水平型風車を着想したとは思えない。技術とそれを支える思想の流れが風車の羽根を回していた。

ハルツに戻ろう。この第四計画を進める際にもライプニッツはいくつかの細かい技術的な改良を試みているし、試運転も何度か行われている。ライプニッツがハノーファーにいる間も、ハルツに残した秘書から随時報告が来ていた。しかし思惑通りの結果がなかなか得られず、結局君主は一六八五年の四月一四日に経費の支出の中止命令を出し、風車計画は終了することとなった。この中止の方針はすでに二年前には決まっていたものだが、ライプニッツの熱意もあって継続されていたのであった。しかし、採算の面でも引き合わないし、ライプニッツと鉱山当局との確執をまざまざと見せつけられもすると、君主としてはこれ以上双方の傷を拡げたくないという思いもあったことだろう。

それでもライプニッツにはまだ未練があったようで、君主の命令直後からも何度かハルツに赴き、自分の案の有効性を君主に訴えたり、新たな採鉱技術を考案したりしている。さらに一六八六年三月には、垂直型風車の回転が早くなりすぎないようにするための自動調節機構を考案している。これは回転が一定速度を超

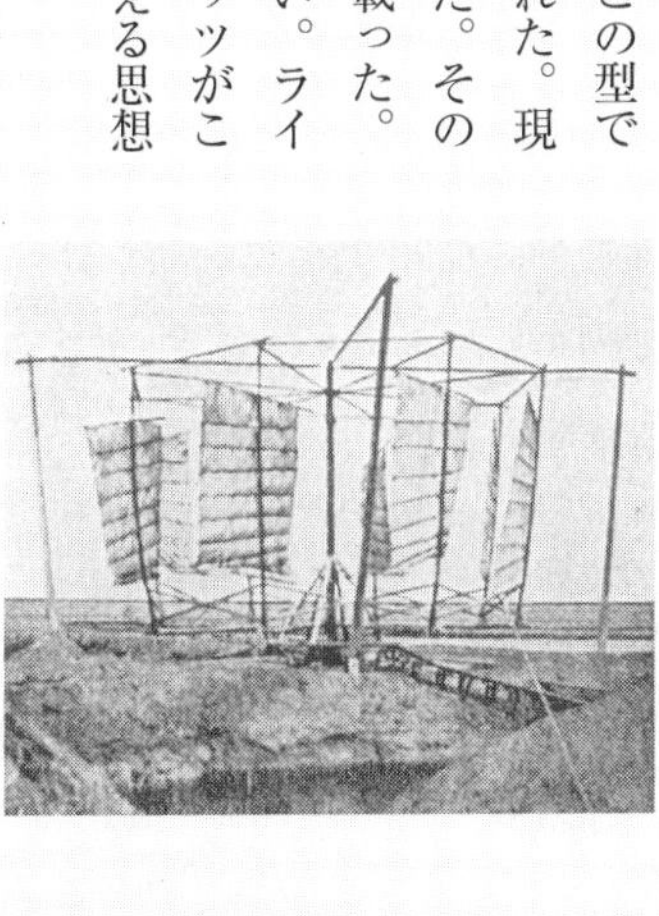

図23——中国の風車。風車の回転によって帆布の折り畳みの向きが変わり、風を無駄なく受け取るように工夫されている。

図24——『奇器図説』から（ニーダム『中国の科学と文明』より）

えると錘と連動したブレーキが自動的に作動する仕掛けで、理屈としては、風のエネルギーがフィードバックされて負の力を作動させるというものである。オランダによく見られる風車では羽根に帆を張っていて、風が強いときは帆を畳んで骨組みだけで回し、弱くなると帆を広げて目一杯風を受けるものであった。そのためには風車番が付きっきりとなる。ライプニッツの案はこれを自動化するものであった。だがこの案は机上のもので終り、実物大の実験が行われた形跡はない。それもこれも、風車計画が中止となった今となっては空しいものである。最終的にライプニッツは一六八六年一二月に三〇〇ターラーの支払いを受けて経費も精算され、名実ともにライプニッツの一連のハルツ開発計画は終了したのである。

執念

ライプニッツはこうしてハルツを引き揚げることになった。しかしそれで完全にハルツを見限ったわけでもなかった。ライプニッツはどこにでも新たなチャンスを見つける男であった。風車計画の中止決定命令が出された後も、何度かハルツを訪れている。そのうちには、残務整理という嫌な仕事もあったに違いないが、時には緊張感の向きを変えて、地質調査にも目を向けている。そしてそこで発見された動物の化石はライプニッツの目を大いに楽しませただけではなく、後の『プロトガイア』［工作舎⑩所収］に結実するような研究の基礎にもなったのである。さらに、いくぶん傷が癒えたからであろうか、一六九〇年代にも数度ハルツを訪れ、ポンプの改良案を示したりもしている。中でも、一六九三年以降、坑道から地表までの運搬用のバケツを上げ下げする方法について、ずいぶんと立ち入った考察を示している。

そもそもこれまで見てきた四段階の計画はいずれも坑道からの排水といういわば環境整備を目的としたものであって、採掘作業そのものではなかった。では採掘現場の方はどうなっていたのだろうか。おそらく切り羽での作業はつるはしやスコップを用いた原始的な方法のままであっただろうが、地中で掘りだした鉱石や廃石を地表まで搬出するには、早いうちから滑車などの簡単な機械を用いていたはずである。しかし当初

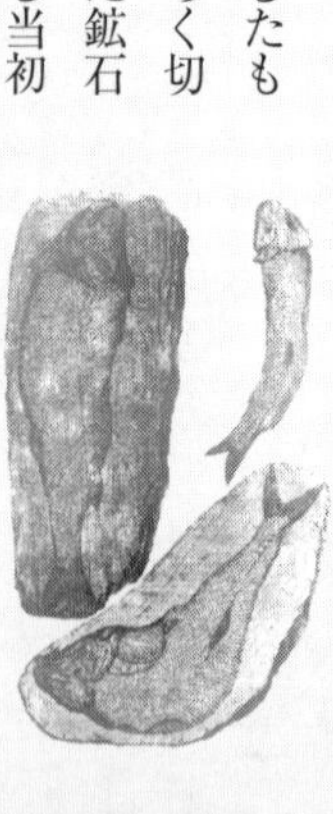

図25——『プロトガイア』に載せられた化石

図26——円錐形の巻き上げドラムのメモ

図27——復元模型(K. Ludewig 1990)

は坑道がせいぜい二〇〜三〇メートルの深さで、鉱石を積んだバケツはもともとは地表までロープで引き揚げていたのだが、やがてロープの代わりに鎖を用い坑道が二〇〇メートルもの深さになると、岩石自体の重さよりも鎖の方が重くなり、引き上げ作業は困難を増してきた。ライプニッツはすでに一六八五年から翌年にかけ、つまりハルツの計画の最終時期に、ループ式の連続鎖を考案している。上端と下端に滑車をつけてその間を輪になった鎖が循環するというシステムである。鎖の重量バランスはとれているのでわずかな力を加えれば岩石を引き上げられるというものであった。しかしこの案は実行に移されることもなく消滅してしまった。似たような案が他にもあったからである。しかもこのやり方だと、どうしても鎖がねじれてからみ合ってしまうという実際上の難点もあった。

一六九三年、ライプニッツは再びハルツを訪れ、鎖の巻き上げ機の改良に取り組んだ。数年前の屈辱はもうすっかり忘れてしまったのだろうか。いずれにしても、これこそ楽天家の面目躍如たるところである。ライプニッツが提案したのは、円錐形の巻き上げドラムである。ここでは動力はなぜか馬を使う。上げ下ろしの作業は連続的ではないからだろうか。鎖は循環せずバケツは上下に往復する。円錐形のドラムには溝が刻まれ鎖はそれに誘導されるために絡みにくい。利点はそれよりも、円錐形にしたことにより巻きの半径が大きいときにはトルクが大きくなるということにある。鎖の重量がこの半径比である程度は相殺され、単純な円筒形のドラムを用いる場合よりも重量バランスがよい。これならば馬も結構楽ができるというものだ。小さい馬力でも十分だ。この円錐ドラムがライプニッツの創案であるかどうかは確かめられてはいないが、ライプニッツの提案が採用された少ない例であり、しかもつい最近まで活用されていたということである[Popp & Stein, 121]。ちょっと、ほっとする。

さらに、一六九六年には、排煙を活用した製錬法を提案し採用されている。またこの年にライプニッツは、ハノーファーのヘレンハウゼン宮殿の庭に噴水を設置するための技術的な提案をしている。現在もこの庭園の目玉の一つとなっている大噴水はこのときにまでさかのぼるようだ(もっとも、現在の動力はおそらく電力

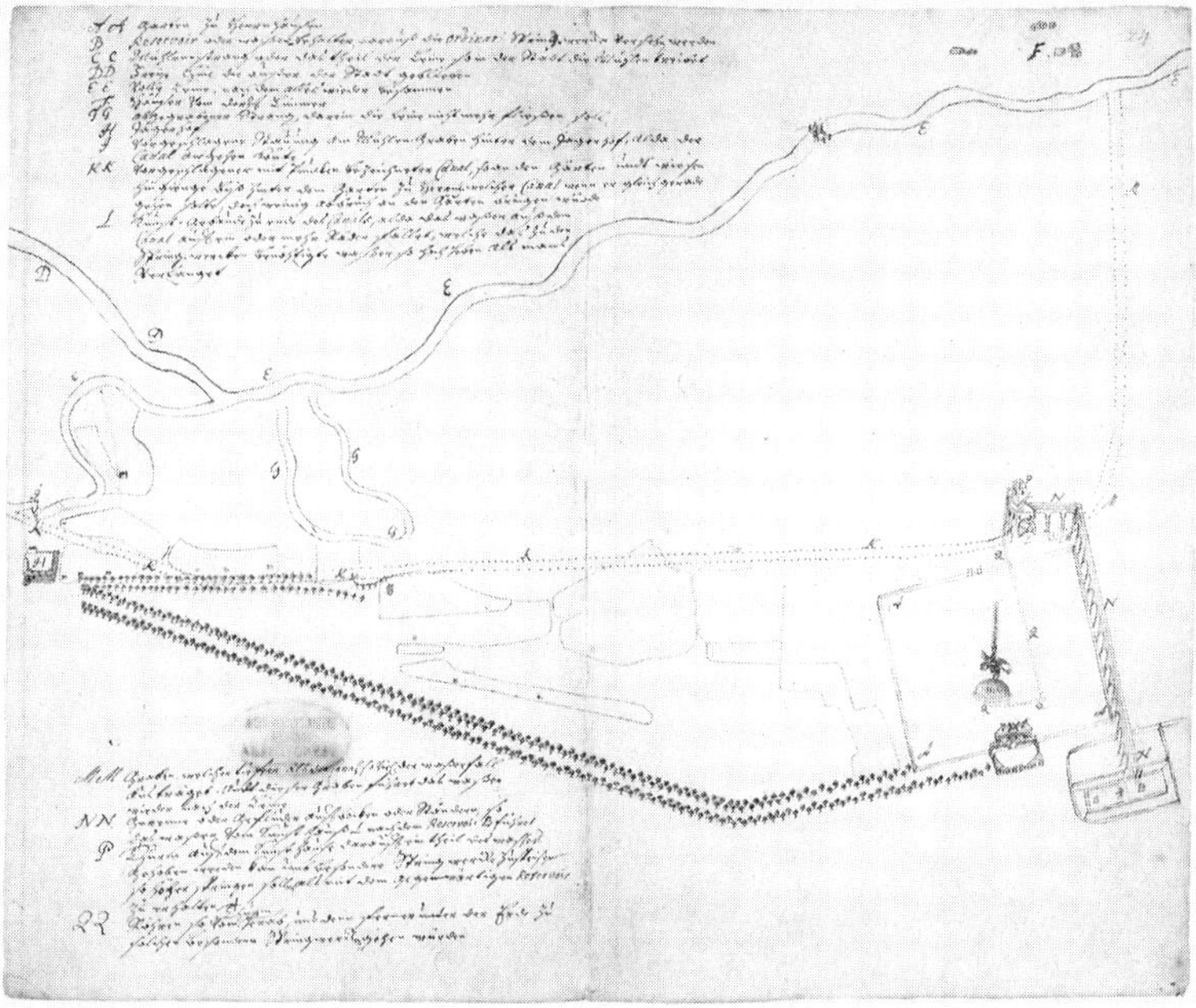

図28——ヘレンハウゼンの庭園の噴水の設計図

図29——現在のヘレンハウゼンの庭園のパンフレットから

だろうが)。近くを流れるライネ川から水路を引き、吸い上げポンプで一二メートルの高さの水槽にまで水が運ばれる。さらにそれが一八メートルの高さにまで揚げられて庭園内の大小の噴水を運転する。噴水の高さの決定にはライプニッツも苦心している[Gerland, 177]。この水回りの工法にハルツの経験が生かされたことはいうまでもない。一七〇五年には噴水の動力として蒸気機関の使用の可能性も検討している。蒸気機関の発明者ドニ・パパン•と交わされた多数の手紙の中の一つで、ライプニッツはハルツやヘレンハウゼンに触れながら水力、風力、火力などの動力について論じあっている[Elster, 79-80]。晩年の一七一二年から一七一五年にかけてはハルツの鉱山監督であるB・リプキングとともに、坑道の深さを測定できるような気圧計を考案している[Popp & Stein, 119；MK, 229]。ライプニッツの中ではハルツは終ることはなかったのである。

ライプニッツのハルツ訪問は一六八〇年から一六八六年までの間に三一回にも及ぶらしい[MK, 79]。だが私には一六七九年を含めても残念ながら二六回しか確認できなかった。これはハノーファーの宮廷との交渉のためのとんぼ返りも含めてである。それ以外に「忍び」の訪問もあったのだろうか(その代わりというわけではないが、ハルツの計画が完全に終了した後の一六九〇年代に六回のいずれも短期間のハルツ訪問を確認できた)。しかしいずれにしても、よほど本腰を入れないとこなせない数字である。滞在期間は合計して一六五週間だそうだ。この間ほぼ半分はハルツにいたことになる。しかもこの時期ライプニッツは哲学や数学や教会合同などに関する多数の論文や書簡をハルツの山中で書いていた[▼3—4「一六八六年」]。ハノーファーから約百キロの道のりで、しかもハルツは、標高こそさほどでない(最高峰のブロッケン山で一一四二メートル。ただしこの山は風と霧に覆われた魔女の世界である。『プロトガイア』参照[工作舎 ⑩, 132-33])とはいえ、山岳地である。馬車は通常で一日三〇キロメートルだというから、山道なら片道で四日以上かかったもしれない。乗り心地もよくなかったはずの車中でライプニッツは何を見て、何を考えていたのだろうか。

パパン(1647-1712)——フランスの科学者。技術者。蒸気機関の発明者。晩年に蒸気船に応用しようとしたが失敗した。蒸気機関はジェームズ・ワットが改良して実用へと結びついていった。ライプニッツとは多数の書簡のやりとりがあるが、雰囲気はあまり良好とは言えない。

ハルツの教訓

ハルツの計画を振り返ってみれば、ライプニッツの失敗の原因の一つというより最大のものは、鉱山当局者との不調和であった。しかもこの責めはライプニッツが全面的に負うべきものであった。しかしだからといって、ライプニッツが決して現場の知識や経験に疎かったというのではない。ライプニッツの手紙には鉱山当局の役人との軋轢《あつれき》を歎いているものは多いが、職人への不満は、単なる技術的な未熟さを別とすれば、それほどではない。むしろ、経験を積んだ職人としっかりした理論を持った学者とが互いに補い合うことを目指していた。このことは、多分この時期に書かれたと思われる『諸学問を進展させるための格率』と題された学問論の中にも見て取れるし[工作舎 ⑩, 259–60]、一六八〇年の図書館改革案[▶3—2「図書館改革——ハノーファー」で工芸博物館など職人の育成機関の必要を述べていることからも明らかである。

また、ライプニッツの計画は、学者にえてしてありがちな採算を度外視した机上の空論でもなかった。もちろんそこには経済学的に見て重大な誤りがあったかもしれない[Elster, 104–05]が、採算への配慮を怠っていたわけでもなかった。そもそも、ライプニッツの案が宮廷や鉱山当局から批判されるときには、いつもこのことが争点の一つになっていたのだが、そのたびにライプニッツは自分の計画が効率的であることを立証しようとしている。少なくとも第三計画あたりからは経済学的な配慮を施すようになり、それは実務的な管理運営法にまでいたる。後年の『人間知性新論』の中に、このあたりを振り返った箇所がある。

私たちのハルツ鉱山でのように、公の会計係が時には任命されます。そして、個々の鉱坑の会計係をもっと注意深くするために、計算間違いをするごとに罰を科しました。しかしそれでも、計算間違いは起こります。けれども、注意を払えば払うほど、過去の推論に信頼を置くことはできます。私が計算のある書き方を考案したのは、縦の列を合計する者が、無駄な歩みをしないように、自分の推論の進展の跡を紙の上に残しておくためです。彼はいつでもこれを、見直したり、先頭の方に影響を及ぼすことなく最後の方の誤りを直すことができます。また、誰かが見直したい場合も、このやり方ならほとんど労を要しません。彼は目で見てその同じ跡を調べることができるからです『人間知性新論』四部一章九節、工作舎 ⑤, 130–31]。

ライプニッツは細かい計算にいたるまで綿密に検討しておきたかったのである。その細部へのこだわりが全体の構想の中に位置づけられている、もしくはそう望んでいる。その意図が実を結んだかどうかは別である。あくまで、ライプニッツの構想がどこまでを射程としていたかが問われるのである。「ハルツの鉱山は、坑道、井戸、排水溝、貯水池、風車、水力車輪、ポンプで、一つの真なるミクロコスモスを作っていた。これは一つの予定された〈調和〉であり、そこでは各部分が各瞬間に全体のため永遠のために働いている。それは、たとえ鉱山事務所のようにその時そこしか見ていない人がいたとしてもそうである」という評価は的確だ[Elster, 105–06]。さまざまな技術開発と、それを陰で支える経営や管理の問題は密接に連動している。ライプニッツはさらに、これによって得られた収入を、ドイツにおけるアカデミー建設の費用に回したいとも考えていた。だがこの実現にはまだまだ時間が必要であった。

その後のハルツ

ハルツでは一九三〇年頃までは鉱脈の採掘をしていたらしいので、ライプニッツの風車計画は頓挫しても、鉱山事業は続いていた。しかし風車は実は今でも回っている。現在ドイツは世界一の風力発電を誇る。二〇〇〇年には約六百万キロワットを風力でまかなった。八万キロワットそこそこの日本のおよそ七〇倍である。もちろんこれはライプニッツの計画とは無関係に進められてきたものである。しかし白い羽根の風車が回っているのを見たらライプニッツはどう思ったことであろうか。

3-4 マルチタスキング

ライプニッツの活動が多岐にわたるということは何度も述べた。しかもどの分野も継続的な集中力を必要とするものであった。これまではそのトピックスの中からやや特殊な場面を追いかけてみた。しかしこれだけではまだライプニッツの姿が浮かび上がってこない。各分野ごとにそれぞれ別々のライプニッツがいて分業体制をとっていたとしても不思議ではないからである。ライプニッツ多数説を唱えたくなるほどである。だが言うまでもないことだが、ライプニッツは一人であった。一人の人間がさまざまな領域の仕事を同時にこなしていたのである。

すでに比較的若いころからさまざまな分野に関心を抱き、それぞれの領域でしばしば独創的なアイデアを発信していたライプニッツは、最晩年に至るまでその姿勢を貫き通している。つまり、ほぼ最初から全面展開をし、そのまま人生のゴールまで進んでいったのである。一生の間いつも哲学者であり、数学者であり、法学者であり、歴史学者であり、外交官であり、図書館長であり、要するにマルチ人間であり続けたのである。継続的であったということは、ライプニッツの活動のいわば縦糸である。「多彩」という横糸と「継続」という縦糸とから織りなされる模様がライプニッツという人物である。

コンピューターで異なる仕事を同時にこなすことをマルチタスキングと言うが、ライプニッツはまさしくマルチタスキングな人間であった。しかしコンピューターならいざ知らず、人間ライプニッツには同時処理能力にも限界がある。何冊もの本を同時に読むことなどできないし、いくつもの文書を同時に書くこともできないはずだ。それでも、ほとんど不可能に近い離れ業をライプニッツはやってのけている。すくなくとも、「同時」の範囲をせめて一年単位くらいにとるならば、マルチぶりが見えてくる。ライプニッツはいつもマルチタスキングであった。

一六八六年

例えば一六八六年がそうである。この年は、ハルツ鉱山の事業の最終段階で、ライプニッツとしてはほとんど引き揚げ体制の最中であった。そのためもあってか、かなりの時期をハルツで過ごしている。確認できるところでは、一月初めから四月初めまでハルツにいて、いったんハノーファーに戻りまた六月初めから七月なかばまでハルツに滞在している。そしてハノーファーに戻って、九月半ばには再びハルツにやってきて一二月半ば頃まで滞在している。つまりは、三往復して都合約七カ月間、ハルツにいたのである。しかもこのときのハルツでは、技術的な問題で壁にぶちあたり、人間関係も最悪の状態にあった。この間ライプニッツが書き残したものは、手紙以外の論文でもかなり多数ある。ハルツの残務処理の中で風車について未練を残しながら、関心は採掘現場から掘り出された化石の研究を含む地質学的な考察へと移り、後の『プロトガイア』[工作舎 ⑩,121–]の基礎を固めつつあった。マルチぶりが発揮されるのは、以下の仕事である。まず歴史関係の著作がいくつかある。これらはいずれもヴェルフェン家の起源にかかわるものである。この課題は、ライプニッツがハノーファーに仕えるようになってすぐに与えられたもので、ハノーファー家の本家筋にあたるヴェルフェン家の家系をさかのぼり由緒あることを立証するように求められていたのである[▼1―2注2]。最晩年まで継続した修史官としての厄介な仕事の一部がこの年にもなされている。哲学の分野では、きわめて重要な著作である『形而上学叙説』がハルツのツェラーフェルトの宿舎でこの年の二月に一気に書き上げられている[工作舎 ⑧,137–211]。この概要がフランスのジャンセニストの大物アルノーの目に触れるや両者の間で重量級の論争が手紙で交わされる[工作舎 ⑧,216–]。一六八六年にライプニッツがアルノーに対して直接・間接に書いた手紙は八通ほどだが、第一信以外はすべてハノーファーから発送されている。ハルツと仕事を分けていたのだろうか、文面からは鉱山の現場監督の匂いは感じられない。アルノーも相手はずっとハノーファーに籠もって文面を練っていると思ったことであろう。数学関係では、これまたハルツで書かれたいくつかの論文や書評を学術雑誌に載せている[工作舎 ②,313–]。デカルトの自然法則をめぐる批判論文も書かれ[▼1—3「運動の法則」]、これは力学絡みの問題としてマルブランシュやパパンをも巻き込む論争へと発展した。論理学の基礎にかかわる比較的長い論文『概念と真理の解析についての一般的研究』も書かれた[工作舎 ①,147–214]。教会合同計画を進めるために神学的な議論の根本を押さえる必要から『神学大系』が書かれた。普遍学に関する短い論文は多数書かれている。きわめて多忙で多彩で多産な年であった。

一七一六年

ライプニッツ最期の一七一六年も多産な年であった。君主との折り合いはすでに最悪のところにまで達していて、歴史編纂の仕事を執拗に命じられ、長期の旅行は禁じられてはいたが、さすがに七〇歳で長距離の移動こそないものの、ハノーファー、ブラウンシュヴァイク、ヴォルフェンビュッテルなどのなじみの場所に加え、六月にはバート・ピュルモントという温泉地に赴いたり、一〇月にはかなり遠方のツァイツに計算機の検分に出かけたりする[▼3—1「ライプニッツの計算機」]など、依然として落着くところを知らない。六月のバート・ピュルモント行きは、ただの温泉旅行ではない。ロシアのピョートル大帝と会見し、ロシアの科学振興策を含む多数の覚え書きを提出している[エイトン 463]。一月にレモンに宛てて書かれた長大な手紙は、未完ではあるが『中国自然神学論』として単独の著作として読むことができる[工作舎 ⑩,15–90]。ライプニッツの中国研究の水準の高さを余すところなく発揮している。プロテスタント内部の教会合同計画も再開された。相変わらず数学者たちとの手紙のやりとりも続いている。ブルゲとは級数の問題を論じ、ヴァリニョンには二七個の立体からなる立体魔方陣を送っている[エイトン 480]。歴史編纂の仕事も続いている。前年の末から始まった英国のクラークとのやりとりは本格化し、この年にライプニッツは三通書くことになる。クラークの背後には微積分の元祖争いで因縁のライバル、ニュートンが控えていたため、ライプニッツの筆にも力が入った。この往復書簡は回を重ねるたびに分量と内容が増大し、八月に書かれた第五書簡はゲルハルト版で三〇ページ以上にもなる[工作舎 ⑨,332–90]。これにクラークは反論を書くが、それへの再反論は書かれなかった。寿命が許してくれなかったのである。プロイセンの大臣への教会合同に関する手紙の草稿が、残された最後のものとなった。これは一一月三日の日付がある[▼巻末「遺されたもの」「自筆原稿」]。休むことなく走り続けたライプニッツは、一七一六年一一月一四日の夜に初めて全活動を停止した。

ライプニッツのマルチタスキングなようすの一端を示した。もっとていねいに見れば、さらにいろいろなことがわかるかもしれない。巻末には、ライプニッツにとって比較的「穏健」な一年であった一七〇二年を可能な限り調べてみた結果を載せている。眺めていただきたい。

モバイル人間

マルチタスキングついでに、ライプニッツの機動力についても触れておく。ライプニッツはその生涯をかけてたえず移動し続けている。ライプツィヒで生まれハノーファーで死ぬまでの七〇年間に、ヨーロッパ内に限られるとはいえ、フランス、イギリス、オランダ、イタリア、オーストリアなどの各地を訪れている。この点では、北ドイツ・ケーニヒスベルク(現ロシア・カリーニングラード)の町を一歩も出ることがなかったカントと好対照をなす。訪問の目的はたいていの場合表向きは公務である。外交交渉であったり、修史官としての資料調査であったりする。しかしそこではいつも裏の仕事を並行してせっせと行っている。どちらが本業かわからなくなるほどである。ライプニッツ自身にとってもそうだったのではないだろうか。いずれにしても、出張はライプニッツにとって大事な活動であった。かりに裏稼業にばかり精を出していたとしても、「カラ出張」ではなかった。

ライプニッツの生涯の移動距離はおよそ二万キロだという[Popp & Stein, 18]。少ないような気もするが、ハノーファー着任以来は小規模な移動は絶え間なく続けられていたものの、大きな旅行は多くはなかった。二万キロは、現在日本からヨーロッパに一度往復しただけで稼げる距離である。しかし、当時の普通の移動手段である馬車は、一日にせいぜい三〇キロ程度であったらしい。これまたずいぶんとのろい。江戸時代の旅人は一日十里、約四〇キロも歩いていたのだ。それでも、当時のヨーロッパ人としては移動回数と距離は格段に多い部類だったろう。

ライプニッツの「自宅」はハノーファーの図書館の中にあったが、寝室も書斎も空けることが多く、暖める暇もなかった。生涯独身を貫いたこともあって実に身軽な態勢であった。死後の財産も、書籍や文書関係を除くと、身の回りのものはきわめて少なかった。その中で一つおもしろいのは、いつも移動用の折り畳み椅子を持ち歩いていたことである。デスク・ワークにとっては重要な道具であるだけに、妥協ができなかったのだろう。ただ、写真で見る限りは人間工学的にどうこういう代物でもなさそうなので、単なる「お気に入り」であっただけなのかもしれない。移動人間の数少ないモバイル・ツールの一つであった。通信手段は郵便馬車で、記憶媒体は脳味噌である。この原始的なツールだけのライプニッツに、ハイテクの重装備で固めた現在のモバイル人間たちはどこまで太刀打ちできるのだろうか。

図30——ライプニッツの移動用の椅子

4……………情報ネットワーク術

◉ライプニッツは情報管理の達人であった。それは受信についても発信についても言える。記号についての思索がその哲学的な基礎であり、修史事業や法典編纂や中国資料集編集は資料の共有化の実践であり、図書館整備やアカデミー建設は情報の集積と発信のための制度化と位置づけることができる。

◉常に受信のためのアンテナを方々に向けていたライプニッツは、情報の生成と移動と変質にはきわめて敏感であった。ライプニッツのもとに集められた膨大な生の資料はライプニッツを通過することによって組織化されてくる。小さな情報が互いに連絡の糸を生み出しながら次第にうねりを形作ってくる。異なる時代、異なる地域、異なる分野の情報が入り乱れつつ、やがて新しい組織体を形成していく。

4-1 受信術

ライプニッツは、多くの分野の資料を調査し、収集し、論評し、議論し、手紙のやりとりをする、といった仕事を絶え間なく続けていった。するとそこに疑問が出てくる。ライプニッツはこうした資料をどのように集め、原稿や手紙をどのように整理していたのだろうか、と。いわばライプニッツの情報管理術についてである。管理術は情報の入り口と出口とその中間の保管の場面とに分けて考えることができる。このうち、出口つまり情報発信の場面については、次節と巻末「遺されたもの」のところで扱うことにして、ここでは入り口つまり情報収集の場面と、情報の保管・整理の場面とについてみてみる。

情報収集

情報は待っているだけではやってこない。なにごとにも関心を抱いたライプニッツは、情報のネットを常に四方に張りめぐらしていた。古今東西、情報のあるところには探索の労を惜しむことはなかった。各国の歴史研究にしても伝説探究にしても、情報の探索と収集にかける熱意は相当のものである。そしてその熱意を支えるようなシステムがいつの間にかライプニッツには備わっていた。

情報源の第一は書籍である。一六七六年、ハノーファーに到着して図書館運営を任されたライプニッツは五項目の改革案を出していたが、そこでは、新刊書も古書も情報筋をしっかりつかんでいて、いつでも最新のニュースが入ってくるような手はずが整えられている、と豪語していた［▼3―2「図書館改革――ハノーファー」］。ライプニッツは三〇歳にしてすでに図書に関する自分の情報網をヨーロッパ各地に持っていたことがわかる。この情報網がうまく作動して二年後には重要なコレクションを購入することができたのであった。この情報網は図書館の蔵書の充実のためだけに活かされたのではない。個人的な関心にとっても重要であった。どんなものでも、重要性を認めればあらゆる伝手《つて》を頼りになんとしてでもその情報を集める。例えばデカルトについては、集められる限りのものは集めたと言えよう。今日、デカルトの重要著作の一つとされている未完の『規則論（精神指導の規則）』の写本で残存している二部のうちのひとつはライプニッツの手になるものである。「ハノーヴァー本」ともいわれている。デカルトの書簡にも言及がなされている。当時デカルトの著作や書簡がどれほど刊行されていたのだろうか。少なくとも現在のように簡単にアクセスできるような状況にはなかったと推測されるだけに、それに費やされたエネルギーはばく大なものであっただろう。スピノザについても情報は集められた。主著とされる『エチカ』の執筆の噂を耳にしたライプニッツは、刊行以前にある程度内容をつかんで、批判的なコメントを加えている。

情報は必ずしも手元に取り寄せられるとは限らない。貴重書、手稿、公文書などはそれを保管している図書館なり文書館なりへと直接出向く必要がある。そのためにはどこにどのような資料があるかが予めわかっていなければならない。これも現在ならば書誌学的なデータはかなり整っているし、インターネットを使えば世界中の図書館の資料を検索することは居ながらにして瞬時に可能である。現物やコピーを取り寄せることも難しくはない。このような道具も組織もなかった時代には、人づてに聞くか、さもなければ自分の足を運ばねばならない。ライプニッツはヴェルフェン家史編纂のためにヨーロッパ各地の図書館に赴き、手稿を含め資料を丹念に調べている［▼1—2 注2］。一六八七年秋から一六九〇年六月までの長きにわたって南ドイツからウィーンに入りイタリア各地を訪ねたのも、その任務の一つは歴史資料調査であった。ときにはスパイの嫌疑を受けながらも精力的に調べ回った。おそらくは資料の山を片っ端から見ていったのであろう。相当の忍耐力が必要とされたはずだ。もっとも、このようなことは義務感だけではできなかっただろうから、ひょっとしたら、超多忙なライプニッツにとっては書庫にこもっているときが至福の瞬間だったのかもしれない。

ライプニッツの比較的地味な仕事に、こうした修史事業の他にもいくつかの資料集の編纂があった。一つは、主としてヴォルフェンビュッテルの図書館の資料を用いて編集した『国際公法彙典』(一六九三年刊、補遺一七〇〇年刊)である。中世以来の外交法規を集めたものである。これに付せられたやや長い序文は、ライプニッツの法思想、政治思想、正義観を知る上で重要である。もう一つは、中国の情報を収集してまとめた『最新中国事情』(一六九七年刊、第二版一六八九年刊)である。これは、一六八九年のローマ滞在中に知り合ったイエズス会の宣教師グリマルディから赴任先の中国の情報を詳しく聞く機会を得て[▼3―3「第四計画=水平型風車」]以来、北京在住の宣教師たちから中国の政治、歴史、宗教、言語などについて手紙を通じて得ていた情報をまとめたものである。その後もライプニッツは中国からは情報を集め、いくつかの中国に関する論考をまとめている。ライプニッツは当時第一級の中国研究者でもあったが、それは膨大な資料を背景にしていたのである。また、この二点とも改訂版が出ていることから、資料を継続的に調査していたこともわかる。

もう一つの重要な情報源は手紙であった。手紙は当時の知識人にとっては重要な情報交換の手段であって、時には公開されることを前提にして書かれたものさえある。ライプニッツもその例外ではない。巻末の「遺されたもの」で示したように、ライプニッツは一一〇〇人もの相手と手紙を交わしていた。各界の第一人者からの手紙は新鮮な情報の宝庫であったし、宮廷夫人やインテリ素人からの手紙は新たな思索への原動力となった。もちろん手紙は情報の発信手段でもあった。ライプニッツという人物を知らしめる大切な知的窓口であった。ライプニッツは常にこの窓を目いっぱい開放していたのである。先ほど述べた中国からの情報はイエズス会の宣教師からのものである。一応はルター派ということになっているライプニッツに、なぜイエズス会から、という疑問が出てもおかしくはない。最も簡単な答は、ライプニッツだったから、ということである。響き合う相手からは、宗派の違いを越えてでも情報がよどみなく流れ込んでくるのである。

トーランド(1670-1722)――イギリスの理神論者。万物を宗教的事象も含めてすべて理性によって合理的に理解しようとした。奇跡や秘義なども否定される。ライプニッツはこのような思想を自然宗教を否定するものとして警戒した。

とはいえ、情報なら何でも見境なく受け入れたというわけではない。ライプニッツが決してかかわろうとしなかったものとして、ダヴィエは悪魔、魔女、占星術、各種の占い、錬金術、瀉血を挙げている[Davillé, 630]。若い頃一時期錬金術に凝っていたとか、秘密結社の薔薇十字団に入っていたという説もあるが、その信憑性についてはともかく[エイトン 46–47]、少なくとも修業時代を過ぎたライプニッツは「金属の変成にはいささかも期待を抱いていな」[一七一〇年頃ハルトスケル宛、GP-III, 500]かった。一六、七世紀にピークを迎えていた魔女狩り、魔女裁判に反対した(『弁神論』九七節でのシュペーへの評価参照[工作舎⑥, 195–96])理由の一つもここにある。「怪談」も情報にはならない。一七〇三年九月頃のゾフィー宛の手紙におもしろいくだりがある。

> ホルテンス氏は、パルミエリ氏が死んだ部屋にもあの伯爵(ラウグラーフ)が死んだ部屋にも決して泊まろうとはしませんでした。私はといえば、どちらの部屋にも何度も泊まりました。不吉な感じなどお笑いぐさです。しかし私の召使いたちはヘレンハウゼンで他の人たちにおどかされたあげくに伯爵を見たという始末ですし、ハンメルシュタイン氏の召使いたちも伯爵に追いかけられたと言っています。……私が思うに、風にそよぐ木々が二人の召使いのうちの一人が被っていた帽子に触れたために二人とも駆けだしてしまったということでしょう[K-IX, 41]。

しかしこれはあらゆることを合理的に説明してしまおうという態度であることを意味しない。キリスト教から一切の神秘を排除し合理的に説明しようとする理神論には警戒の目をゆるめなかった。イギリスの理神論者トーランドがドイツ各地を訪れようとしていたとき、ライプニッツはベルリンやハノーファーの宮廷に何度も警告を発していた[巻末「一七〇二年密着取材」でのトーランドへの対応参照]。これはむしろ、情報にはその種類によってふさわしい扱い方があるということであろう。

私は何ごとも軽蔑しません（ただし占星術やその他のまやかしは別ですが）。神秘的なものも軽蔑しません。そこにある思想は多くの場合混乱していますが、ふつうは優れたアレゴリーや人の心を動かすイメージとして役立ちます。その混乱した思想に良識が付け加われば真理がもっと人々に受け入れられるようになることでしょう［一七一四年一月三日ブルゲ宛、GP-III, 562］。

情報収集のためのアンテナは、好奇心と節度を兼ね備えたものであった。

情報整理

ライプニッツのもとに集まってくる、というよりライプニッツ自身が集めた情報は膨大なものであった。新刊書籍、古書籍、手稿類も相当に収集していたであろうし、それに加えて、無数の手紙がある。自分自身の原稿や研究メモもあるだろう。これらをライプニッツはどのように管理していたのだろうか。

書籍類はともかく、手紙はいつでも勝手にやってくる。内容もさまざまである。現在われわれは各種の刊行本によって、ライプニッツと誰それとの書簡のやりとりといったものをまとめて読むことができる。数十通に及ぶ手紙のやりとりも時間系列に沿って順に調べることは決して難しくはない。しかしライプニッツ自身は膨大な手紙類をどのように整理し、管理していたのだろうか。ライプニッツの手紙を読むと、相手の手紙を引用しながら丁寧な返事をしていることが少なくない。ということは、当然ながら、受け取った手紙をきちんと保管するとともに、自分の返事も必ず控えをとっていたようである。だがライプニッツは絶えず移動している。しかもやってくる手紙は増える一方である。電子メールが普及している現在ならば、メールの管理はメール・ソフトがやってくれる。相手別、時間系列に整理でき、検索もきわめて簡単で早い。同一の問題をいつ誰と論じていたかを調べることに大した手間はかからない。保管場所もほとんど必要ないし、複写もあっという間で、出先からの確認もたやすい。しかしこのようなシステムがなかった時代、手紙はすべて手書きで、複写も同じように手で写し、せいぜい船や馬車の力をかりて人間が直接運んでいたときに、ライプニッツは手紙やそれ以外の書籍や書類等の情報をどのように整理・管理していたのだろうか。

図書館の運営に並々ならぬ力を注ぎ、図書の配列法だけではなく索引の重要性も説いて実際に手作業で膨大な索引を作成したライプニッツのことである。B6京大型カード(梅棹忠夫)、袋ファイル方式(山根一眞)、超整理法の押し出しファイル方式(野口悠紀雄)に類した何らかのシステマティックな方法を開発し、個人データ・ベースとしてひそかに実践していたに違いない。ヒントになるものが見つかればちょっとした研究史上の発見にもなる。「ライプニッツのハイパー整理法」とでも名付けてみようか。できることなら私も取り入れてみたいものだ。だが、はたしてそんな痕跡がどこかにあるのだろうか。

ずっと以前から疑問であったこのことを、ライプニッツ文庫を訪れた際にブレガー所長に尋ねてみた。一呼吸おいた後に所長はこう答えた。「ライプニッツは記憶力が抜群だった」。立ち会いざまいきなりはたき込みを食らったようなものだ。答えは、予想していた可能性の中で一番聞きたくなかったものであった。これではまねができない。ただ、一応は受け取った手紙と自分の手紙の控えとを相手別にまとめていたようである。しかし内容はそれぞれが多岐にわたっている。したがって結局はライプニッツの記憶力がたよりになっていることになる。つまり、「これこれの問題は誰某といついつ論じたはずだ」という記憶だけが鍵になっているのである。なんとかライプニッツの情報管理の秘密を知ろうと企てたのだが、ライプニッツはまた遠くなってしまった。「ハイパー整理法」は幻となった。

いろいろ調べては見たが、残念ながらやはりブレガー氏の指摘は当たっていた。ライプニッツ文庫に勤めるオハラも、「ライプニッツ自身の論文の管理法についてはほとんど知られていない。彼が特別な文書管理システムや論文の保管法に従っていたかどうかもわからない。表紙の付け方に一般的なやり方があったわけではないし、自分で作った全体的なリストや一覧表といったものもない」と述べている[O'Hara]。つまりは、ほとんど何の目印もないままに膨大な資料が山と積まれていたのだろうか。どうもそうらしい。

図書館の中に住んでいたライプニッツには、個人の蔵書もかなりあった。パンフレットや刊行論文も持っていたし、中世や近世の手稿類(パスカルの手稿もいくつかあった)も所有していて、それらの編集・出版も考えていた[Newman, 27. 以下の記述はオハラによるところが大きい]。蔵書は、ハノーファーとヴォルフェンビュッテルの両図書館に、合わせて六千冊以上を数えた。だがその半数の三千冊は本当にライプニッツの私有物であったかは怪しいらしい。最大の利用者ライプニッツは相当の公私混同をしていたようだ。しかもライプニッツは自分の蔵書(かどうかわからなくても)を研究や調査の道具と見なし、それらの書物を徹底して使っていた。無数にある欄外への書き込みやアンダーラインがそれを物語っている。

それにしても、ライプニッツは何でも保管していた。彼は、論文の下書きや写し、自分の手紙からの抜き書きや要約、メモ、ノート、未完の論文や送り返された論文などを保管していただけではなく、約千百人の相手から受け取った手紙のほとんどを保存していた。さらにまた、行政上の書類、経費の控え、本屋やそれ以外への支払い書、医師の処方箋、歴史文献の写し、無数の雑多の論文もとっていた。つまるところ、ライプニッツは何か書かれている紙は捨てるに忍びないといった性分だったに違いない。「捨てる!」技術とは無縁であった。何でもため込む彼の癖のおかげで、後世の人間はかなりのところまでライプニッツの仕事を跡づけることができるのである。もっともその作業にはライプニッツの人生の何倍をも要しているのだが。

カオス

そしてこれらの膨大な資料の山は、ライプニッツの前でカオスをなしていた。

私は、何かを仕上げても、数カ月も経つとそれがどこにあるかすっかり忘れてしまいます。暇がなくてまだ十分にこなしきって[★1]いない原稿がカオスとなっているありさまです。分類の印を付けるようなこともできないほどです。その中から目的のものを探すことはできません。結局その仕事を全部最初

★1――「こなす」と訳したのは digérer だが、これは「管理する」という意味の digirer の誤りのような気もする。

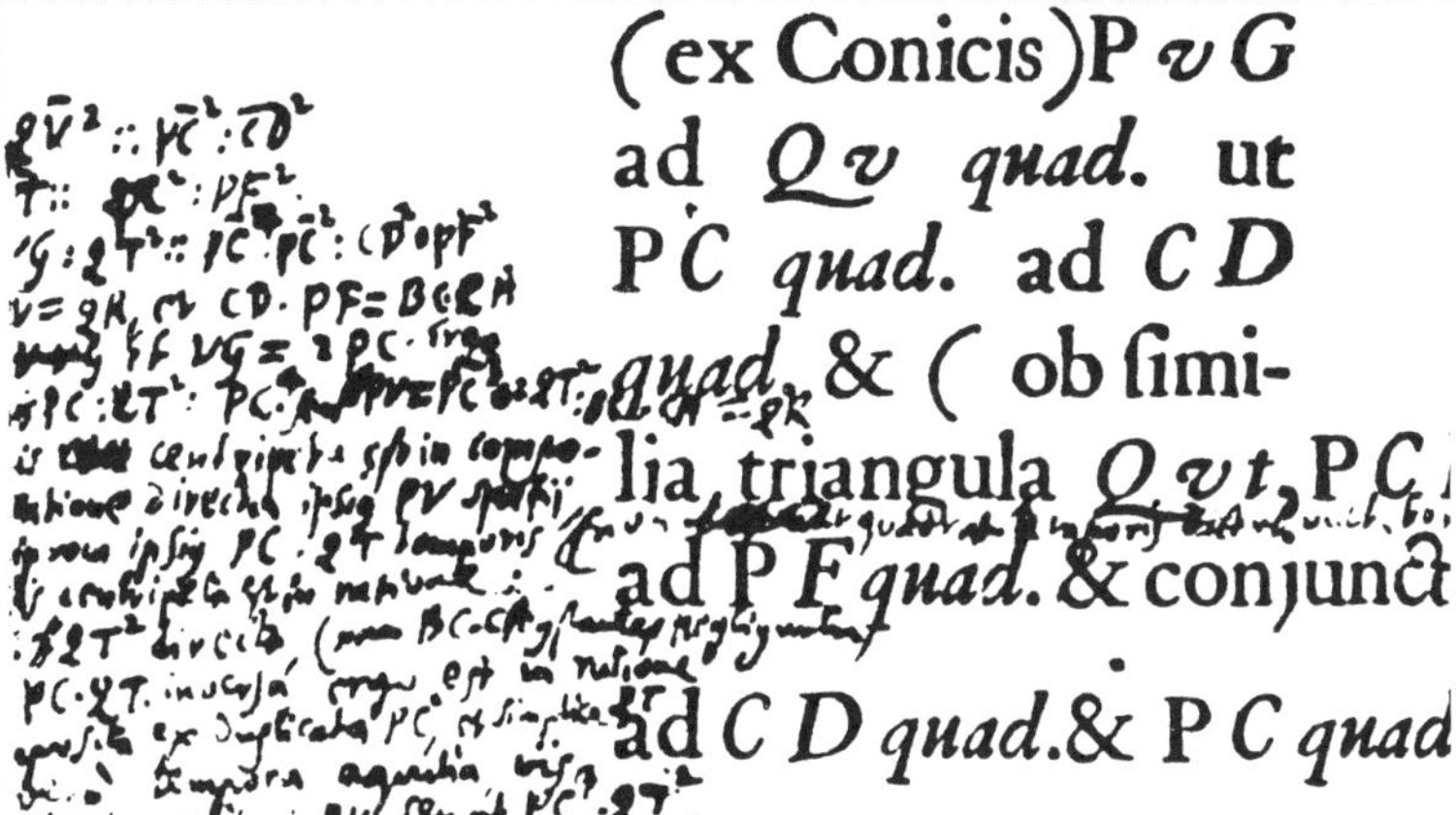
(ex Conicis) P v G ad Q v quad. ut PC quad. ad CD quad. & (ob simi- lia triangula Q v t, PC ad PF quad. & conjunct ad CD quad. & PC quad quad. ad $\frac{CDq \times PFq}{PCq}$ xii.) BC x CA pro C tibus.) 2PC pro v mutuo, fiet $\frac{Qtq \times PCq}{QR}$ Corol. Theor. V.) vis ce

図31——ニュートン『プリンキピア』へのライプニッツの書き込み

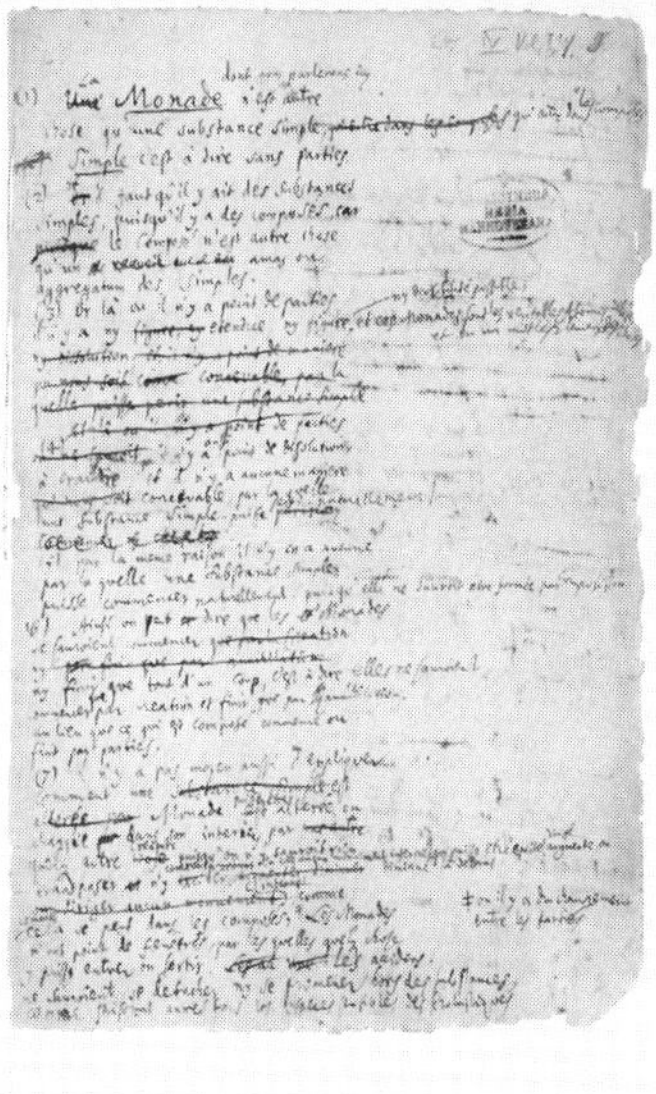

図32——『モナドロジー』草稿の冒頭。細かい推敲がなされている。

からやり直す羽目になるのです[一六九三年三月頃数学者ロピタル宛、GM-II, 228]。

実は、ライプニッツには秘書や助手が何人かいて、清書、複写、原稿整理などを手伝わせていたようだが、すべての仕事を任せられるものでもない。しかもライプニッツは、人を使うことにかけては天才的に下手だ。ハルツではそれをいやというほど思い知らされたはずだった。そのためもあるのだろう、結局は自分でやらないと気が済まなくなるのだった。そしてその結果、いつまでたってもカオスはカオスのままということになるのである。

たぶん、ホッテントットの祈禱文について私からお聞き及びのことと思いますが、私の方は自分で書いたメモがまだ見つからないでいます。もしかしたら他のメモと一緒にベルリンに置いてきてしまったのかもしれないし、でなければもともとベルリンには持っていっていなかったのかもしれません。探すのには少々手間がかかります。というのも、私のメモは散らかり放題だからです[一七〇四年五月三日ラ・クローズ宛、ハノーファーから、D-V, 477]。

ホッテントットの祈禱文というのも、これまたずいぶんマニアックなものではあるが[『人間知性新論』一巻三章八節参照、工作舎④, 102]、ここから多少推測できることがある。ライプニッツは、絶えず移動するにともない、いくつかの進行中の資料を携えていたようだ。送られてきた手紙は出先へ回送されていた。それで、どこにいても、さしあたっての仕事は継続可能だったのである。出先で書いた原稿やメモはすべて保管し、手紙の返事は控えを取っておいて、ハノーファーに戻る際にはすべてそっくり持ち帰っていたのだろう。例えば、『形而上学叙説』は一六八六年にハルツの山中で書かれた。『モナドロジー』は最後のウィーン滞在(一七一二年一二月から一七一四年九月まで)中に書かれ、ハノーファーに持ち帰った後も何度も手直しされている。移動人間ライプニッツにとっても、ハノーファーは一応本拠地としての役割を果たしていたと見える。しかしその後がいけない。手紙は何とか相手別に仕分けていたとしても、それ以外はひたすらカオスだった。ある訪問者が選帝侯の図書館とライプニッツ自身の蔵書を見たいと申し出たが、整理が済んでいないという理由で断ったこともある[エイトン 432]。おそらくここには何の他意もなく、本当に乱雑なだけだったのだろう。

合理的な整理法と実用的な索引作成は、図書館司書ライプニッツの理念であった。そしてその対極の姿がライプニッツ自身の中にあるのを見ることができる。その理念をライプニッツが自分自身では実行できなかった理由の一つは、ライプニッツの仕事がすでに一人の人間がこなせる範囲を大きく超えていたということ、二つ目に、それだからこそ管理・運営のためのシステムが必要であったのに、人を上手に使えなかったということが挙げられよう。現在のコンピューターは、必ずしも他人の手を煩わさなくても、膨大な情報を効率よく整理することができる。ライプニッツはさぞやうらやましく思うことだろう。

4-2　発信術

ここではライプニッツの書き方の特徴とその読み方について考える。一般的に言ってライプニッツの文章は決して難解なものではない。奇を衒《てら》い殊更に晦渋な文体で自己陶酔するような驕慢な病癖はなかった。有り余る学識を隠しきれずに、ついついあれこれとひけらかしてしまうようなこともあるにはあるが、読んで理解してもらう、という姿勢が基本である。これは著作でも手紙でも共通している。しかしそのサービス精神が、後世の読者にとっては時にはありがたくないものとなっている。

相手を見据える

まずなによりも、書き方がいつもそのつど特定の読者を想定したものになっている。ある分野の専門家が相手なら専門用語や慣習的な表現方法を用いる。その方が説明もしやすいし相手からも理解してもらいやすい。しかし相手が素人ならそういうわけにはいかない。かみ砕いた表現やときには修辞的なテクニックも必要になる。相手に対する配慮は用語にだけ向けられるのではない。もっと大事なのは議論の組み立て方である。意見を交わす相手は、それぞれに知的素養の程度や思考傾向が異なる。特定の政治的立場や宗教的信念を背景にもつ人もいる。心酔する思想家の流儀でものを考えようとしている人もいるだろう。丁寧な表現の底に悪意が見え隠れしていることさえ稀ではあるまい。こうしたことを考慮に入れながらライプニッツは相手によって書き方を変えていく。これが宮廷顧問や外交官として磨き上げた手法であることは容易に推測できるが、相手の受け入れ態勢を配慮するという姿勢は常にライプニッツが意識していたことである。

別の言い方をするなら、ライプニッツが書いたものにはそれぞれに違った仕方でいつも何らかのバイアスがかけられているということである。それはあくまでも相手の理解の回路に合わせて言葉の選び方や議論の組み立てや力点の置き方を変えているからである。例えば哲学的な議論の中で「実体」を説明するときに、論理学的なモデルで語ったり、力学的な場面に即して述べてみたり、心理的なイメージで表現したり、数学的な比喩を用いてみたり、ときにはスコラ哲学の用語をひねって使ってみたりする。現在の読者はそれらをすべて目にすることができるのだが、いろいろな仕方で説明されると、かえって当惑してしまう。それぞれの説明にはその相手の理解の仕方に応じた仕掛けが施されているからである。したがって、そのようにいわばオーダーメイドで書かれたものを、当事者でない者が読んで理解しようとするときには、その仕掛けをほどき、逆のバイアスをかけながら読んでいくような作業が読者に求められている。これはきわめて困難な作業だ。我々にもそれぞれ何らかのバイアスがかかっているからである。我々自身の「読み」も試されているということになる。

一例を挙げてみよう。哲学にかかわる手紙でライプニッツの主張が盛り込まれた重要なものとして、イエズス会の神学者デ・ボスと交わされた手紙［工作舎⑨に抜粋あり］がある。そこでは聖餐の秘蹟をめぐる神学的な問題を中心に実体の形而上学的議論が扱われているが、この手紙の中で登場する概念に「実体的紐帯《ちゅうたい》」というものがある。これは、有機的な複合体を実体として考えることができるかどうかという問題の中からライプニッツがひねり出したものである。これは解釈の上で難物中の難物になっている。その理由は、他の著作との整合性がとりにくいという点にある。なにしろ「実体的紐帯」という概念は、このデ・ボスとの手紙のやりとりの中にしか見られない代物だからである。相手の主張によってライプニッツの思想が変化していったものなのか、これまでひた隠しにしていた本音を初めて表明したものなのか、相手を説き伏せるためにその場しのぎに編み出した逃げ口上なのか。読む人によって理解はいろいろである。私は、これはデ・ボスという読者の理解の回路を計算に入れた表現ではないかと考えている。たとえて言うなら、風や芝目を読みながらショットを工夫するゴルファーのようなものだろうか。字面で見る限りは他の著作との整合性が崩れているように見えるかもしれない。しかしそれはライプニッツが相手の思想傾向を計算に入れてバイアスをかけた特別仕立ての表現だからである。したがって第三者として、つまりデ・ボス以外の読者としては、逆のバイアスをかけて読むことが必要になる。

こうしたことは、手紙だけではなく、多かれ少なかれ「著作」にも当てはまることである。学術論文は、専門家に限定されているといえ、本来は不特定多数を対象としたものである。ところがある人に出した手紙がほんのわずかの字句の修正を加えただけで「何某への手紙からの抜粋」などといったタイトルで学術雑誌に掲載されているものさえある［例えば、巻末「一七〇二年密着取材」の三月二〇日の論文］。むしろそれは最初から公表されることを前提に書いた手紙であって形はともかく実質は決して私信ではなかったのだ、とも考えられる。しかしそれなら発表する時点でわざわざ「誰それへの手紙」といった付帯的な情報をことさらに表に出す必要はない。このタイトルを私は、「バイアスがかけられているぞ」という警告として理解したい。

しばしばライプニッツの主著とされる『モナドロジー』にも、それなりのバイアスがかけられている。これはもともと、プラトン哲学に心酔したインテリ素人のレモンという人物からライプニッツの哲学の全体像のスケッチを求められたことが執筆の動機となっている。ここには、クラークとの手紙［工作舎⑨所収］で中心的に論じられた空間・時間の問題は一切登場しない。論理学的な記述も力学的な問題構成も表面には出てこない。普遍学の理念も歴史的な視点も見られない。レモンには数理科学や厳密な哲学的思考の素養がなかったからであろう。その一方で生物学的な比喩は豊富だし、神と人間との関係の記述には格調さえ漂う。『モナドロジー』は、それにふさわしい相手が想定されていたのであり、したがってこの著作だけではライプニッツの哲学を捉えそこなってしまうということなのである。「刊行されたものによってしか私を知らない人は、私を知らない」というライプニッツの言葉［D-Ⅳ-1, 65］は、こうした事態を指しているのではないかと私には思える。

自分が書くときにだけバイアスをかけるのではない。貪欲な読み手でもあったライプニッツは、資料を読むときにもいわば逆のバイアスをかけていた。これもまた、外交官や論争家、修史官としてのキャリアのなせる業であった。この才覚がもっとも鮮やかに発揮されたのは、中国の歴史や宗教の評価をめぐっての議論においてだった[▼1―5「中国」]。ライプニッツの中国研究は、ヨーロッパ語への翻訳か二次資料によるしかなかった。そのためそこには落とし穴がたくさんあった。ライプニッツはそれをよく自覚していた。『中国自然神学論』と題された著作(実際はレモン宛の未完成の書簡)は、北京に在住していたイエズス会の宣教師ロンゴバルディなどの著作を資料としている。しかしこのロンゴバルディは中国の宗教思想にきわめて批判的であり、前任者マテオ・リッチの好意的な態度とは全く逆であった。ライプニッツの姿勢はむしろマテオ・リッチに近かったのだが、あえてロンゴバルディの著作をベースにして中国論を展開しようとした。

[ロンゴバルディ]の紹介は中国人の教説を反駁する目的でなされたものです。しかしこうした事実は逆に、それらの章句はロンゴバルディ神父によってひいき目に扱われているという嫌疑を除去してくれるので、中国の伝統的な教説に妥当な解釈を与えるという目的で私がそこから抜き出した箇所はなんら迎合するところのない、信頼に値する材料だということができるでしょう『『中国自然神学論』一章三節、工作舎 ⑩, 20-21]。

この文には皮肉がたっぷり込められている。ロンゴバルディの評価には批判を加えながら、資料的価値は活かそうというのである。批判される方からすればいい面の皮といったところだろう。実際にはライプニッツの引用の仕方は決して素直ではない。それはライプニッツなりのバイアスをかけ直す作業であって、決して「客観性」を保証する目論見というわけではない。しかし、手にした資料が限られたものであっても、字面の向こうを読みとろうとする目はきわめて鋭い。

例証

次の特徴は例証、つまり事例を挙げて説明するということだ。ライプニッツに例証の材料は事欠かない。科学者としてのライプニッツは自然現象の事例を示してくれるし、歴史家としてのライプニッツは歴史上の人物や出来事をふんだんに示す。言語学者としてのライプニッツは諸言語の実態をふまえた例を提出する。ライプニッツの学識と経歴が例証を豊富にさせている。次の『弁神論』からの引用は、畳みかけるような連続技の例である。

一二——感覚的な喜びには痛みに近い感覚が混ざっているという譬えをもって、知的な喜びの内にも同様なものがあるということを明らかにしようとした人が昔からいる。少々酸っぱかったり辛かったり苦かったりする方が砂糖［の甘さだけ］よりもしばしば気に入られる。陰影が彩りを引き立てる。不協和音も然るべく発せられれば音楽的調和を浮彫にする。われわれは、綱渡り芸人が落ちそうになるのを見てはらはらしたいと思うし、悲劇を見るときには涙を流すほどのものであって欲しいと願っている。病気に罹ったことのない人が健康を十分に味得しそのことで神に感謝するということがあろうか。小さな悪が善を一層際立たせつまりは一層大きな善をもたらすということは、実にたびたび起きていると言わねばなるまい［工作舎 ⑥,130］。

一二四——もし徳だけしかなかったり、理性的被造物しか存在しなかったりしたら、善はもっと少なくなってしまう。ミダス王は、持っているものといったら黄金だけであって、そのため自分を裕福とは思えなかった。それに加え、知恵もさまざまであらねばならない。どんなに貴いものであっても同じものを変わりばえもせずただ繰り返すだけならば、それは過剰であり、貧困でもあろう。書斎に上等の製本のウェルギリウスを千冊も置いておくこと、オペラ『カドミュスとエルミオーネ』のアリアだけを歌って明け暮れること、磁器を全部壊して金製のカップだけを用いること、ダイアモンド製のボタンだけを付けること、ヤマウズラしか食べないこと、ハンガリーのワインかシラズのワインしか飲まないこと、こうしたことが理性的と言えようか［工作舎 ⑥,227］。

このあたりはライプニッツもちょっと調子に乗りすぎているが、ゾフィー＝シャルロッテ•の笑い声が聞こえてきそうだ。そもそも『弁神論』（一七一〇年）は、プロイセン王妃ゾフィー＝シャルロッテとの哲学談義が執筆の基礎となっていた（ただし、王妃は一七〇五年に急逝してしまった）だけに、単に理解の手助けという以上に、場を盛り上げるための趣向も随所に凝らされた書物である。豊富な知識が過剰なまでに活躍している。ライプニッツも結構エンターテイナーであった。最晩年のクラーク宛の書簡では、宇宙に同じものは二つとないということを主張する「不可識別者同一の原理」について、こんな話を紹介する。

> 識別できない二つの個物はありません。私の友人に才気煥発な一人の貴族がいて、ヘレンハウゼンの庭の中、選帝侯夫人の御前で私と話をしていたことがありますが、そのとき彼はまったく同じ二つの葉を見つけられると思っていました。選帝侯夫人はそんなことはできないとおっしゃいました。そこで彼は長い間かけずり回って探したのですが無駄でした。顕微鏡で見られれば二つの水滴とか乳滴も識別され得るでしょう［一七一六年六月二日クラーク宛第四書簡、工作舎 ⑨,301］。

これが実話かどうか私はいささか怪しんでいるのだが、当時の英国国王ジョージ一世の母であるハノーファー選帝侯夫人（ゾフィー＝シャルロッテの母ゾフィーのこと。ただし一七一四年没なのでこの手紙のときにはすでに故人

ゾフィー＝シャルロッテ（1668–1705）——ゾフィーの娘で、プロイセン王フリードリヒ一世の妃。母親ともどもライプニッツのよき理解者で、多数の書簡はこれまた重宝。ベルリン近郊のシャルロッテンブルク宮（この人の名にちなんでつけられた）に住み、ライプニッツもたびたび訪れた。そこで交わされた哲学談義が『弁神論』のもとになった。急逝の報に接してライプニッツはひどく歎いた。

であった)を引き合いに出すことで、英国の神学者クラーク(その背後にはニュートンがいる)にプレッシャーをかけているのだろう。もっともそれは例証の効果とは別のことだ。

例証が単なる表現法にとどまらないことは、政治や外交の場面で「前例」が問題になることを考えればすぐに理解できる。法律顧問であり外交官でもあったライプニッツがこの手法に長けていても不思議はない。法廷の議論は、事例をどのようにして一般的な法の原則のもとに理解するかという点が中心になるからである。ここでは教会合同問題でライプニッツが用いた例証の例を見てみる。しかもこれは、例証という方法の危うさも示しているところがおもしろい。

周辺の事情も多少は述べておく必要がある。カトリックとプロテスタントとを合同させようという途方もない計画は、決してライプニッツの独自の発案ではないし、ライプニッツが孤軍奮闘していたものというわけでもなかった。しかし運命のいたずらか、ライプニッツが仕えたマインツの宮廷もハノーファーの宮廷も教会合同へ積極的な姿勢をもっていて、特にハノーファーは当時のドイツの教会合同運動の中心的な役割を演じていた。当然、ライプニッツに期待されるものは大きかった。カトリックの王侯が一応はプロテスタントであるライプニッツに期待しているところがこれまたおもしろい。ライプニッツは長年にわたりこの運動にかかわっている。ハルツの山中からもこの問題で手紙を何通も方々に出している。やがてカトリック側の合同運動の大将であるモーの司教ボシュエを相手に激しい論戦を繰り返すことになる。この運動にはいろいろな経緯が絡んでいてすっきりと解きほぐすのはなかなか難しいのだが、中心的な問題の一つは、トリエント公会議(一五四五〜六三年)でのプロテスタント批判の決定を撤回するようにプロテスタント側が求めていたことである[このあたりの事情は、福島清紀「ライプニッツとボシュエ」;テュヒレ『キリスト教史5』295-などによる]。カトリック側は公会議の正当性と無謬性を盾に譲ろうとしない。ライプニッツは、この公会議の決定が撤回されれば新旧両教会の再合同の足場が築けると考えた。

そこでライプニッツは公会議の歴史を丹念に調べ上げ、ついに撤回された「前例」を探し出した。コンスタ

図33——宮廷での葉っぱ談議——古い銅版画から。

図34——私もこの間抜けな貴族のまねをしてヘレンハウゼンの庭で葉っぱをあさってみた。植物音痴の私には何の葉かはわからないが似たようなのを何枚か見つけた。しかし当たり前だが、同じものではない。

ンツ公会議（一四一四～一八年）ではミサの聖餐にパンとともに葡萄酒も使用することが批判されたが、これに対して抗議したボヘミアの聖盃派の主張をバーゼル公会議（一四三一～三二年）が認めた。この「前例」をもって、ライプニッツは公会議の決定が覆されたことがある、というのである。しかもそのときの教皇エウゲニウス四世は聖盃派に実に寛大に振る舞ったということやヨーロッパ各地の宗教事情も述べた〔一六九二年四月一八日ボシュエ宛、K-VII, 197-200；Gaquère, 115-117；福島「ライプニッツとボシュエ」233-34；テュヒレ『キリスト教史6』92-；アザール『ヨーロッパ精神の危機』271-も参照〕。巨大な組織にとって「前例」は重要な判断根拠となる。事柄自体の正当性を訴えただけではびくともしない相手に対する、ライプニッツの外交手腕の見せ所であったし、歴史家としての才覚も存分に発揮されたとも言える。「前例」にはそれにかかわった人間や組織の本質が表れているはずで、前例を否定したり覆したりすることは組織の本質を変更し権威を否定することにつながる。逆に前例があるならば、それを踏襲することに躊躇する必要もなくなるし、権威が損なわれることもない。むしろ組織としての一貫性が保たれる。これは現代の官僚組織にいたるまで共通である。ライプニッツの戦略はそこを逆手にとることにあったのだろう。

だがこの論争では相手の方が役者が一枚上手だった。老獪なボシュエは公会議関連の諸文書をこれまた精細に吟味した上で、ライプニッツの指摘は的はずれであると断じている。些細なことにこだわり過ぎたために核心を見誤っているということであろう。公会議の決定が覆されたことがあるように見えたのは誤りであって、当時の事情を細かく見れば大筋において何も変更はなされていない、とボシュエは言う。手持ちの資料が多い分「前例」の調査は緻密だが結論は大胆である。「前例」として認められないことであるなら、考慮に入れる必要はない。結局は公会議とさらには教会の無謬性は揺るがないと言う。ここまでくると交渉が行き詰まるのは必至である。二年後には中断してしまった。その四年後にはなんとか再開するのだが、この後の話は今は関係ない。

ここからは「例証」の危うさが見て取れる。迂闊に出した「事例」は自分の首を絞めることにもなるという

「実例」である。

リンク

例証は多くの場合、修辞的な効果以上のものは期待できない。それに比べればもっとライプニッツの思想に本質的とも言えるような表現手法がある。これを「リンク」と呼んでみよう。言うまでもなく、インターネットではおなじみの用語だが、ライプニッツの書き方の特徴として「リンク」という言葉以上に適切なものが見あたらないほどに思える。要は、ある話題が別の話題とつながっている、というものである。このリンクをたどれば、一見まったく違う論点へと連れて行かれることになる。話題の突然の転換は読者を当惑させる。前後の脈略が見えないときにはなおさらそうである。うっかりすると、もともとの話題が何であったかを忘れてしまう。読者としてみれば、要点を簡潔に述べた著作の方がありがたい。特に哲学の場合はそうだ。そのため、ライプニッツの哲学著作というとまずは何よりも『モナドロジー』を、ということになる。確かにこれは極限にまで論点を切りつめたところがある。だがそのぶっきらぼうな書き方のためにかえってよくわからないところが多い。この対極にあるのが『弁神論』だ。これは単に長大なだけでなく、話題の焦点が定まらず、あっちに行きこっちに移りしながら、話がどんどん飛んでいく。それでいて、やがてまた同じ話題に戻ってくる。堂々めぐりのような気もする。ライプニッツ自身がある箇所で、「同じことを何度も言うのはもううんざりだ」と言っているほどである〔二一四節、工作舎 ⑥,226〕。そんな暇つぶしに付き合っていられないと言って『弁神論』を敬遠しても無理のないことだ。しかしそれでは、実はライプニッツの思考法と表現法の妙味を味わずじまいとなる。ライプニッツのおもしろさは、一見無関係な話題への移行の総体、細かいトピック同士のネットワーク、つまりはリンクの構造にあるように思えるからである。

ここで言う「リンク」のようすは、『人間知性新論』によく表れている。これはロックの『人間知性論』の逐条批判という体裁をとっているため、項目の立て方から順序に至るまで、すべてがロックに「ただ乗り」をしている。半分近くはロックの記述の要約でさえある。これを批判する形でライプニッツが自説を展開するわけだ。ロック自身がいろいろなことを手がけていた人であり、またその文体も方々で道草を食うタイプであっただけに、ライプニッツは我が意を得たりとばかりに、ロックにさらに輪をかけた寄り道をする。この道草は半端なものではない。歴史、自然、数学、法律、神学、地理、言語、文学と、ライプニッツの知識が大挙して洪水のように押し寄せてくる。『人間知性新論』のどこを見ても、リンクが張りめぐらされていると言える。しかもこのリンクは、コンピューターで言うなら、JAVA が有効の状態であって、勝手にリンクが開いてしまうようなものである。一例として、第四巻一六章「同意の程度について」と題された章[工作舎 ⑤, 265–86]を見てみよう。ただし、かなり長文にわたるものであるので、ここでは要点だけを示すにとどめる。

この章の主題は蓋然的な知識にどの程度同意することができるかというもので、最初から実践的な場面が想定されていることもある。これまたマルチ・プレーヤーであったロックの学識と実践的経験が背景にあることは十分に読みとれる。ライプニッツはこのような予め敷かれた脱線(変な言い方だった)で、水を得た魚のごとくにさらに寄り道をする。裁判で行われる判断について、法廷用語をまじえながら論じる。公正さや敬虔さについて、古代ギリシアやローマ人、さらにスピノザも引き合いに出してその精神の高邁さを説く。神学論争の仕方に触れる。蓋然性に基礎をおいた実践的な論理学構築の必要性を論じて、法律問題の場面、医療の場面、賭事の場面、年金の問題、財産評価の問題に触れていく。ロックが歴史的真理に触れるやいなや、ライプニッツは待ってましたとばかりに、古代から同時代に至るまでの話題を次から次へと引っ張り出す。そしてそれらの史料の信憑性を一つ一つ吟味していく。少々羽目を外しすぎたと思ったのか、ロック役のフィラレートに「本題からそれてしまわれましたが、おもしろくためになるものでした」と、ロックにはもともとなかったせりふを言わせている[一二節、工作舎 ⑤, 281]。それでもまだ脱線は止まらない。類比の問題では地球外天体や比較解剖学に触れる。最後は信仰の問題である。詳細な訳注を参照すれば、これらの論点のどれもがしっかりした裏付けを持っていることがわかる。それぞれが単なるトピック以上の問題性を有していて、ライプニッツが時間をかけて扱っていたものばかりである。決して気まぐれや思いつきで紛れ込んだものではない。こうした話題が間断なく迫り来るのだから、読者はたまらない。

『弁神論』も見ておこう。これは副題にあるように、全体の主題は「神の善意、人間の自由、悪の起源」ということになっている。論題の設定はライプニッツ自身によるものである。しかし本文ではかなりの部分でピエール・ベールの著書をたっぷりと引用してそれにコメントを加えるという体裁になっている。このベールという人がこれまた恐ろしいまでの博覧強記の人物で、古今東西知らないものはないのではないかと思われるほどである。ライプニッツにすれば、相手にとって不足はない、といったところだろうか。単純に見れば、博識の競い合いといった面さえある。

ここでは一つの例だけを示す。それは、人間の理性的な魂の起源という神学的な問題である。ここに、顕微鏡の成果が入り込んでくる。

私の考えでは、やがていつの日か人間の魂となるはずの魂は、人間以外の動物の魂と同じように以前には種子の中にあったのであり、その仕方で先祖をたどるとアダムにまで至り、結局は事物の最初から存在していたことになる。しかもそれは常に有機的身体という仕方で存在していたのである。この点では、スワムメルダム氏やマルブランシュ神父やベール氏やピトケアン氏やハルトスケル氏、それに多数のきわめて有能な人々が私と同じ考えである。この教説は、レーヴェンフック氏やその他の優れた観察家が顕微鏡による観察で十分に確かめてもいる。……このような説明の仕方は、哲学や神学で現在問題になっている様々の困難点を解決すると思われる。なぜなら形相の起源についての困難はすっかり消滅するからである。それにまた、道徳的に腐敗しているはずの身体へ創造か何かによって理性的魂を入れるというよりは、アダムの罪によってすでに自然的もしくは動物的に腐敗している魂の理性という新たな完全性を与えるとした方が、神の正義に一層ふさわしいからである〔『弁神論』九一節、工作舎 ⑥, 189–90]。

顕微鏡による観察は実に多くの思索を促すものだ。単にミクロの世界の存在を明らかにしただけではなく、発生の時間的起源にまで遡っていく。時間の経過にしたがって大きく展開するはずの生命体がそれまでは極微な存在として別の生命体の中に潜んでいる。もう少しわかりやすく言うなら、自分という生命体は誕生以前にも親の身体の中に潜んでいた、そしてその親の生命体はさらにその親の中にあった、となりどんどん遡ると結局はアダムのところにまで行き着く、ということである。私にとっても先祖はアダムだというわけだ。ここでアダムにこだわる必要はない。要は、生命体の連鎖が綿々と続いているということである。顕微鏡は過去をも覗かせていることになる。しかもそれは生物の発生の問題だけにとどまらない。この引用文は、哲学や神学をも射程に入れ、道徳の問題にまで及んでいる。アダムが犯した罪が現代の人間にまで達していることが顕微鏡によってわかったというのだ。まさかレンズの中にアダムの罪が映っていたわけではあるまい。そこに見えていたのは肉眼では見えない微小な生物の様子だけである。その微生物が生命連鎖の担い手であり、道徳性の主体であるという認識へと連動している。この引用文中に挙げられている人々は分野も思想傾向もまちまちである。しかし顕微鏡的な発想という一点でつながってくる。顕微鏡の発明がライプニッツに与えた影響には計り知れないものがある[▼I—4「顕微鏡と無数の存在」]。

中国論もリンク満載だった[▼I—5「中国」]。中国の哲学、宗教、言語、政治、歴史を論じながら、ヨーロッパと比較する。易の研究は突如二進法へとリンクする[『中国自然神学論』第四章、工作舎 ⑩, 84–]。ここでもやはり、話題の突然の転換には面食らってしまう。

このように、リンクを方々にちりばめておくのは、ライプニッツの常套手段である。これは博識をひけらかしたい自己顕示欲のなせるわざなのか、移り気な性格を表しているにすぎないのか、それとも読者サービスなのか。どれも多少はあるだろうが、やはり、ライプニッツの思想の特徴を表しているものとして理解したい。つまり、単なる表現上の趣向ではなく、むしろ、そのような一見移り気のような書き方でなくては言い表すことのできない考え方がライプニッツの中にあったと理解したいのである。そういったつもりで改めて『モナドロジー』を通覧してみると、これはライプニッツのリンク集なのではないかと思えてきた。あまりに簡潔すぎる表現はそれ自体で理解することは不可能に近い。ここを基点にして方々に移動すべきなのである。ただしこのリンク集は、どうも出来がよくなくて、うまくリンクできない。読者自らがリンクを張り直さなければならないのである。世話の焼ける著作だ。

「リンク」という構造を哲学的な存在把握の仕方として捉え直したのが「類比」であった[▼1―5]。ライプニッツにとって、表現の技法は世界の構造と呼応しているのである。

枝分かれとネットワーク

そうはいっても、ライプニッツの文章がいつも話題が転換していくものだというわけではない。実際は、道草に興じることなく一つのテーマをじっと極めるような文章の方が多いかもしれない。しかも、概念の展開をなるべく一目で見えるようにする配慮がしばしばなされている。普遍学の構想で諸学問を分類する場合がその典型で、共通の項目から細分化されていく様子を全体図として描く工夫がなされる。形而上学の議論や神学絡みの議論でもそうだし、例えば、デ・ボス宛のある手紙[工作舎 ⑨,189]や、『弁神論』のラテン語のダイジェスト版につけられた表[工作舎 ⑦,292–93]がそうだ。政治的な概念や倫理的な問題の場合にもよく見られる。これらは、概念が枝分かれしていくようすを視覚的に示している。ときにツリー構造ともいわれる分岐の仕組みは、スコラ哲学ではなじみのものであるし、もっとさかのぼればアリストテレスにも見られるものである。ライプニッツもそういった古典的な学問のスタイルをとって書いてみた、ということだろう。

だがライプニッツの思考法はこのような枝分かれの構造につきるものではない。分岐した枝と枝との間に、連想の糸を蜘蛛の巣のように張りめぐらしていくのである。蜘蛛の糸は互いにくっつきあってそれ自体が一つの絵柄を作っていく。ツリー構造と対比して言われるリゾーム(地下茎)の構造だと見ることもできるが、地下茎よりはもっと軽やかで、融通無碍な感じがする。分かれた枝同士には直接的な関係はなく、二股のところまで戻らなければ他方に行く道はない。しかしそこに糸を張りめぐらせればショートカットができる。『弁神論』はその総体が蜘蛛の巣のようであり、『人間知性新論』はロックが形を整えた大きな枝振りにライプニッツが縦横無尽に糸を張りめぐらせたものである。伝統的な分岐の図式を下地にしながらその間を無遠慮に飛び回れるようなネットワークを築くのがライプニッツの思考法であり、また表現法である。

4-3 情報は時空を編集する

リンクを方々に張りめぐらせようとするのがライプニッツの流儀であった。これによって情報はどんな意味と役割をもつことになるのだろうか。

隣り合うこと

二つの情報の間にリンクを張れば、それらは並び合うことになる。物理的には遠く隔たったものであっても、意味としては隣り合っている。情報機器を用いた人間関係のことを考えればすぐにわかる。携帯電話やメールは物理的に離れた人同士を隣り合わせてしまう。人間にとっては身体の存在が決定的に重要なので情報機器だけでは人間同士の関係を汲みつくすことはできないのだが、少なくともコミュニケーションという点から考える限り、郵便や据付電話と違い移動通信機器にとって、相手の地理的な位置は副次的な意味しかない。せいぜい「圏外」にいることを気にするだけだ。人間関係の大きな部分をケータイが担うという方向は今後もゆるぎそうにない。こうした事態の善し悪しは別として、情報は物理的な空間の距離をたやすく超えてしまうということは確実だ。このことはインターネットの世界ではいっそう明らかで、情報と情報との間には物理的な空間は存在しない。したがって物理的な意味での距離というのもほとんどない。

時間的な距離はどうだろうか。インターネットの世界では時間軸は原則的に共有されている。これがまちまちでは混乱をきたしてしまう。しかしここでも過去のデータにアクセスすることに苦労はそれほど要らない。帳簿を順繰りに見返す必要はない。必要なデータは一定の手順に従えばたちどころに眼前に現れる。過去の人間との相互交信はできなくても、データであれば過去を現在に呼び戻すことはたやすい。引き寄せられた「過去」はもはや過去ではない。どれほど時間的な距離をもった情報でも、接近させようと思ったらリンクを張るだけでよい。

ただし、リンクを張るという作業そのものにはまだまだ手作業的なところが残っている。検索ソフトで手当たり次第にキーワードを調べつくせば至るところにリンクを張る可能性も出てくるだろうが、ただ多いだけのリンク集は見るのも嫌気がさしてくる。それはかえって煩わしいばかりで、不要な情報ばかりがあふれてしまう。情報を見きわめリンク先を取捨選択する目が必要になってくる。リンクを張るということの意味は、普通に隣り合っているものを飛び越して新しいつながりを作るということである。隣り合うということの意味を変えるはたらきだと言ってもよい。

空間と時間

こうして、情報はリンクというはたらきによって空間と時間の制約を超えることができる、と言おうとしたとたん、実は空間と時間の意味が問われているということに気が付くことになる。ライプニッツの空間・時間論はかなり特殊な様相を呈している。それはニュートン批判などの物理的な文脈や形而上学的文脈で理解されるべきものだが、ケータイの問題とリンクさせてみたときに、新たな意味を見いだせるような気がする。まずは空間・時間論を覗いてみよう。簡単に言うなら、ライプニッツにとって空間と時間は「秩序」だということになるが、わかりやすい考え方ではない。しばらく理屈っぽい議論に付き合う必要がある。

　私は……空間は時間と同様に純粋に相対的なものだと考えています。空間は共存の秩序だと考えているのです。時間が継起の秩序であるように。というのも空間は、一緒に現実存在する限りでの同時に存在する諸事物の秩序を、可能性の言い方において示すものだからです。それら事物の個々の存在の仕方に立ち入ることなくです。そして、いくつもの事物が一緒に見られるとき、私たちは事物相互間のこの秩序に気付くのです[一七一六年二月二五日クラークへの第三の手紙(四)、工作舎 ⑨,285]。

いきなりこう言われてもあまりピンとこないかもしれない。普通、空間というと隙間を考えることが多い。がらんどうの倉庫には多くの荷物を入れるだけの空間がある、というように。もっとずっと大きい宇宙のような空間であれば、何もない巨大な広がりを考えることになる。自然の存在はみなこの中にある。だからこの巨大な空間はいわば巨大な倉庫であり器だということになる。古典的な物理学の世界はこのイメージを抽象化したものだ。大きさを測るためには、三次元の座標軸で考える。直交する三本の軸を設定すれば、宇宙に存在するどんなものでもその位置を示すことができる。二点間の距離もすぐに出せるし体積(容積)もすぐに計算できる。このような空間概念は、現在のわれわれにはわりと馴染みやすい。そしてこれはニュートンが言う「絶対空間」の概念と大筋ではそれほど違わない。まずはじめに無限に拡がる均質な不動の空間があり、その中に物質が存在する。おそらくは神が世界を創造する以前から今と同じような空間はひっそりとあり続けていたということになる。そして空間は事物の位置と大きさと相互の距離を示す尺度でもある。時間も同じように、永遠の過去から永遠の未来に向かって一様に同じ速さで流れていくものとして考えられる。数直線がこれをわかりやすくイメージ化している。等間隔で刻んだ目盛りが時間の一様な進行を表している。できごとはその線上の位置で表現される。前後関係や時間の長短は目盛りの数値ではっきりと示される。ある時点で世界が創造されたとしてもそれ以前にも時間は流れていたし、世界の終末後も時間だけは一様に流れ続けることになる。ニュートンはこのような時間を「絶対時間」と呼んだ。

ライプニッツは発想の順序が全く逆だ。まず空間や時間があってその「中」に事象の展開があるのではなく、空間や時間は事物の存在の秩序を示すものだからである。つまり、まず最初にあるのは諸事物であって、それらの間の関係が秩序として理解されるときに、空間や時間というものを知るのである。いや、実はこの言い方も正確ではない。先の引用文中には「可能性の言い方において示す」とあった。すでに現実に事物が存在していなくても、事物相互の秩序を可能性において理解しようとするなら空間や時間を論じることができるのである。これは空間や時間が最初からあるということではない。事物の秩序というものを理解しようとするとそのような形式になるということである。つまりは事物を捉えようとする側の事情ということだ。哲学史を少しでも知っている人なら、それはほとんどカントじゃないか、と言うかもしれない。たしかにカントは空間と時間を人間が対象を感覚的に捉えるときの形式だと言った。そしてその形式は人間に生まれつき備わっているようなものだとした。ライプニッツはそこまでは言っていないが、それほど違わないのではないかと私は思っている。違いがあるとしたら、秩序の根拠を存在の側においていたことである。そしてこの違いは大きい。ライプニッツはカントと違って存在そのものの秩序をつかみ取ろうとしていたからである。事物が持っている秩序、それは宇宙の全体にまで及ぶ壮大なシステムを形成しているのだが、その秩序を人間が知ろうとするときには空間と時間という仕方によるのである。

もう少しわかりやすい説明が必要だろう。比喩を用いるなら、事物の秩序はコンピューターの画像データだと言えるだろうか。機械の中で保存されているデータは0と1との二進法で記録された数値でしかない。ここには形もなければ色もない。このデータを機械がきちんと処理すればモニターに画像が現れてくる。ほとんどのユーザーはデータの記録法や機械の処理法など気にすることはない。まるで画像がその姿のまま保存されていると考えていても実際上は差し支えない。このときの画像処理ソフトがいわば空間である。時間についても、音声で考えれば同じように理解できる。デジタル録音はやはり0と1で音を記録しているからである。無数の音色も微妙なニュアンスも、すべて0と1の数値の記録を変換しているだけである。一枚のディスクに書き込まれたデータが時間の経過としてわれわれの耳に聞こえてくる。画像も音声も、デジタルな数値データが原型の秩序であるとすれば、それを画像処理ソフトや音楽ソフトで変換して見たり聴いたりできるようになったのが現象としての世界である。これらのソフトは存在そのものとわれわれへの現象とを秩序の共通性によってつないでいる。存在の側にデータとしての秩序がなければソフトは作動しない。

晩年に書かれた『数学の形而上学的基礎』の冒頭部での空間や時間の定義は注意深く読む価値がある。骨格となる命題だけをいくつか列挙する。

「対立をまったく含まない事物の状態が複数存在するとき、それらは〈同時〉に存在すると言われる」。「同時存在しない二つの事物の内の一方が他方の原因を含むなら、前者は〈先に〉、後者は〈後に〉生起する」。「〈時間〉とは同時存在しないものが存在することの秩序である」。「〈空間〉とは共存することの秩序、すなわち同時存在するものどうしが存在することの秩序である」。「(時間的空間的)いずれの秩序においても、事物間の秩序を理解するために必要とされるものがより多いか少ないかに応じて、それらは〈相互により近いかより遠い〉と査定される」[『数学の形而上学的基礎』一七一五年頃、工作舎 ②,67-68]。

事物の状態の相互のあり方が「同時」の意味を定め、「先」と「後」を決定する。さらに「時間」と「空間」を定義する。ここで注目すべきなのは、「共存することの秩序」という言い方である。「共存しているものの秩序」ではない。「ものの秩序」であればものが先にあることになる。「共存」ということがらに秩序の意味を与えているのである。もう一つ注目すべきなのは、秩序の理解に必要なものが多いか少ないかということが「遠い」「近い」ということだとしている点である。空間と時間を秩序あるいは関係とするライプニッツの説に対しては、それでは距離や持続の量が測れないという批判がなされた。それに対する答えは、いわば関係の「濃さ」が遠近を意味するのである。

秩序も量を持つ……。そこには、先行するものと後続するものがあり、距離とか間隔があるのです。

相対的な諸事物も絶対的な事物と同様に、量を持ちます。例えば、数学における比あるいは割合は量を持ち、対数によって測られます。しかしながらそれは関係なのです〔一七一六年八月一八日クラークへの第五の手紙(五四)、工作舎 ⑨,360〕。

しばしば、国交のない近隣国に対して「近くて遠い国」という言い方がなされる。近いのは物理的な距離であり、遠いのは外交あるいは文化交流での隔たりという意味である。この修辞的な言い回しは、「近い」が原義で「遠い」は比喩的表現と理解されるだろう。しかしおそらくライプニッツに言わせるなら「遠い」は比喩ではない。これまた関係の内実を表す本来の意味となる。むしろ物理的な距離の方が比重は軽いかもしれない。事物同士の関係の濃密さ、淡泊さが両者の「距離」を意味するというのがライプニッツの考え方である。物理的な距離は関係の一つとして意味づけられる。事物の関係が物理的な距離によって意味づけられるのではなく、逆に、事物の関係によって物理的な距離が意味づけられるのである。現に言葉の日常的な用法でも、血縁関係や類種関係について近い、遠いと言う。これを比喩的用法としなければならないいわれはない。

新しい世界の創出

ここまでくれば、ライプニッツにとって情報の持つ空間的あるいは時間的な意味がわかる。リンクというはたらきは空間や時間を超えるように見えたが、そこで超えられるのは物理的な意味での空間と時間である。しかしリンクを張ることによってあることがらと別のことがら、あるものと別のものとは意味的に急接近する。この場合の「意味」は、できごとが生起する因果関係であったり、発生の順序であったり、分類上の類似関係であったり、説明のための道具立ての容易さであったりする。これが単純だったり密接であれば「近く」、複雑だったり疎遠であれば「遠い」。「遠くの親類より近くの他人」とも言うが、ここで言う「遠近」は単なる物理的な距離以上に人間関係の緊密さを表している。リンクを張るという営みは、あるものとあるものとを結びつけるというだけではなく、「結びつける」という働きそのものを生み出してもいる。二つの町の間に鉄道が敷かれれば、人やものが行き来し、文化が触れ合い、新しいものが生まれる可能性が出てくる。このときには新しい「文化空間」が創出されることになる。しかしこれはどれほど新しいものであっても、過去と切り離されたものではないし、未来への希望を持たないものでもない。いつでも過去を含み未来をはらんでいる。リンクは新しいネットワークを築くことによって新しい空間と時間とを生み出すのである。まさに、事象の新たな秩序がそこには見いだされる。そしてそれは新しい事物を生み出すことでもあるのだ。

情報はその場所を固定してしまうと産出能力を失ってしまう。たえず揺り動かすことが必要だ。ライプニッツが書物に対してとったさまざまな試みは、情報の沈殿物である書物を掻き乱すことによって情報を浮き上がらせようとするものであった。貴族の書斎に眠っている図書をたたき起こし、手元に呼び寄せ、いつでも出動できるように整列させておく。そればかりではなく、目録や索引をこまめに作ることによって概念と概念とが書物を越え、分類の枠組みを越えて結びつけられるようにする。図書館運営に向けられたライプニッツのエネルギーは概念のネットワークの再編成のためであった。一方、アカデミーの建設は、人と人とのネットワークによって新しい分野の創出が期待できる。それぞれの狭い枠の中に引きこもろうとする学者の世界は昔も今もそれほど変わらないのかもしれない。自分の居場所が決まれば安心感は得られる。しかしそれは情報の持ち腐れとなってしまう。

ライプニッツはあらゆる場で情報の掘り起こしに努めていた。それは新しい意味を探り、新しい世界を生み出そうとする試みであった。

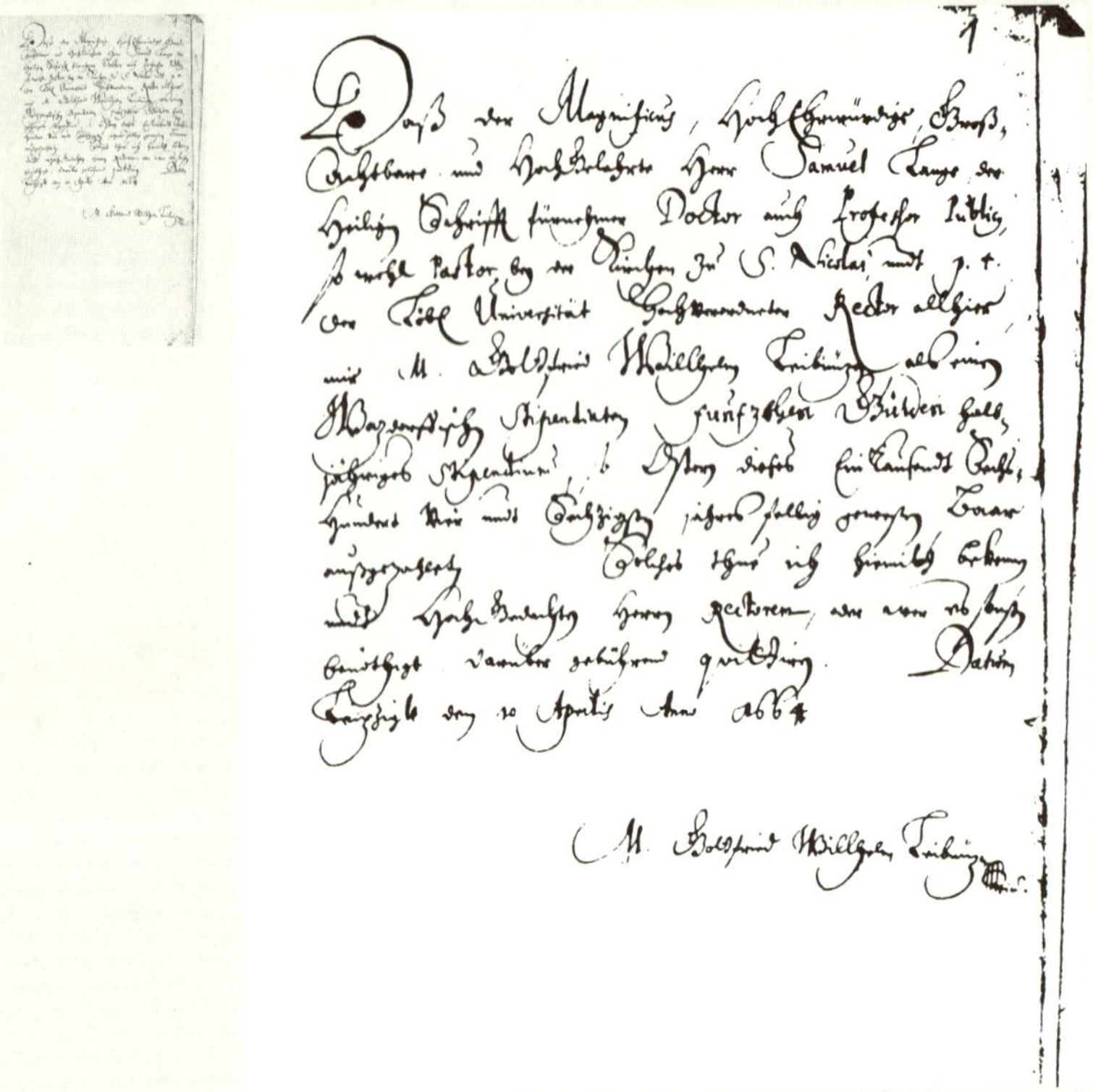

図35——現存するライプニッツ最初の自筆資料。奨学金の受取証。ライプツィヒ大学蔵。

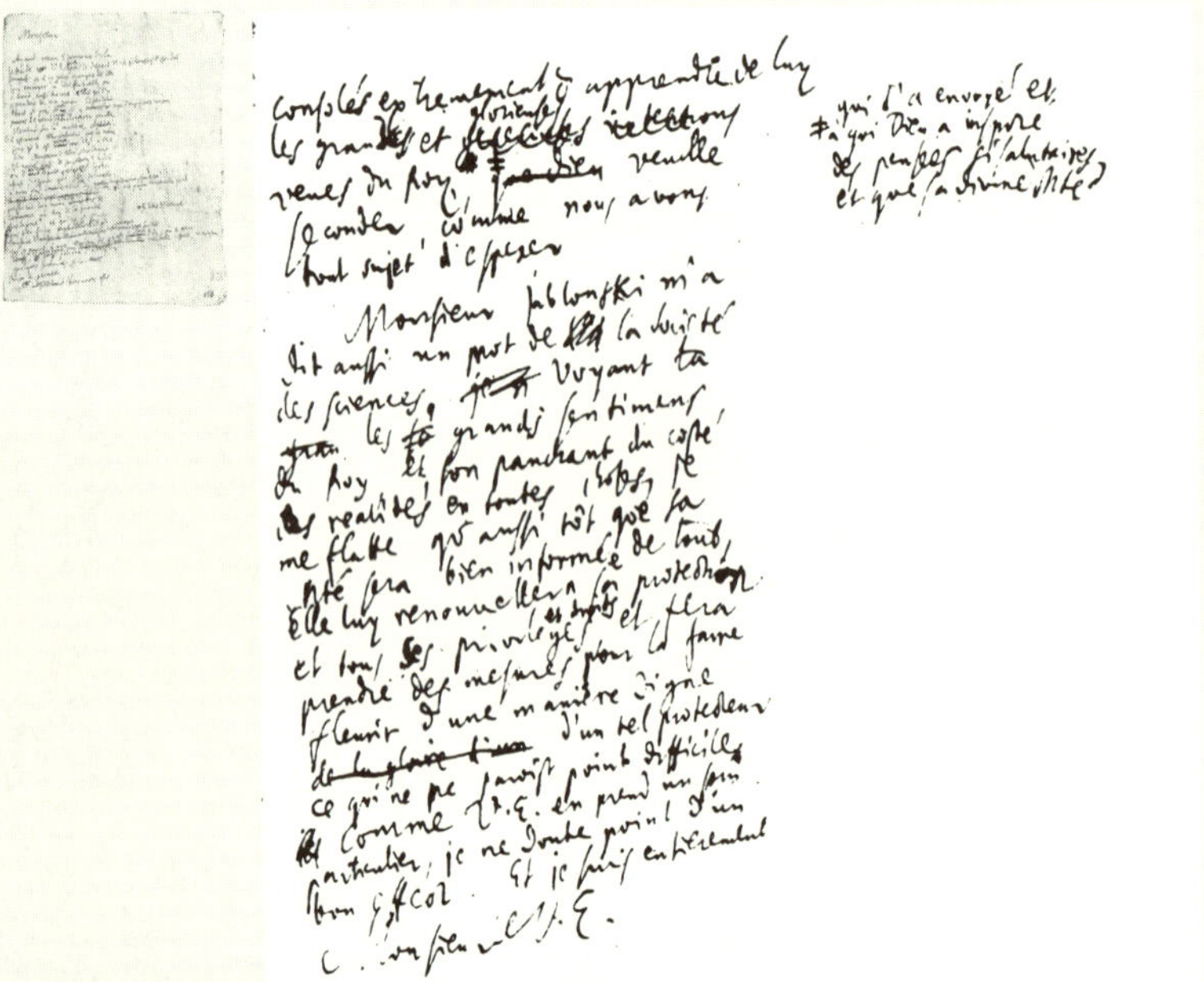

図36——ライプニッツの絶筆。教会合同に関する手紙の下書き。「遺書」ではない。

[12月]

▶12／2◉ゾフィーから――フレミング。諸侯情報。英国情報[K-VIII, 403–04]

12／5◉クーペル宛[Ravier, 299]

12／5以降◉ベール宛――実体、予定調和等について[GP-III, 65–69. 草稿 69–72]

12／7◉オプダム(オランダ将軍)宛[Ravier, 340]

▶12／13◉ゾフィーから――フレミングはいい人だ。諸侯情報[K-VIII, 404–05]

▶12／19◉**アントン・ウルリッヒ**(ヴォルフェンビュッテル大公)から[Ravier, 441]

▶12／20◉D.E.ヤブロンスキーから[Ravier, 474]

▶12／30◉ゾフィーから――各国事情[K-VIII, 406–07]

12／30◉ゾフィー＝シャルロッテ宛――足指のできもののせいで靴を履くと痛かったが、医師の処方が適切で満足している。だが、痛風のことは公には知らせたくない[K-X, 195–96]

12月？◉養蚕業振興策――ポツダムに桑畑を開いて養蚕業を興し、科学協会の財源とすべし[FC-VII, 287–97 ; エイトン 363](ゾフィー＝シャルロッテは1703／1／8にプロイセン全土の養蚕独占権をライプニッツに与えた K-X, 373–78)

[日付不明]

6月以降？◉論文「唯一の普遍的精神についての考察」(「リュッツェンブルクにて」との注記あり)[GP-VI, 529–38 ; 工作舎⑧, 121–36]

？◉アンニバル・**マルチェッティ**(イエズス会士)宛――カトリシズムとプロテスタンティズム。中国の宣教師について[LBr, 168]

？◉ヨハン・ハインリッヒ・**ブルクハルト**(ヴォルフェンビュッテルの侍医)宛――ブルクハルト著『植物の花粉』について[LBr, 30]

？◉アンドレアス・**モレル**(古銭学者)宛――ヴォルフェンビュッテル公アントン・ウルリッヒについて[LBr, 191]

▶？◉ベッサーから――地位についての問い合わせ[LBr, 15. 9/30 の手紙と同一か?]

？◉「枢機卿ダヴィアについて」――教会統一問題[FC-II, 454–56]

？◉ベール『辞典』第二版「ロラリウス」の項からの抜粋と註[GP-IV, 524–54]

？◉「P.ベール氏『批評的辞典』第二版のロラリウスの項に含まれた考察への、予定調和説に基づく返答」[GP-IV, 554–71]

？◉「枢機卿とカスティリヤの将軍との対話」[CF-III, 345–59]

？◉「プロイセン王が祖父フリードリッヒ・ハインリッヒの後継者となることの正当な権利についての概要」[Ravier, 31]

？◉「公僕の義務について」[MK, 182]

？◉「英国国王ウィリアム3世の王位継承をめぐるプロイセン王フリードリッヒとナッサウの王ヨハン・ヴィルヘルム・フリーゾの言い分」[MK, 183]

？◉「オランイェ家の遺産への覚え書き」[MK, 183 ; Ravier, 379]

？◉「スペイン継承戦争の開始についての考察」[MK 183]

？◉「神と人間についての論考」(ベールの教説への覚え書き)[GP-III, 28–32. 年代推定は MK]

1702–04◉「定義集」――普遍学的な基礎概念から百科全書を構成する諸項目にいたるまでの説明[Couturat, 437–509. 年代はクーチュラの推定]

▶10／20◉ゾフィーから——メダルの皺。諸侯情報。トーランドは嫌な奴［K–VIII, 380–81］

10／24◉**ポツダム**（10／26まで。プロイセン王夫妻に随行してポツダムでフリードリッヒ・フォン・**ハムラート**（枢密顧問）と養蚕業について協議［MK, 181；エイトン 363］）

▶10／28◉ヨハン・ベルヌーイから——学界事情［GM–III, 716–17］

▶10／28◉ホーダンから——自分の研究計画について［LBr, 92］

▶10／30◉ゾフィーから——国王ルイ（ハノーファー選帝侯ゲオルク・ルートヴィッヒ？）の苦境。諸侯事情［K–VIII, 381–83］

▶10／30◉ゾンネマンから——塩水の重量測定について［LBr, 286］

10／31◉D.E.ヤブロンスキー宛［Ravier, 474］

［11月］

11／1◉**ベルリン**（翌年2月まで）

ローランド・エンゲルスキルヒェン（ハノーファーの宮廷への求職者）から——空気枕について［LBr, 52］

▶11／8◉ブーヴェ（北京在住）から（手紙のパリ到着は1704／4／20、その後ベルリンへ転送）——中国論［D–IV–1, 165–68］

▶11／11◉ゾフィーから——トーランド。諸侯情報。ジャクロ［K–VIII, 383–85］

11／11◉ゾフィー宛——ジャクロ来訪の報告［K–VIII, 385–86；エイトン 339］

▶11／11◉D.E.ヤブロンスキーから［Ravier, 474］

11／11以降？◉ゾフィー宛——ポーランド、スウェーデン問題［K–VIII, 386–94］

11／14◉ヨハン・ベルヌーイ宛——（短信）［GM–III, 717］

▶11／15◉ヤーコプ・ベルヌーイから——積分について［GM–III, 62–66］

11／18◉ゾフィー宛——ジャクロはソッツィーニ派だと言う人がいる。J.H.フレミングの生命論［K–VIII, 396–97］

▶11／18◉ゾフィーから——とりとめなき世間話［K–VIII, 394–96］

▶11／18◉フォントネルから——ベール。二進法。学界情報［FC–LO, 216–21］

▶11／18◉ヨハン・ベルヌーイから——学界事情［GM–III, 717–18］

11／20◉論文「デカルトの神存在証明への反論に関して、ジャクロ氏へのコメント」［GP–III, 442–47, 448–54；エイトン 339］（これ以後、神の存在証明、物質概念、予定調和、弁神論をめぐり書簡で論争が続く MK, 182）

11／21◉ゾフィー宛——各界情報［K–VIII, 397–99］

11／21◉クールラント女王**エリーザベト**と会談［MK, 182］

▶11／22◉ジャクロから——挨拶［GP–III, 447–48］

11／25◉ツェルプスト侯とマルコーに行き、若い薬剤師が錬金術を行使しているのを目撃したという司祭の話を聞いた［K–VIII, 400；MK, 182］

11／25◉ゾフィー宛——スウェーデン、ポーランド、英国、バイエルン情報［K–VIII, 399–401］

▶11／27◉ゾフィーから——世間話［K–VIII, 401–02］

11／30◉論文（表題なし）——心身問題についての解明。予定調和説、実体の自発性、自由［GP–IV, 577–90］（ライプニッツが1695年に公にした「実体の本性と、実体相互の交渉ならびに、心身の結合についての新たな説」（GP–IV, 477–87；工作舎⑧, 74–88）に対して、ベネディクト派フフランソワ・ラミが1699年の『自我の認識』で批判をした。これに答えるものとして、本論文が書かれた。この要約が「『自我の認識』の著者が予定調和説に加えた反論へのライプニッツ氏の答弁」として1709年に『学芸雑誌、補遺』で発表された）

▶11／30◉**カスパー・ノイマン**（ブレスラウ大聖堂主任司祭。ベルリン科学協会会員）から［Ravier, 474］

否定的評価となっている。またこの話題をめぐる王妃とのやりとりが『弁神論』の基礎となる]

9／30◉ゾフィー＝シャルロッテは、フレミングの辞去後ライプニッツ以外に話し相手がないと嘆き、ライプニッツにトーランドと論争してほしいという[MK, 181]

▶9／30◉ヨハン・フォン・ベッサー（プロイセン儀典長）から[Ravier, 336]

[**10月**]

10／3◉ホーダン宛[LBr, 92]

▶10／3◉ベールから——デ・フォルダーについて。心身問題[GP-III, 64–65]

10／3◉アントニオ・マリアベーキ（トスカーナ大公図書館司書）宛——本のお礼等。四方山話[D-V-1, 30–31 ; LBr, 163]

▶10／4◉ゾフィーから——トーランド。諸侯情報。カニバリスム[K-VIII, 376–77]

私は、あの哀れなトーランドがカニバル族[人食い人種]の肩を持ったからといって驚きはしません。というのも、彼は不幸にも全キリスト者からの反感を買っているくらいなのですから、いつの日にか人食い人種が味方をしてくれるとでも思っているのでしょう。彼が文筆や言論の道を誤って用いているのを見るのは、何とも哀れなことで、スパンアイム氏が盾突いたのも止むに止まれぬことでした。しかしながら、彼が悪意を以て振舞っていたと言うものは一人もいません。それはあなたがファレゾ氏からの手紙でご覧になった通りです。……ところで、あなたはカニバル族についての御自分の主張をそれほど積極的にお示しにならないおつもりでしょうか。ダルシ司祭が彼らに尻を食べられたという話や、ルパート王子の近習フームが彼らに捕まって太らされていたのをキリスト教徒に助け出されたという彼自身の話をご存じかどうかだけお教えください。

▶10／7◉ゾフィーから——ファルツのメダルへの不満。ファレゾ、ジャクロについて[K-VIII, 377–78]

▶10／7◉デ・フォルダーから——実体、延長について[GP-II, 244–47]

10／7以降◉ゾフィー宛——トーランド。諸侯情報。奥方心得。ジャクロ。蓋然知の意義[K-VIII, 379–80]

……陛下同様私も、娘たるもの美声が持参金になり得ることをハメル＝ブリュニンクス氏の息女やド＝クノール氏の息女の例が示していたのを愉快に思いました。女性に美声が備わると、ものぐさにはならなくなるし、殿方にも気に入られます。というのも、音楽は宇宙の調和を模倣することによって、美しい営みとなり魂を高揚させるのは間違いないことだからです。私はジャクロ氏の著書を再検討しようと思っています。以前その本を読んだときには、満遍なくできる人だとみていましたが、どの分野でも同じようにというわけにはいかないようです。これもしかたのないことです。だから人は、確定的な証明にせいぜいいかにもありそうだとしか言えないことを結び付けるものなのです。というのも、ある人にとっては立派な根拠が他の人には決してそうでないことがよくあるからです。また、もっともらしいといった程度の論証が別の人々には最も堅固な証明として受け止められることがしばしばあります。

▶10／13◉ベールから——8／19の返事の内容はすばらしい。デ・フォルダーにも知らせた。あなたの説は完璧だ。ぜひ出版するように[FC-LO, 317–18]

10／14◉ファブリツィウス宛——ベルリン社交等[D-V, 260]

▶10／16◉パパンから——[Ravier, 431]

9／5以降◉ゾフィー＝シャルロッテ宛――トーランド批判［K-X, 181-88］
▶9／6◉ゾフィーから――諸侯情報［K-VIII, 360-61］
▶9／7◉パパンから［Ravier, 431］
9／9◉ゾフィー宛――諸侯事情。トーランドは王妃ゾフィー＝シャルロッテにルクレティウスまがいの説を講じている。困ったやつだ［K-VIII, 361-62；エイトン 373］
▶9／12◉ホフマンから［Ravie, 237］
▶9／13◉ゾフィーから――諸侯事情。トーランドは物質がなぜ運動するかを言うべきだ［K-VIII, 363-64］
9／13以降◉ゾフィー宛――トーランドについて。ホッブズの唯物論［K-VIII, 364-65］
▶9／16◉ゾフィーから――ファレゾ、イザーク・**ジャクロ**（ベルリン在住のフランス人宮廷牧師）、トーランド等について［K-VIII, 366-67］
▶9／16◉ヨハン・ベルヌーイから――学界事情［GM-III, 713-15］
9／20◉クーノの招待で、ヤブロンスキー、フィリップ・**ノーデ**（宮廷数学者）、ピエール・**ダンジクール**（ベルリン科学協会会員）と会食［MK, 181］
▶9／20◉ゾフィーから――ジャクロについて、他［K-VIII, 367-68］
9／24◉ヨハン・ベルヌーイ宛――学界事情［GM-III, 716. 日付はゲルハルトにより訂正］
▶9／25◉ゾンネマンから――ゾフィーからハノーファー宮廷画家を命じられた。空気クッションの発明について［LBr, 286］
9／26◉パパン宛［Ravier, 431］
▶9／27◉ゾフィーから――トーランドについて。他［K-VIII, 368-70］
9／27◉**リュッツェンブルク**（10／14まで。この間、リュッツェンブルク宮のゾフィー＝シャルロッテのもとで、フレミングやトーランドと会談）
9／29◉ゾフィー宛――リュッツェンブルク宮でのフレミングを交えた哲学談義。カニバリスムについて［K-VIII, 370-72. 374-76］

選帝侯妃殿下。私は、当地を訪れているポーランド国王の騎兵隊総司令官フレミング伯爵夫妻とリュッツェンブルクやベルリンでたびたび言葉を交わし、王妃［ゾフィー＝シャルロッテ］に謁見してリュッツェンブルクで楽しいときを過ごしました。「中略」

トーランド氏が最近王妃の元を訪れ、英国人が近頃発見したところによると、アメリカ大陸のいわゆるカニバル族すなわち人食い人種は、アメリカ人を憎むべき連中だとしてその残酷さを告発するためにスペイン人がでっちあげたものだと話したそうです。しかし私はこれに対して言いたいことがあります。カニバリスムの事実は歴史的にも地理的にも確かめられており、スペイン人だけではなくポルトガル人もフランス人もオランダ人も、そして英国人さえもが証人となるところです。多分最近になってこれと違ったことを言った英国人はある地方のことだけを述べたのでしょう。しかも、囚人を殺して食べるという狂おしいほどの欲望は、ヨーロッパの植民地の近くに住む人々からは減少し始めているのです。ところがトーランド氏は自説に固執していて、［自分の］先入見に反した一般的見解に歯向かっているのです。それだから私は、才能も知識もある人が明白な事実をひっくり返そうとすることが驚きなのです。しかし背理や矛盾を語ろうとするのは事実を逆の極端に持っていこうとすることなのです。なぜなら、他人の権威によって認めさせられてきた根拠のない先入見を解体するために我々自身の判断が無謀になってはいけないからです。彼の態度は早とちりの好例なのです。

▶9／30◉ゾフィーから――ファレゾ、トーランド、フレイザーについて［K-VIII, 373-74］
9月以降？◉論文「感覚と物質とから独立したものについて」［K-X, 154-67；GP-VI, 488-508；工作舎⑧, 105-17. エイトン 375-77. なお、K-X, 146-95 はこの辺の事情に関する一連の書簡を含む。特に K-X, 167-77 はトーランドのたいと考えています。ラテン人はギリシア人とケルト人との結婚による子孫なのです。

gallusという言葉についてのあなたの語源論的探求はなかなか優れています。つまり、gallusのゲルマン＝ケルト語としての起源は、「歌い手」という意味であり、nachtigalの意味は「夜の歌い手」を意味するというのです。Ohren gellen.は「耳が鳴る」ということになります。しかしながら、付け加えさせてもらいますと、このgallusという語はもっと広い意味を有していて、大抵は「豊かさ、喜び」のことを指します。Galla, galant, gailがそうです。それはまた「肥沃」も意味し、遊び好きで放蕩的でさえある意味においてはgailer Bock's［好色な老山羊］、Gailheit［元気で淫らな様］、gailen［浮かれ回り、発情する］として用いられます。［以下略］

▶7／25◉デ・フォルダーから——実体、延長について［GP–II, 241–43］
▶7／25◉ルドルフから——言語の問題［D–VI–1, 166–67 ; Waterman, 54–55］
7／25◉フリードリッヒ・**ホフマン**（ハレの医師。医学教授）宛——発火性の油［D.–II–2, 100–01］
7／29◉フランツ・エルンスト・フォン・**プラーテン**（ハノーファー首相）宛——ゾフィーの配慮にもかかわらずトーランドがベルリンに到着した。王妃は彼の訪問を拒んでいない［K–VIII, 357–59 ; エイトン372］
7月◉『月刊報告』書評「エドムンディ・ディキンソン氏著・古くて真なる物理学」［DS–II, 331–42］

［8月］

8／1◉ロイシェンベルク宛——教会合同問題での論理的立脚点が必要［LBr, 240］
8／5◉**ベルリン**（8／24まで）
▶8／5◉カール・グスタフ・フォン・**フリーセンドルフ**（ベルリン駐在スウェーデン大使）から——カール12世への讃辞の感謝［LBr, 64］
▶8／5◉**ロイテンホルム**（正体不明）から——美しい詩のお礼［LBr, 240］
▶8／10◉ヨハン・テオドール・ゴットフリード・**ゾンネマン**（ヒルデスハイムの司祭）——ヒルデスハイムの司教座聖堂参事との法的トラブルで依頼［LBr, 286］
8／12◉ヨハン・ヤーコプ・**クーノ**（ベルリン宮廷顧問官）の自宅を訪問［MK, 180］
▶8／12◉ヨハン・ベルヌーイから——代数の問題［GM–III, 708–12］
8／19◉デ・フォルダー宛——ベールについて（短信）［GP–II, 244］
8／19◉ピエール・**ベール**（フランスの思想家。広範な領域に強靱な思索をめぐらした。当時ロッテルダムに在住していたため、デ・フォルダーを介してライプニッツと連絡をとっていた）宛——『歴史批評辞典』2版について。予定調和について［GP–III, 63–64］
8／19◉ヨハン・ベルヌーイ宛——（短信）デ・フォルダー、ベールについて［GM–III, 712］
▶8／31◉シモン・ド・**ラ・ルベール**（フランスの外交官）から——5巻本のドイツ語手稿集の進呈［LBr, 127］
8月◉『月刊報告』書評「ドイツにおける両福音協会の統合への唯一の真なる方法について」［DS–II, 254–55］

［9月］

▶9／2◉ゾフィーから——リュッツェンブルクでの楽しい日々［K–VIII, 359–40 ; エイトン373］
9／2◉**リュッツェンブルク**
9／2◉リュッツェンブルクでトーランドと会う［MK, 180］
9／2◉ヨハン・ベルヌーイ宛——ベールについて。ニュートンの天体論［GM–III, 712–13］
9／5◉**ベルリン**（9／26まで）

6／24◉ルートヴィッヒ・ユストゥス・フォン・**シュッツ**(ロンドン在住ブラウンシュヴァイク大使)宛——トーランドについて[K-VIII, 351-52. 同日のスパンアイム宛の手紙に同封]

6／24◉ヨハン・ベルヌーイ宛——合理的な求積法について[GM-III, 702-08]

6／27◉G.バーネット宛——クリストフ・**ブロソー**(パリ駐在ブラウンシュヴァイク＝リューネブルク大使。パリでライプニッツに便宜を図った)は、T.バーネットがバスティーユに投獄されていた[LBr, 31]理由を知らなかったようだ。欧州情報[K-VIII, 354-56]

▶6／27◉ヒーオプ・**ルドルフ**(言語学者、東洋学者)から[Ravie, 275]

6月◉『月刊報告』書評「トマス・イティグス師著・神学論争問題集」[DS-II, 375-83]

6月以降◉クレプス宛——プロイセン王妃のもとでの楽しい日々[LBr, 122]

［**7月**］

▶7／10◉ヨハン・フリードリッヒ・**ホーダン**(ライプニッツの秘書で歴史関係担当)から——普遍学の構想[LBr, 92]

▶7／11◉シュッツから——トーランドを警戒するように[K-VIII, 356-57；エイトン 372]

7／12◉ベルナール・ル・ボヴィエ・ド・**フォントネル**(パリ科学アカデミー事務局長)宛[エイトン 358；FC-LO, 207-16. →返事 11/18]

[二通の]お手紙かたじけなく、しかも楽しくかつ有益でもありました。ここには確かなところも細心なところも見られます。確かさによって賢くなるなら、細心さによって思慮深くなり、これまた価値あることです。幾多のものの空しさを巧みに論証する手管の数々は、それが『死者の対話』の著者であることを示しています。二進法や、ノルマンディー海岸の観測——私の友人の一人はこれが気に入りました——や、空気クッションに関してあなたのおっしゃることからしても、やはりそう考えられます。これらはどれも優れたお考えで、多くのことが前進し解明されたと申し上げねばなりません。多分あなたはこうしたやり方に習熟しておられていて、ご自分の上品な趣味をいっそう高めることになったに相違ありません。しかし理知の光を拡大なさろうとするあなたのご立派な目論見を知れば、あなたが『世界の複数性についての対話』[赤木昭三訳、工作舎、1992年]の著者であることがわかろうというものです。[中略]

ところで、これは以前からのお願いですが、私の二進法論は出版しないでください。と申しますのも、私は他人の考え方にすぐにもなびいてしまう質なので、あなたがおっしゃったことから、私がこれまで述べてきたことだけでは、他人にも二進法の研究をしてもらうという元々の目的にとって不十分だということがよくわかりました[工作舎③, 195「数についての新しい学問試論」解説参照]。[以下略]

▶7／13◉アレクサンダー・フォン・**ドーナ**(プロイセン皇太子の執事)から——あるフランス人の逮捕について[LBr, 45]

▶7／20◉**ド・ヴィトリ**(パリのイエズス会士。『トレヴー紀要』の共編者)から——寄稿の依頼[LBr, 362]

▶7／24◉クーペルから[Ravie, 383]

7／25◉ルドルフ宛——ドイツ語の系統について[D-VI-1, 168-69；J. T. Waterman (tr. & ed.)；*Leibniz and Ludolf on Things Linguistic*, 1978, pp. 55-56]

[前略]ケルト人について言うと、彼らは我らの土地からライン川を越えたところに移り住んだのであり、彼らこそがドイツ人の「最初のいとこ」[兄弟の子]であると思います。私はギリシア人を「第二のいとこ」、あるいはドイツ語で言うところのander Geschwister Kinder[姉妹の子]に分類し

の問い合わせ(暦法関係？)[LBr, 154]

▶5／4◉パパンから[Ravier, 431]

5／9◉ファブリツィウス宛——教会合同[D-V, 259–60]

▶5／9◉ヴェストファールと婚約者(ヨアンナ・レジーナ・ライプニッツ)から——5／29の結婚式への参列の招待[LBr, 387]

5／12◉ギルバート・**バーネット**(ソールズベリーの司教)宛——欧州事情[K-VIII, 347–49]

5／12◉グレゴリー・**キング**(英国紋章官)宛——王位継承問題[LBr, 112]

5／12◉ピエール・ド・**ファレゾ**(プロイセン在外公使)宛——選帝侯妃ゾフィーについて[K-VIII, 346–47]

▶5／13◉J.T.ヤブロンスキーから[Ravier, 460]

▶5／13◉トーマス・フリードリッヒ・**グローテ**(ブラウンシュヴァイク公侍従)から——ライプニッツから依頼されたタタールの言語調査の報告[LBr, 73]

▶5／17◉ヴェストファールから——結婚祝いへの感謝[LBr, 387]

5／21◉ゾフィー宛——欧州事情[K-VIII, 349–50]

5／22◉「図書館拡張計画に関する覚書」(選帝侯へ提出)[エイトン 322；MK, 179]

▶5／22◉シューレンブルクから——政治問題の詳報[LBr, 269]

▶5／23◉ヴァリニョンから——無限小概念[GM-IV, 99–104]

▶5／26◉メルクリウス・ダニエル・**マイアー**(オランダ・英国を旅行中。後にハノーファー文書館員)から——母国での求職[LBr, 177]

▶5／27以降◉ペーター・ミューラー(イエナの神学教授)から——助言の要請[LBr, 194]

5／29◉ヨハン・ベルヌーイ宛——ベールの辞典の新版には改めてコメントしたい[GM-III, 696–97]

5／30◉フランチェスコ・**パルミエリ**(ハノーファーの貴族)宛[Reumont 1854 p.230(Ravier, 390)]

▶5月◉フリードリッヒ・グレゴリウス・フォン・**ラウテンザック**(後にヒルデブルク家顧問)から——宮廷について[LBr, 132]

5月◉表題なしのデカルト批判論文、特に力学について[GP-IV, 393–400]

5月◉論文「和と求積に関する無限学としての新解析法」['Acta Eruditorum'. GM-V, 350–61；D-III, 373–81]

5月◉『月刊報告』書評「ルヌー著・マドンナの冒険とアジアのフランス人」[DS-II, 365–67；D-V, 186–87]

[6月]

▶6／3◉ベルンシュトルフから——ヴォルフェンヴュッテルとの見解の相違[LBr, 14]

▶6／5◉ロイシェンベルクから——政治問題。ローマ教会の不可謬性[LBr, 240]

▶6／10◉ヨハン・ベルヌーイから——気圧計について[GM-III, 697–99]

▶6／10以降◉P.H.**クレプス**(ハノーファー参事)から[LBr, 122]

6／11◉**ベルリン近郊のリュッツェンブルク宮到着**[エイトン 322；K-X, 218]

6／15&22◉**ベルリン市内**。この日以外はおおむね離宮に滞在

6／15◉シェーレンブルク宛——政治的事件について[LBr, 269. この手紙の末尾に、下記のフレミング宛の手紙の下書きあり]

6／15◉ヤーコプ・ハインリッヒ・フォン・**フレミング**(ザクセンのベルリン駐在大使)宛[LBr, 58.]

6／20◉ヴァリニョン宛——無限小は根拠のある虚構だ。単純実体は不可分で非物質的で作用の原理だ。ベール、フォントネルについて[GM-IV, 106–10]

6／22◉ゴットフリート・**キルヒ**(ベルリン科学協会初代天文官)宛——天文学関係？[Ravier, 485]

6／24◉ギースベルト・**クーペル**(オランダ・デヴェンテル市長)宛——考古学関連[LBr, 340]

6／24◉エゼキエル・フォン・**スパンアイム**(ブランデンブルク外交官)宛——トーランド情報。欧州情勢[K-VIII, 352–54]

▶4／12◉ゾフィー＝シャルロッテから——秋波[K–X, 140]
4／14◉ヴァリニョン宛——無限小概念。天文学[GM–IV, 97–99]
▶4／14◉カール・フォン・**ブロムベルク**(英国在住)から——リヴォニアについて[LBr, 18]
▶4／15◉ボード・フォン・**オーベルク**(ハノーファー大臣。ウィーン大使)から——ハノーファーのマクシミリアン公子の改宗について[LBr, 301]
▶4／17◉カルロ・マウリティオ・**ヴォータ**(イエズス会士。ポーランド王聴罪司祭)から[Ravier, 447]
▶4／17以降◉ロイシェンベルクから——教会合同問題でのライプニッツの真意の確認。トリエント公会議の擁護。カトリック教会の真理性は確実だ[LBr, 240]
▶4／19◉シュパルフェンフェルトから——ロシア語辞典について[LBr, 301]
4／20◉ヨハン・ベルヌーイ宛(ハノーファーから発送)——気圧計。学界事情[GM–III, 694–96]
4／20◉**ブルクドルフ**へ(4／21まで)
4／21◉歴史研究補助金関連覚え書き(選帝侯へ提出)——ブラウンシュヴァイク家史完成後は2000ターラーの年金を頂きたい[MK, 178；エイトン 312]
4／22◉ハノーファーへ戻る
4／22◉ゾフィー＝シャルロッテ宛(ハノーファーから発送)——ハノーファーのヴォルフェンビュッテル侵攻の正当性。欧州政情。ヘルモント。ペルニッツは利発だ。数学の1と哲学の1の違い。二進法[K–X, 143–45；エイトン 331, 374]
4／22◉ヨハン・マティアス・フォン・**シューレンブルク**(伯爵、将軍)宛——ヴォルフェンビュッテル問題[LBr, 269]
▶4／24◉トマス・**スミス**(英国長老教会牧師)から——ブラウンシュヴァイクに関する14世紀の写本のコピーを送る[LBr, 285；Davillé, 606, n. 1]
4／25◉ウィリアム・**ウォットン**(ケンブリッジの神学者)宛——『ローマ皇帝史』への礼[LBr, 396]
4／25◉**ヴァーノン**(英国王妃主席秘書)宛——ゾフィー＝シャルロッテの手紙の回送の礼[LBr, 361]
▶4／25◉ヨハン・テオドール・**ヤブロンスキー**(ベルリン科学協会秘書。D.E.ヤブロンスキーの兄)から[Ravier, 460]
4／28◉ピーター・**フレイザー**(英国の男爵)宛——英国王位継承問題[K-VIII, 345–46]
▶4／29◉J.T. ヤブロンスキーから[Ravier, 460]
▶4／29◉D.E. ヤブロンスキーから[Ravier, 474]
4月◉『月刊報告』書評　「マルティン・ルター著作集」[DS–II, 389–93]
4月◉メモ「1702年4月21日から24日にかけてのベルリンの新星についての考察」「続・同考察」[MK, 179]
4月？◉パパン宛[Ravier, 431]
4月？◉ゾフィー宛——ティマンドルによるギリシア物語[K-VIII, 343–44]
4月以降◉デ・フォルダー宛——実体、延長について[GP–II, 239–41；工作舎⑨, 91–95]

[5月]

▶5／2◉ペルニッツからの手紙——早くこちらにおいでください。王妃には話し相手がいません[K–X, 146]
5／2？◉ゾフィー＝シャルロッテ宛——世間話[K–X, 146–47]
5／3◉ヨアンナ・レジーナ・ライプニッツ宛——結婚を祝す[LBr, 387]
▶5／3◉ゴフリエ・ド・**ボニヴェ・ド・ヴィエール**(軍人。技術者)から——プロイセンとの争いについて判断を仰ぐ[LBr, 21]
5／4◉グスタフ・フランク・**ローレマン**(ローマの神父)宛(下書き)——天文学者ライアーとティーデへ

▶3／20◉ヨアンナ・レギーナ・ライプニッツから——ヴェストファールと結婚したい［LBr, 386］

3／20◉『学芸雑誌』論文「ヴァリニョン氏宛の手紙の一部——昨年11、12月の『トレヴー紀要』で言及された点の解明を含む」（2／2のヴァリニョン宛の手紙の一部）［D–III, 370–72］

▶3／22◉レフラーから——無心［LBr, 152. cf. エイトン 390］

3／24◉パイネの要塞について選帝侯ゲオルク・ルートヴィッヒへの覚え書き［MK, 178］

3／26◉ゲールツ宛——ヴォルフェンビュッテルとの不和について［LBr, 70］

3／29◉ゲールツ宛——再び、ヴォルフェンビュッテルとの不和について［LBr, 70］

3／29◉ゾフィー＝シャルロッテ宛——欧州政情［K–X, 138–39］

3／30◉**ブッフハイム**（ノイシュタット司教）宛——ハノーファーのヴォルフェンビュッテル侵攻（1702／3／29）の正当性［K–X, 133–36；エイトン 331.］

3月◉『月刊報告』書評「ド・ラ・フォッス著・テセウスの悲劇」［DS–II, 402–04］

3月◉『月刊報告』書評「ドイツ宗教法論」［DS–II, 395–97］

［4月］

4／3◉ヨハン・ジギスムント・フォン・**ロイシェンベルク**（トリーアとヒルデスハイムの司教座聖堂参事会員）宛——ドイツ史。ボシュエのこと［LBr, 239–40］

4／3◉ダニエル・エラスミ・フォン・**フルデンベルク**（ウィーン在住ハノーファー大使。ウィーンでのライプニッツの監視役）宛［Ravier, 412］

▶4／3◉ブルヒャー・**デ・フォルダー**（レイデンの哲学・自然学・数学教授）から——実体、延長について［GP–II, 235–38］

▶4／4◉D.E.ヤブロンスキーから［Ravier, 465, 474］

▶4／6◉ロイシェンベルクから［LBr, 239］

4／8◉ペルニッツが王妃の依頼でライプニッツにベルリンに赴くように依頼［MK, 178］

4／10◉ロイシェンベルク宛——ボシュエについて。トリエント公会議は信仰規範にはならない［LBr, 239–40］

▶4／11◉ヨハン・ベルヌーイからの手紙［GM–III, 693–94］

4／12◉ゾフィー＝シャルロッテ宛——精神と身体について（→「感覚と物質とから独立なものについて」）。英国王の死。欧州政情［K–X, 140–42；エイトン 374］

▶4／12◉ゾフィー＝シャルロッテから——秋波［K–X, 140］

こちらであなたにお会いしたいと思っておりましたのに、今度ばかりはお手紙で我慢しなければなりませんでした。でも、あなたのお手紙は楽しみです。なぜというに、あなたのおっしゃることは、いつも素晴らしいことで一杯だからです。こちらで起きたニュースをお知らせしたいと思います。でも私はオランダとイギリスで起きたことはあまり存じません、あなたはハノーファーにおいでなのだから、こちらよりも早く情報が得られることでしょう。あなたの肖像画*が完成したら、もうあなたを［ハノーファーに］お引き留めする理由はなくなるはずです。そうしたら、私はきっとあなたのお役に立てるようになることは請け合います。

＊——この「肖像画」は、ハノーファー選帝侯妃ゾフィー（つまりはゾフィー＝シャルロッテの母）が宮廷画家アンドレアス・シャイトに描かせたものではないだろうか。だとすると、これは翌1703年に完成している。現在は、ライプニッツが力を注いだヴォルフェンビュッテルの図書館に所蔵されている［→巻頭写真］。

4／12◉ペルニッツ宛——世間話［K–X, 142–43(前記ゾフィー＝シャルロッテ宛の手紙に同封)］

4／12◉ティティウス宛——古文書の問い合わせ（3／4）への答え［LBr, 339］

▶2／17以降◉スタニスラフ・**ルビニエツキ**（ポーランドの貴族、ソッツィーニ派）から——**コルトホルト**（医師、技術者）について［LBr, 119］

2／25◉**ルイーズ**（ホーエンツォレルン家王女）宛——**現代版トリマルキオン**（仮面舞踏会）について［K-VIII, 329–32］

2／27◉トーマス・**バーネット**・オブ・ケムニー（スコットランドの貴族）宛（ハノーファーから発送）——トーランド。死後の魂。ロック。神学。神の愛等について［GP-III, 281–89 ; K-VIII, 332–43］

［略］

あなたのトーランド氏評は実に的を射ています。彼は才知に溢れ、学識も申し分ありませんが、考え方は極端に過ぎます。私は彼の著書『神秘なきキリスト教』——この言い方を彼は悪い意味で用いているのではありません——について、文筆活動を通して彼と意見をやりとりしたことがあります。選帝侯妃は才知ある人物との会話を好まれるので、トーランド氏の話を聞いたり、彼とヘレンハウゼンの庭を散歩することを喜びとしていました。この散歩には他の英国人たちもご一緒していましたが、その中には、選帝侯妃の気質を知らぬために、この話が国家の重大事にも及んでいると考えたり、選帝侯ご自身がトーランド氏に絶大な信頼を置いておられると考えるものもおります。しかし私は彼らの言い分を何度も確かめているので、彼らがいつも気の利いた面白い問題［だけ］を扱っていることをよく知っています。確かに選帝侯妃は（御自分の流儀で）トーランド氏の知合いについていろいろと彼に尋ねておいでですし、選帝侯妃も選帝侯も彼にいくつかの勲章を授けました。この著名な学者がわざわざわれらが宮廷を訪れ、王位継承に関する書物を我々にもたらしてくれたからというわけです。しかし我々はこの書物を全面的に正当化しないように気をつけています。……何人もの人が選帝侯妃殿下にトーランド氏に警戒するようにご注進したのですが、選帝侯妃は陰でこそこそなさらない方ですし、公務においては国王陛下のご指示に従うのみですので、選帝侯妃をトーランド氏から引き離すのは至難の業です。［以下略］

2／27◉**ブラウンシュヴァイク**の見本市へ

2月◉『月刊報告』書評「アプサロン著・聖書に見る悲劇」［DS-II, 404–05］

2月◉『月刊報告』書評「オランイェ公の遺書」［DS-II, 421–26 ; D-V, 193–96.］

［3月］

▶3／4◉クリスティアン・**ティティウス**（ブレスラウ市裁判所試補）から——17世紀の文書についての問い合わせ［LBr, 339］

▶3／6◉ヨハン・カスパー・**ヴェストファール**（デリッシュの学者。52歳。23歳の娘と16歳の息子あり）から——ヨアンナ・レギーナ・ライプニッツ（ライプニッツの異母兄ヨハン・フリードリッヒの娘。ライプツィヒ在住）との婚約を認めてほしい。結婚式には招待する［LBr, 386］

3／8◉**ハノーファー**へ

3／10◉ヨハン・ガブリエル・フォン・**シュパルフェンフェルト**（スウェーデン儀典長）宛——『国際公法彙典補遺』を贈る［LBr, 300］

▶3／13◉ディオニジウス（ドニ）・**パパン**（マールブルク数学教授。蒸気機関の発明者。ライプニッツとは論争）から［Gerland.: *Briefwechsel mit Papin,* 1881, S. 261 (Ravier, 431)］

▶3／15？◉ゾフィー＝シャルロッテから（リュッツェンブルクから発送）——秋波［K-X, 136］

▶3／15以降◉ゾフィー＝シャルロッテから——ゲヌバ氏の友人について。死は恐くない。侍女の**ペルニッツ**が数学に興味を持っているので教えてやってほしい［K-X, 136–37］

1月◉『月刊報告』書評「シュトラスブルク司祭ウルリッヒ・オブレヒツ氏の生涯」[DS-II, 372-74](『月刊報告』Monatlicher Auszug は、ライプニッツの秘書エックハルトが編集発行したドイツ語の評論誌で、ライプニッツはこれにしばしば匿名で寄稿している)

1月◉『月刊報告』書評「蘇った詩」[DS-II, 399-400]

[2月]

2/2◉ピエール・ヴァリニョン(フランスの数学者)宛——無限小概念の解明[GM-IV, 91-95, &-110. 3/20=『学芸雑誌』*Journal des Savants* に掲載 D-III, 370-72;エイトン 345]

2/3◉ヨハン・ベルヌーイ宛——ヴァリニョンについて。気圧計。燐[GM-III, 692-93]

2/5◉**ブラウンシュヴァイクへ(2/14まで)**

2/5◉ジャック=ベニーニュ・**ボシュエ**(モーの司教。新旧教会合同のカトリック側の立役者)宛(ブラウンシュヴァイクから発送)——教会合同問題[FC-II, 432; Gaquère,235;エイトン 316]

猊下

聖書正典に関するトリエント公会議に対して私が批判をしたためた2通の書簡に、光栄にも猊下からご返答を頂いておきながら、その時私はベルリンの宮廷に赴かねばなりませんでした*。帰り次第ご返答を差し上げることができると思っていたのですが、それほど長くはかかるまいとの予想に反して、ベルリンに長逗留せざるを得なくなってしまいました。今年の初め[1月23日]になってやっと、プロイセン王妃のお望みで私がお供をしてハノーファーに戻ってこられました。その後、既に書き始めていたご返事を仕上げるべく努め、こうして今差し上げられるようになったという次第です。願わくば、ここで投げ出してしまったら真なるものを裏切ることになってしまうと私が考えていると、お察し頂きたいのです。モラヌス師も私と同じお考えで、彼の見解を私のものと一緒に貴殿にご覧に入れて欲しいとのことでした。私も、十分に力を注いだつもりです**。

猊下の謙虚にして忠実な僕である、ライプニッツより

*——1700年5月14、24日の手紙(FC-II, 318-&344-、いずれもヴォルフェンビュッテル発で、両者合わせて122項目に及んでいる)に対し、ボシュエは1701年8月17日に62項目にわたる批判を寄せていた。ライプニッツはその頃ハノーファーからベルリンへと移動をしている。

**——ボシュエの批判に対する返答は、次項の「考察」のこと。ボシュエの側ではこの反論の存在が確認されていないようで、両者の論争がライプニッツの一方的な中止によって終結させられたと考えていたらしい。

2/5?◉「トリエント公会議の決定の誤りについてのボシュエの批判の考察」[FC-II, 433-54]

2/6◉ヴァルテンベルク宛——ブランデンブルク軍のハノーファー領通過について[LBr, 379]

2/10◉**ベネディクタ**(ハノーファー公ヨハン・フリードリッヒ未亡人)宛——教会合同計画について[LBr, 403]

▶2/13◉ナタネール・フォン・**シュタッフ**(カッセル公傅育係)から——パパン(後述)の発明について。大理石採石場、砂金選鉱所、製塩所[LBr, 310]

2/14◉ジモン・**レフラー**(ライプニッツの甥、ライプニッツの相続人)宛——ある論争について[D-V, 414]

▶2/14◉アッティリオ・**アリオスティ**(ブラウンシュヴァイク=ヴェルフェン家のことをプロイセンに伝える役)から——挨拶。ゾフィー=シャルロッテからのすぐ帰るようにとの伝言[K-X, 132]

2/14◉ファブリツィウス宛——教会合同[D-V, 259]

2/15◉ヴォルフェンビュッテル宮廷秘書ヨハン・ウルバン・**ミューラー**から俸給100ターラーの後払いを受ける[MK, 177]

2/16◉**ハノーファーに戻る**

［1月］

▶1／1◉**ゾフィー**（ハノーファー選帝侯妃）から——英国情勢（名誉革命後の王位継承問題）。**ジョン・トーランド**（英国の自由思想家）について［K–VIII, 319–20］

1／2◉アルブレヒト・フォン・**テッタオ**（カッセル公使）と、**ゾフィー＝シャルロッテ**（プロイセン王妃。ハノーファー選帝侯妃ゾフィーの娘）のもとで会食［K–X, 123］

1／2◉「ベルリン科学協会の課題についての覚え書き」［K–X, 366–71. 時期推定は MK, 177］

▶1／2◉ルドルフ・**フーゴ**（ハノーファー副首相）から——世間話。ヴォルフェンビュッテル問題（ヴォルフェンビュッテルとフランスの同盟関係を引き離そうとするため、プロイセンは交渉を続けていて、ハノーファーもプロイセンの側についていた）［K–X, 121］

1／3◉ハノーファー選帝侯**ゲオルク・ルートヴィヒ**宛——世間話。英国王について［K–X, 122］

1／3◉ゾフィー宛——テッタオのこと。エオザンダーというスウェーデンの建築家がリュッツェンブルク宮殿（後に、ゾフィー＝シャルロッテにちなんでシャルロッテンブルク宮殿と称する）の模型を見せた。中国について［K–VIII, 320–22］

1／6◉フーゴ宛——英国王について［K–X, 123］

▶1／7◉ダニエル・エルンスト・**ヤブロンスキー**（プロイセン宮廷牧師）から［Kvacsala, 1899, p. 80. (Ravier, 474)］

1／8◉ヨハン・カジミール・コルベ・フォン・**ヴァルテンベルク**（ブランデンブルク首相）と政治問題で会談［K–X, 126］

1／10◉ゾフィー宛——風邪がひどい。ロシア情報［K–VIII, 324–26］

1／10◉「諸王の神学」（国家、都市、王侯の寸評。1／10ゾフィー宛の手紙に付せられた）［K–VIII, 326–27］

1／10◉選帝侯ゲオルク・ルートヴィヒ宛——ヴォルフェンビュッテル問題［K–X, 124］

1／12◉ゾフィー＝シャルロッテ宛——できもののせいで話ができない、頭も痛い。政情［K–X, 130］

▶1／12◉ヴァルター（ヴォルフェンビュッテルの傅育係）から——詩人モンプローヌの推薦［LBr, 378］

1／12以降◉マルキ・**ドーソン**（プロイセン王馬寮長官）宛——モンプローヌについて。ジョン・ロックはじっくり読む価値あり［LBr, 7,378］

▶1／13◉D.E.ヤブロンスキーから［Ravier, 474］

▶1／14◉ゾフィーから——諸侯情報。トーランドについて。ロシア情勢［K–VIII, 327–28］

1／14以降◉フリードリッヒ・ヴィルヘルム・フォン・**ゲールツ**（ハノーファー国務大臣）宛——戦争の危機を回避し防衛体制を維持する計画［LBr, 70］

1／14◉選帝侯ゲオルク・ルートヴィヒ宛——オランダ、英国情勢［K–X, 129］

▶1／14◉**ヨハン・ベルヌーイ**（スイスの数学者一族の一人）から——気圧計。ゲーリケ、フック、ホイヘンスについて。燐。実体の定義を教えてほしい［GM–III, 689–92. ゲルハルトはこの手紙をライプニッツからベルヌーイへのものとしているが、内容からすれば明らかに逆である］

1／15◉ゾフィー＝シャルロッテ宛——健康回復。ロシア［K–X, 131］

1／19◉**ベルリン出発**

1／23？◉**ハノーファーに戻る**。ゾフィー＝シャルロッテの里帰りに同行［エイトン 322. cf. GP–III, 287］

▶1／25◉D.E.ヤブロンスキーから——旅行話［LBr,101 ; Ravier,474］

1／26◉**シェッツ**（ヴォルフェンビュッテル公秘書）宛——**アントン・ウルリッヒ**（ヴォルフェンビュッテル大公）訪問について［LBr, 252］

1／26◉ヨハン・**ファブリツィウス**（ヘルムシュタット神学教授）宛（短信）［D–V, 158–59］

1／26◉D.E.ヤブロンスキー宛——ベルリン科学協会について［DS–II, 197–200］

1／27◉アンドレアス・ゴットリープ・フォン・**ベルンシュトルフ**（ハノーファー首相）宛——戦争を回避し平和を保つ方法［LBr, 14］

▶1／28◉シェッツから——ライプニッツへの期待［LBr, 252］

ライプニッツ 1702年密着取材

ここでは1702年のライプニッツの動きを可能な限り再現してみることにする。ただしこの「再現」は、少なくとも何らかの根拠に基づいて言える限りで行う。根拠といっても、日付がはっきりと示されているものから、間接資料によるもの、あるいはこれまでの研究者の推定によるものなど、信憑性にはいくつかのグレードがあるが、それは詮索しないことにする。ただし、勝手な臆測を紛れ込ますことだけはしていない。煩雑かもしれないが、根拠となった資料は明示しておく。資料の隙間を文学的な想像力で埋めることはしていない。ここで確認できた手紙の数は、予想より少ない。実際はこの倍以上はあったと推測できるのだが、各種刊行本による限りでは、今のところこれ以上の追跡は私にはできない。将来、アカデミー版でこの年代のものが刊行されれば、完全な「密着取材」ができることになるだろう。

なぜ1702年かというと、これがライプニッツのきわめてありふれた1年だからである。ライプニッツは生涯をかけてきわめて忙しく動き回っていたので、どの1年をとっても、多彩な活動経歴をたどることができる。それでも、ときには大きな仕事や大きな移動が集中することもあったろう。1702年はそういうことがあまりない。ハルツ鉱山に取り組んでいたときのように、込み入った問題にかかずらわって頻繁に手紙のやりとりが繰り返される、というわけでもない。それでいて、絶えず移動しながらいろいろな仕事にかかわっていくことには変わりがない。それゆえ、ライプニッツの「普通の」姿が見えるのである。しかも、この時期、おそらくはライプニッツが多忙な中にも充実感と幸福感をある程度味わっていた頃ではないか、と推測できる。ベルリン科学協会(後のアカデミー)が建設され、初代院長としてたびたびベルリンを訪れ、ベルリン近郊のリュッツェンブルク宮殿ではゾフィー＝シャルロッテと楽しい時を過ごした。本拠地のハノーファーでは、3人目の最悪の君主に仕えていた時期ではあるが、各分野での仕事を継続しながら、信頼できる王妃ゾフィーと宮廷で語らう、という日々であった。3年後にゾフィー＝シャルロッテが急逝し1714年にはゾフィーにも先立たれるが、この失意の晩年はまだ先のことである。このおそらくは一番幸せな時期のライプニッツにしばらくは寄り添ってみたい。

◉初出の人名は**ゴシック体**で表記し、簡単な説明を加えた。

◉▶はライプニッツ宛の手紙。日付は発信日であり、ライプニッツが受け取った日付ではない。数日の遅れを見ておくとよい。

◉滞在地に関する事項は太明朝で表記した。

◉項目末尾の[ ]内は典拠を示す。このうちのいくつかは内容を確かめることができなかった。略号は巻末文献リストを参照。

▶1701／11／4◉**ジョアシャン・ブーヴェ**(北京在住のイエズス会宣教師。中国名・白晋)から――中国論(到着1703／4／1)[D-IV-1, 152–64. Zacher, 262–74. →ライプニッツの返事1703／4／2. エイトン352]

【1702年】

ベルリン(1701／11／22以来)

厄介なのは数量の問題だけではない。すでに見たように、ライプニッツの活動は実に多岐にわたっていた。ということはそれぞれの領域に関する文献があるということである。このいわば質的な多様さが、編集作業の前に立ちはだかっている。これが、全集がなかなかできない第二の、そしてたぶん一番大きな理由である。ライプニッツの活動のすべての分野をカバーできるような人はそうはいない。というより、たぶんいない。すると、ライプニッツの著作を整理するためには分野ごとに専門家が必要となる。しかしその専門家は必ずしも自分の分野以外のことにまで目配りが利くとは限らない(それだから専門家なのだろう)。これが数学や法律など比較的学問としての扱い方に一定の手順が予想されるものならまだしも、いったいどの分野に属すべきものかが判然としないものは、整理ができないまま放っておかれたとしても不思議はない。ライプニッツの全著作をきちんと整理することができるためには、ライプニッツがもう一人必要だ。

第三に、ライプニッツがしたためた手紙が膨大な数にのぼることである。千人以上の人々と交わした手紙の山は、学問的な論争、政治的な交渉から、私的な話題にいたるまでを扱い、論文で扱われた領域をはるかに越えた広がりをもっている。そこにはライプニッツの思想の神髄が散らばっている。しかも手紙には当事者にしかわからないような個人的な情報や、現在となっては調べきれない一種の「時事ネタ」も含まれているので、これらの手紙をすべて集めて活字にして必要な注釈を加えるという作業は、これまた恐ろしいほどの時間と労力とを必要とする。

第四に、ライプニッツの推敲癖がある。あれだけ多くのものを書きながら、ライプニッツは絶えず推敲を繰り返していた。著作や論文は言うに及ばず、手紙やメモにも必ずといっていいほど下書きがあり、加筆、削除、訂正の跡を詳しくたどれるものもずいぶんある。テキストを編集する際に、このような経過も丁寧に盛り込もうとすれば、どうしても手間がかかってしまう。

アカデミー版の全集はこうした困難をすべて解決しようとして取り組まれている。時間を要するのは当然であろう。ライプニッツの完全な全集は当分の間手にすることはできそうにない。したがって実際的なのは、これまでにいろいろと出版されている「選集」を利用することである。哲学分野、論理学分野、政治学分野、技術史分野、歴史研究、教会合同計画、中国関係などで、それぞれに関する著作や手紙を集めたもの、あるいはそれらの翻訳などがいろいろと出版されている。これらを利用することによって、ある問題でのライプニッツの思想の流れや大まかな全体像をつかむことはできる。だがこうした読み方には落とし穴があることには充分に気をつけなければならない。つまり、こうした「選集」によれば、特定問題に関するスペシャリストとしてのライプニッツの姿は見えてくるかもしれないが、そのためにかえって、いわばジェネラリストしてのライプニッツの姿が見えにくくなりかねないからである。全体への目配りは読者にも求められている。

★1——アカデミー版の分類と2000年現在の刊行状況を簡単に見ておく。全体は7つに分類され、それぞれを時間順に配列している。第1部は政治・歴史関係の書簡で、1698年分までの15巻。それに補遺としてハルツ関係。第2部は哲学関係の書簡で、1683年分までの1巻だけ。第3部は数学・自然科学・技術関係の書簡で、1690年分までの4巻7分冊。第4部は政治関係の著作で1689年までの3巻。第5部は歴史関係の著作で、これは手つかず。第6部は哲学関係の著作で、1690年分までの4巻と、第6巻『人間知性新論』。第7部は数学・自然科学・技術関係の著作で1676年分までの2巻。財政学関係の別巻も出ている。最近は1年に1巻ほどが出ているようだ。

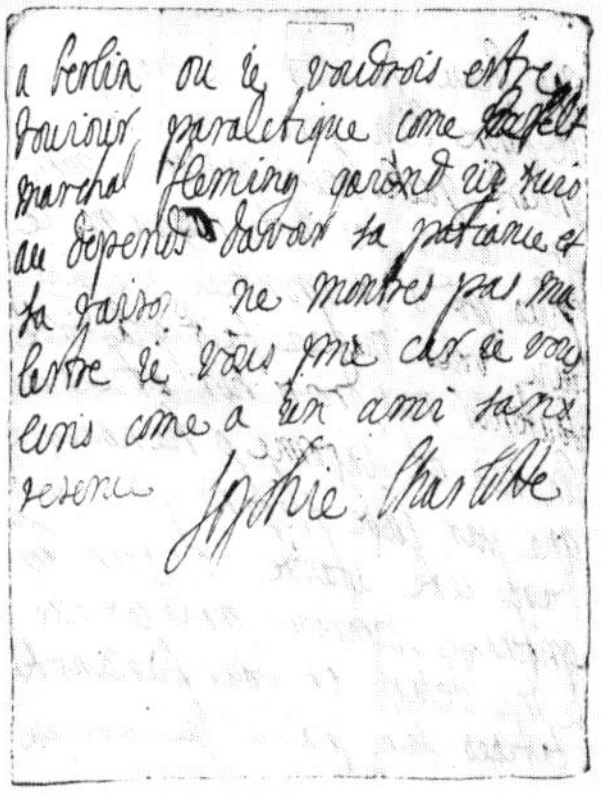

図37——ゾフィー＝シャルロッテからの手紙。子どもじみた字体だ。

が、ライプニッツ文庫を訪れたときにブレガー所長に手稿の所在を尋ねたところ、それは金庫にしまってあるのだが、と言いながら隣の部屋に向かい金庫の鍵を回して扉を開け、いくつかの手稿を見せてくれた。インクはずいぶんと色褪せたような気がするが、確かにこれは写真で何度も見たあの下手くそな文字だ。何が書いてあるかはよくわからなかったが、不覚にも興奮してしまった。さらに所長は、別の小さく折り畳んである紙片を見せてくれた。それは、ゾフィー＝シャルロッテからの手紙だった。小さい便箋に大きめの文字が書き連ねてある。その文字は、私が勝手に思い描いていたゾフィー＝シャルロッテのイメージとはそぐわなかった。華麗な王宮(シャルロッテンブルク宮殿)にその名をとどめたプロイセン王妃というと、高貴で上品で清楚で……、だから文字もそんな雰囲気を漂わせてさぞかし流麗な筆跡だろう、と思いきや、子どもじみたような字体で、ひと頃の日本の女子中高生あたりが書いたような丸文字を思わせるものだった。ゾフィー＝シャルロッテと丸文字という組み合わせには苦笑してしまった。

学問的な研究に自筆の原稿はほとんど必要はない。初版本もそれ自体は研究にとって格別役に立つわけではない。それらは、よほど専門的な文献考証か、書誌学的な関心か、さもなければ研究とは別の目的にとってだけ意味がある。それ以外は醜悪なフェティシズムを満足させるにすぎないと思っていた。しかし自筆の現物を目の前にしたとき、フェティシズムもいいものだ、と宗旨変えしてしまった。これらはすべてマイクロフィルムになっていて、活字化され、さらにゆくゆくはすべてが電子テキストとなっていくのであろう。フェティシズムはますます縁遠くなる。

[刊行本]

ライプニッツを研究しようとしたら当然ながら刊行本を利用することになる。ところがここで現実的な問題に出会うことになる。ライプニッツの場合には定番の全集というものがないからである。正確に言うと、まだない。『アカデミー版全集』といわれるものが完全な全集を目指しているがまだ完結していない。この全集は20世紀初頭に計画が立てられ、第一次大戦後の1923年にやっと1冊目が刊行された。初めの頃は一応は順調に刊行されていたのだが、第二次大戦やらドイツの東西分断などがあってからは遅々として進まず、現在のところやっと30巻ほどが刊行されてはいるものの、これから完成まであと何年かかるのか見当がつかない。今あるのは、『人間知性新論』などの例外を別とすれば、比較的後期のものはまだ手つかずで、権威があるとは言えても「定番」とはとても言いがたい[★1]。そのために、昔からの各種の「著作集」を定番もどきとして用いざるを得ないのである。その中でも、ゲルハルトが編集した『哲学著作集』(全7巻)と『数学著作集』(全7巻)は、いずれも19世紀の終わり頃に刊行されたものだが、哲学と数学に限って言えば現在でも事実上の定番となっている。基本的な研究であればこの2つの著作集でそれほど不足はないものの、これに漏れた重要な著作や手紙がまだ数多くあって、専門的に研究しようとすると、それ以前の版や20世紀になって編集された版などにも目を通す必要がでてくる。さらに、哲学と数学以外の分野にまで範囲を広げると、一度も活字になったことがないものがまだまだあり、そこまでいくとほとんど泥沼状態になってしまう。

どうして全集版の編集作業がこんなに立ち後れているのだろうか。理由はいくつかある。第一に、すでに述べたように、ライプニッツの場合にはまとまった著作というのがきわめて少なく、『弁神論』と『人間知性新論』(生前には刊行されなかった)を除くと、あとは雑誌論文などの比較的小さい著作ばかりである。しかもその数は膨大である。

いないだろう。定期的な業務連絡を続けていたのではないし、毎日のように同工異曲のラブレターを書いていたのでもない。同時並行的にあらゆる問題を扱っているのである。公的な仕事に関わるものとしては、君主への政策提案、外交官としての政治的外交的駆け引き、図書館司書としての情報収集、修史官としての歴史調査、教会合同のための画策、アカデミー建設のための根回しなどが挙げられる。これらと並行して、数学、力学、哲学、神学などの学問的探求、中国の情報や国際法についての学問的、歴史的、実際的課題を、その筋の第一人者たちと意見を交換し合っている。神学者デ・ボスとの手紙のやりとり［▶4—2「相手を見据える」］は、デ・ボスから67通、ライプニッツから41通交わされた。手紙はどれもが重量級であわせるとゲルハルト版で230ページ分ある。往復の全部を日本語に訳したら400字詰めで7〜800枚ほどになるだろう。これに匹敵するほどの壮大なやりとりの相手が何人もいる。どのテーマも継続的な集中力と緊張感を必要とするものだが、ライプニッツはそれらを同時に走らせてすべてをコントロールしようとしていたのである。

ライプニッツはこれらの著作原稿や手紙類をドイツ語、フランス語、ラテン語を用いて書いている。ライプニッツの母語はもちろんドイツ語なのだが、当時まだドイツはヨーロッパの学術、芸術の後進国であり、ドイツ語はどちらかというと野卑な言語と思われていた。上品さを体現しているのはフランス語だとされ、ドイツの宮廷ではフランスが話されていたという。ドイツ人であるライプニッツが書いたフランス語は句読点の打ち方などがドイツ語的だとも言われるが、それは愛嬌といったところだろう（『弁神論』序文末尾［工作舎⑥, 42］参照）。

一方、学者の世界では共通言語として以前からラテン語を用いる風習があった。ライプニッツ自身はラテン語がもっとも正確に表現できると言ったそうだが、これは、幼い頃からラテン語の歴史書や文学書に親しんでいたせいであろう。数学や神学などの学問領域では著作も手紙もラテン語を用いたものが多い。学者同士が母語を離れたところで同一の出発点から議論ができるという利点がラテン語にはあるからである。哲学でもラテン語がよく用いられているが、フランス語の方が比較的多いように思える。これは専門家以外との接触があるからだろう。インテリの一般人や宮廷夫人たちが果たした聞き手としての役割は決して小さくない。政治学や歴史関係だとドイツ語の比重が高まる傾向がある。これは各地の政治家や実務家との情報交換が重要な意味を持つからである。いずれにしても、ライプニッツは相手の立場や知的素養に応じて言語を選んでいる。

現在確認できる限りで最も早い自筆資料は、1664年4月10⒇日の日付のもので、ヴァッツドルフ基金から給付された15ギルダーの奨学金の受取証である。これはライプツィヒ大学に保管されている。最後の自筆原稿はプロイセンの大臣マルカード・ルートヴィッヒ・フォン・プリンツェンに宛てた手紙の草稿で、1716年11月3日の日付がある。死ぬ11日前である。プロテスタントの教会合同に関する内容で、死ぬことなど微塵も感じさせず、まだまだ仕事を続ける意欲がみなぎっている［▶4—3 図35-36］。

ハノーファーの図書館で厳重に保管されている自筆資料は、そのままで研究に使うには不便だし傷みやすい。そこで、1950年代にポール・シュレッカー（ライプニッツのテキストをいくつか刊行したことで知られる）の提案によって、マイクロフィルム化された。

《余談》
たまたま『弁神論』の手稿の冒頭箇所のフィルムを見ていたら、マイクロフィルム化される前の「貸出簿」もついていた。日付と閲覧者の名前が記してあり、ライプニッツ研究史上に名を残す人々のサインが連ねられていた。思わず襟を正してしまったが、もうこれ以上サインは増えることがないと思うと一抹の寂しさも感じる。

これらの手稿を活字化する作業は現在でも辛抱強く続けられている。その作業に携わるスタッフ以外の者がライプニッツの手稿を直接手にすることはもうほとんどないのだろう。そうあきらめていた

14〜23—ドイツ地方史
24〜31—ヨーロッパ各国史
32———アジア史
33———国際法
34———政治学、経済学
35———数学
36———軍事学
37———物理学、力学、化学、自然史(含　音響学、光学)
38———技術
39———文学史
40———科学協会、文書館、図書館
41———ライプニッツ伝

なお、1966年の改訂版では、計算機関係を含む「その他」の項目が新たに42番目として追加された。

次に『書簡集』だが、手紙は当然のことながら送り手と受け手とがいる。ライプニッツが受取人となった手紙は、ほとんどが保管されている。送った手紙はもちろん手元にはないが、ライプニッツはこまめに控えを取っていた。したがって原則的には、ライプニッツとやりとりがなされた手紙は往復ともほとんどが残されていることになる。こうして現在ハノーファーに保管されている手紙は、相手のも合わせて1万5300通以上になる。ボーデマンのカタログは、まず相手を「一般人」と王侯とに分け、前者は完全に名前のアルファベット順に、後者は家系別にした上でアルファベット順に並べた。現在から見れば、「一般人」と王侯とに分けることに意味はないが、ボーデマンの頃は「ハノーファー王立図書館」だったので、こうした配慮は当然であったのかもしれない。今となっては単に面倒なだけではあるが。しかしともかくボーデマンのカタログでは「一般人」は1028人、王侯は35人を数えた。1966年の改訂版では「一般人」で12人、王侯で1人の追加があったので、その時点で総計1076人ということになる。実際の数は1100人に達するかもしれない。ボーデマンは各人について簡単な説明をした上で、何通の行き来がどの時期にあったかを記し、刊行本に掲載されていればその箇所を示し、未刊行のもののうちのいくつかは全文あるいは要約を載せている。

千人以上の文通の相手は、各界の当時一流から三流までの学者、政治家、宗教家、実務家、商人、技術者、芸術家、王侯貴族、高等遊民、インテリ素人など、あらゆる階層、職層に及ぶ。ヨーロッパ全土のみならず、はるか中国在住の宣教師たちと交わしたものもある。片道に一年半ほどを要した中国との文通は互いにずいぶんと歯がゆい思いをしたに違いない。相手に応じてフランス語、ラテン語、ドイツ語でやりとりがなされている。相手からの手紙だと、これに加えて、イタリア語、ロシア語、英語もある。分量も内容も単なる挨拶や業務連絡程度のものから超重量級のものまで、いろいろある。テーマによっては手紙でしか扱っていないものもある。ハルツ鉱山関係、図書館関係、教会合同関係などはおおむねそうである。また、軽妙洒脱に詩を詠んだものもあるし、王妃の侍女の頼みを受けて数学の手ほどきをしているものまである。

電子メールの時代ならいざ知らず、手作業で複写をとり、郵便馬車を介して配達していた時代に、一生の間に1万5000通以上ものやりとりはどのようにすれば可能なのだろうか。半数をライプニッツからの手紙だとし、活動期間を単純に50年としてこれで割ると、1年あたり平均して約150通、1週間に3通の手紙を書いていることになる。「まえがき」で引用したベルヌーイ宛の手紙では「毎年300通以上の手紙を書いています」と言っていた。これだと1週間に6通書いている。電子メールが普及しつつある現在、1日にメールを数十通ずつやりとりしている人も少なくない。これに比べれば週に5、6通などわけないようにも思われる。しかし内容が多岐にわたっているという点ではライプニッツにかなう者はそうは

遺されたもの

ライプニッツが遺したものは、(1)論文、著書の手稿類。これには何度かの下書きやそれへの推敲がある。(2)書物等の資料からの抜き書き。(3)研究ノートやメモ類。(4)手紙類。相手からの手紙の現物と封筒もある。しばしばライプニッツの書き込みがある。ライプニッツ自身の手紙の下書きと写しもある。(5)書物の余白への書き込み。これ以外は、現金類、自作の計算機と旅行用の椅子[▶3—4「モバイル人間」]、それにわずかばかりの身の回りのものだけだった[O'Hara]。

[自筆資料]

あわせると全部で10万ページにもなる膨大な自筆資料の大部分はハノーファーの図書館でほとんど無傷のまま保管されていた[▶3—2「その後」]。しかしこれらは実に多くの分野に及ぶ内容を持っているために、整理するだけでも相当に困難な仕事であることが想像される。

この困難な仕事を成し遂げたのが、19世紀の終わり頃にハノーファーの図書館の司書をしていたボーデマンである。彼は6万点以上のライプニッツの手稿と手紙を詳しく調査して、2巻のカタログにまとめた。『ハノーファー王立公開図書館蔵ゴットフリート・ヴィルヘルム・ライプニッツの書簡集』(1889年刊、本書ではLBrと略記)と『ハノーファー王立公開図書館蔵ライプニッツ手稿集』(1895年刊、本書ではLHと略記)である。両方とも、増補改訂版が1966年に出た。この改訂版の両巻の巻末には同一の人名索引が付され、二つのカタログの相互参照が可能になった。まず『手稿集』についてみてみよう。

『手稿集』は手紙類以外を対象としている。ボーデマンはおそらく分類項目の立て方で苦心したに違いない。しかし結局はこの図書館の既存の図書分類方式を踏襲することになった。全体は大きく41の大項目に分類されている。それぞれに収められた点数には大きなばらつきがあり、なかには数点しか含まれていない項目もある一方で、特に手稿の数が多い神学、法学、哲学、言語学、数学、物理学などのように、さらにいくつかの中項目に細分化されているものもある。何しろ百年以上も前の分類方式に従っているものだから、項目名自体が現在からするとピンとこないものもあり、ライプニッツの著作の分類としては必ずしも適切だとは言えそうにない。それでも、これによって少なくともライプニッツの仕事の幅の広さはある程度うかがうことができる。以下に、この分類項目を紹介する。

1———神学(弁神論、神学大系、神学論争、神秘神学、教会合同等)
2———法学(方法論、法学改革、普遍法学、法律個別問題等)
3———医学
4———哲学(モナド論、予定調和等)
5———文献学、言語学(ドイツ語、ラテン語、フランス語)
6———地理学
7———年代学
8———系譜学、紋章学
9———考古学
10———古銭学
11———一般史
12———ドイツ史
13———オーストリア史

藤野幸雄『図書館史・総説』勉誠出版株式会社、1999年
ボダルト＝ベイリー、ベアトリス・M＋マサレラ、デレク編『遥かなる目的地　ケンペルと徳川日本の出会い』中直一＋小林小百合訳、大阪大学出版会、1999年
ボダルト＝ベイリー、B・M＋マサレラ『ケンペルと徳川綱吉』中直一訳、中央公論新社、1994年
マグレガー、アン＆スコット『風車』青木国夫・佐藤光史訳、草思社、1985年
松枝到編『ヴァールブルク学派　文化科学の革新』平凡社、1988年
水島一也『近代保険の生成』千倉書房、1975年
宮永孝『阿蘭陀商館物語』筑摩書房、1986年
山田弘明『「方法序説」を読む』世界思想社、1995年
ラヴジョイ、アーサー・O.『存在の大いなる連鎖』内藤健二訳、晶文社、1985年
レーシュブルク、ヴィンフリート『ヨーロッパの歴史的図書館』宮原啓子・山本三代子訳、国文社、1994年
ロスト、ゴットフリート『司書——宝番か餌番か』石丸昭二訳、白水社、1994年

(2003年以降)
ライプニッツ、G・W『ライプニッツの国語論——ドイツ語改良への提言』高田博行・渡辺学訳、法政大学出版局(叢書ウニベルシタス)、2006年

石黒ひで『ライプニッツの哲学——論理と言語を中心に』岩波書店(増補改訂版)、2003年
オルテガ・イ・ガセット、ホセ『ライプニッツ哲学序説——その原理観と演繹論の発展』杉山武訳、法政大学出版局(叢書ウニベルシタス)、2006年
クリスティン、レナート＋酒井潔編著『現象学とライプニッツ』大西光弘訳、晃洋書房、2008年
酒井潔『ライプニッツ』清水書院(Century Books—人と思想)、2008年
酒井潔＋佐々木能章編著『ライプニッツを学ぶ人のために』世界思想社(文献案内あり)、2009年
林知宏『ライプニッツ——普遍数学の夢』東京大学出版会、2003年
松田毅『ライプニッツの認識論』創文社、2003年
山内志郎『ライプニッツ——なぜ私は世界にひとりしかいないのか』日本放送出版協会(シリーズ哲学のエッセンス)、2003年

＊なお、2009年に「日本ライプニッツ協会」が発足し、国内外の研究組織と連携をとりながら、ライプニッツの多面的な研究の推進をはかっている。

Leibniz's manuscript papers and repository. in *Archives of the Scientific Revolution. The Formation and Exchange of Ideas in Seventeenth–Century Europe* (Edited by Michael Hunter), pp. 159–70, Woodbridge & Rochester, NY : The Boydel Press, 1998〔O'Haraの論文はインターネット上で公開されている〕

Popp & Stein= Karl Popp, Erwin Stein (ed.) : *Gottfried Wilhelm Leibniz The work of the great universal scholar as Philosopher Mathematician Physicist Engineer*, Hannover, 2000

Serres, Michel : *Le système de Leibniz et ses modèles mathématiques*, Paris, 1968

小野康博「ライブラリアンとしてのライプニッツ」『UP』86号、東京大学出版会、1979年12月、1–16

五來欣造『儒教の独逸政治思想に及ぼせる影響』早稲田大学出版部、1929年

佐々木能章「共有された悪——ライプニッツの保険論」『横浜市立大学論叢』第46巻人文科学系列第1.2.3合併号、1995年

佐々木能章「地上のオプティミズム——ライプニッツの社会哲学への視点と数学的方法——」『思想』930号「特集・ライプニッツ」、岩波書店、2001年

長尾龍一『西洋思想家のアジア』信山社、1988年(「ライプニッツと中国」35–98)

福島清紀「ライプニッツとボシュエ——教会合同の試みの一断面(2)」法政大学教養部紀要66号、1988年

村上俊江「ライブニッツ氏ト華厳宗」(中村元編『華厳思想』法蔵館、1960年、451–483)

◉関連図書、論文

アザール、ポール『ヨーロッパ精神の危機』1935年、野沢協訳、法政大学出版局、1973年

安藤洋美『確率論の生い立ち』現代数学社、1992年

伊東俊太郎、坂本賢三、山田慶兒、村上陽一郎編『科学史技術史事典』弘文堂、1983年

岩生成一「デカルトの孫弟子——日系人 Pieter Hartsinck の墓碑」『日本歴史』第339号、吉川弘文館、1976年8月、82–83

内山昭『計算機歴史物語』岩波書店、1983年

ヴァイグル、エンゲルハルト『近代の小道具たち』三島憲一訳、青土社、1990年

ヴァイグル、エンゲルハルト『啓蒙の都市周遊』三島憲一・宮田敦子訳、岩波書店、1997年

ヴォルテール『カンディード』吉村正一郎訳、岩波文庫、1956年

ゲーテ、ヨハン・ヴォルフガング『自然と象徴』高橋義人編訳、冨山房、1981年

ケンペル、エンゲルベルト『江戸参府旅行日記』斎藤信訳、平凡社(東洋文庫)、1977年

後藤末雄『中国思想のフランス西漸2』矢沢利彦校訂、平凡社(東洋文庫)、1968年

ゴドウィン、ジョスリン『キルヒャーの世界図鑑』川島昭夫訳、工作舎、1986年

小堀桂一郎『鎖国の思想——ケンペルの世界史的使命』中央公論新社、1974年

ゴンブリッチ、エルンスト・ハンス・ジョーゼフ『アビ・ヴァールブルク伝　ある知的生涯』鈴木杜幾子訳、晶文社、1986年

城憲三、牧之内三郎『計算機械』共立出版株式会社、1953年

シラノ・ド・ベルジュラック『日月世界旅行記』有永弘人訳、岩波文庫、1952年

谷口健治『ハノーファー　近世都市の文化誌』晃洋書房、1995年

テュヒレ、ヘルマンほか『キリスト教史5　信仰分裂の時代』『キリスト教史6　バロック時代のキリスト教』上智大学中世思想研究所編訳・監修、平凡社、1997年(「平凡社ライブラリー」シリーズでの補遺・改訂版。旧版は1980年から1982年にかけて講談社より出版)

トドハンター、アイザック『確率論史』1865年、安藤洋美訳、現代数学社、1975年

ニーダム、ジョセフ『中国の科学と文明』(9機械工学下)中岡哲郎・佐藤晴彦・堀尾尚志・山田潤訳、思索社、1978年

ノウルソン、ジェイムズ『英仏普遍言語計画』浜口稔訳、工作舎、1993年

政治学関係論文の英訳]
Rohbrasser, Jean-Marc et Jacques Véron : *Leibniz et les raisonnements sur la vie humaine, Éditions de l'Institut national d'études démographiques,* Paris, 2001［人口論、年金論、仏訳を含む］
Robinet, André : *Malebranche et Leibniz --- relations personnelles*, Paris, 1955［マルブランシュに関連するライプニッツの著作、書簡、断片集］
Sève, René : G. W. *Leibniz --- Le droit de la raison,* Paris, 1994［法、社会思想の文献、仏訳を含む］
Widmaier, Rita : *Leibniz korrespondiert mit China*, Frankfurt am Main, 1990［中国在住宣教師たちとの往復書簡集］
Zacher, Hans J. : *Die Hauptschriften zur Dyadik von G. W. Leibniz Ein Beitrag zur Geschichte des Zahlensystems*, Frankfurt am Main, 1973［二進法関連の著作、書簡集］
工作舎＝下村寅太郎、山本信、中村幸四郎、原亨吉監修『ライプニッツ著作集』全10巻、工作舎、1988～1999年
下村寅太郎編『スピノザ　ライプニッツ』中央公論新社、1969年
河野与一『形而上学叙説』岩波書店、1950年
河野与一『単子論』岩波書店、1951年

◉年譜、書誌、語彙集

Finster, Reinhard et al. [=Graeme Hunter, Robert F. McRae, Murray Miles & William E. Seager] : *Leibniz Lexicon, A Dual Concordance to Leibniz's Philosophische Schriften*, Hildesheim, 1988［ゲルハルト版哲学著作集の主要語彙引用集。全語彙を集録したマイクロフィッシュ版からの抜粋］
Hoffmann, Joseph Ehrenfried : *Register zu Gottfried Wilhelm Leibniz Mathematische Schriften und Der Briefwechsel mit Mathematikern* (herausgegeben von C. I. Gerhardt), Hildesheim, 1977［ゲルハルト版数学著作集等の索引］
Hirsch, Eike Christian : *Der berühmte Herr Leibniz Eine Bibliographi*e, München, 2000［伝記］
MK= Kurt Müller, Gisela Krönert : *Leben und Werk von Gottfried Wilhelm Leibniz, Eine Chronik*, Frankfurt am Main, 1969［継時的に滞在地、仕事、業績を詳述した年譜］
Ravier, Emile : *Bibliographie des œuvres de Leibniz*, Paris, 1937 ; reprint : Hildesheim, 1966［ライプニッツの著作で刊行されたものについて網羅された目録］
エイトン＝E. J. Aiton : *LEIBNIZ---A Biography*, Bristol and Boston, 1985 ;『ライプニッツの普遍計画』渡辺正雄、原純夫、佐柳文男訳、工作舎、1990年［現在入手できる（ただし英語の原書は目下品切れ）最も詳細な伝記］

◉ライプニッツ関係研究書、論文

Davillé, Louis : *Leibniz historien Essais sur l'activité et la méthode historiques de Leibniz*, Paris, 1909；reprint : Darmstadt, 1986
Elster, Jon : *Leibniz et la formation de l'esprit capitaliste*, Paris, 1975
Finster, Reinhardt & Gerd van den Heuvel : *Gottfried Wilhelm Leibniz*, Reinbek bei Hamburg, 1990；『ライプニッツ　その思想と生涯』沢田允茂監訳、向井尚他訳、シュプリンガー・フェアラーク東京、1996年
Hacking, Ian : *The Emergence of Probability*, Cambridge, 1975
Kabitz, Willy : *Die Philosophie des jungen Leibniz*, Heidelberg, 1909
Newman, L.M. : *Leibniz (1646–1716) and the German Library Scene* (Library Association Pamphlet No.28), The Library Association, London, 1966
O'Hara, James G. : 'A chaos of jottings that I do not have the leisure to arrange and mark with headings' :

文献――本書で用いたもの　太字は本文で用いた略号

◉ライプニッツの著作、翻訳を含む

A= *G. W. Leibniz, Sämtliche Schriften und Briefe*, hrsg. von der Preußische（später : Deutsche）Akademie der Wissenschaften, Darmstadt, Leipzig, Berlin, 1923–［アカデミー版全集、未完結］

C= Louis Couturat : *Opuscules et fragments inédits de Leibniz*, Paris, 1903 ; reprint : Darmstadt, 1966［クーチュラ編未刊行著作断片集］

D= Ludovicus Dutens : *Gothofredi Guilleimi Leibnitii, ... Opera omnia* T. I–VI, Genevae, 1768 ; reprint : Hildesheim, 1989［デュタン版著作集］

FC= Foucher de Careil : *Œuvres de Leibniz*, t. I–VII, Paris, 1859–1875 ; reprint : Hildesheim, 1969［フーシェ・ド・カレーユ版著作集］

Gaquère, François : *Le dialogue irénique Bossuet–Leibniz*, Paris, 1966［ボシュエとの書簡を含む教会合同関係文献］

Gerland, Ernst : *Leibnizens nachgelassene Schriften physikalischen, mechanischen und technischen Inhalt*, Leipzig, 1906 ; reprint : Hildesheim, 1995［ゲルラント編技術関係遺稿集］

GM= C. I. Gerhardt : *G. W. Leibniz Mathematische Schriften*, Halle, Bd. I–VII, 1855–1863 ; reprint : Hildesheim, 1962［ゲルハルト版数学著作集］

GP= C. I. Gerhardt : *Die philosophischen Schriften von Gottfried Wilhelm Leibniz*, Berlin, Bd. I–VII, 1875–1890 ; reprint : Hildesheim, 1960–1961［ゲルハルト版哲学著作集　現在、CD–ROM版も入手可］

Grua, Gaston : *G. W. Leibniz, Textes inédits d'après les manuscripts de la Bibliothèque provinciale de Hanovre*, 2 vols, Paris, 1948 ; reprint : Paris, 2000［グリュア版未刊行著作集］

Guhrauer, G. E. : *Leibniz's Deutsche Schriften*, Bd. I & II, Berlin, 1838 ; reprint : Darmstadt, 1966［グーラウアー編ドイツ語著作集、法律、政治学関係中心］

K= Onno Klopp : *Die Werke von Leibniz*, 1. Reihe, Bd. I–XI, Hannover, 1864–1884 ; reprint (Bd.VII–XI) : Darmstadt, 1973–1977［クロップ版著作集］

Knobloch, Eberhard und J.-Matthias Graf von de Schulenburg (hg) ; *Gottfried Wilhelm Leibniz Hauptschriften zur Versicherungs- und Finanzmathematik,* Berlin, 2000［1680年代の年金関連文献、独訳も併載］

LBr= Edualt Bodemann : *Der Briefwechsel des Gottfried Wilhelm Leibniz in Königlichen öffentlichen Bibliothek zu Hannover,* Hannover, 1889 ; Neudruck : Hildesheim, 1966［ボーデマン編書簡目録］

LH= Edualt Bodemann : *Die Leibniz --- Handschriften der Königlichen öffentlichen Bibliothek zu Hannover*, Hannover, 1889 ; Neudruck : Hildesheim, 1966［ボーデマン編手稿目録］

Loemker, Leroy E. : *Gottfried Wilhelm Leibniz Philosophical Papers and Letters*, Chicago, 1956 ; 2nd edition : Dordrecht, 1969, 1976［哲学を中心に広い分野にわたる著作の英訳］

Parmentier, Marc : *G. W. Leibniz --- l'estime des apparences*, Paris, 1995［確率、ゲーム、年金関係論文、仏訳を含む］

Rescher, Nicholas : *G. W. Leibniz's Monadology An Edition for Students*, London, 1991［『モナドロジー』の入門的解説書］

Riley, Patrick : *The Political Writings of Leibniz*, London, 1972 ; 2 nd edition : New York, 1988［法学、

ハ

マ

ヤ

ラ

タ

ナ

事項索引

（『　』はライプニッツの著作）

197–202, 205, 210, 262
バナージュ・ド・ボーヴァル　Henri Basnage de Beauval　161
バーネット Thomas Burnet　24, 176–77
パパン Dionisius Papin　246, 251
パブロフ Ivan Petrovich Pavlov　117
ハルツィンク Peter Hartzingk　232, 237–38
ピュタゴラス Pythagoras　199, 206
ピョートル Peter　251
ブーヴェ Joachim Bouvet　95
フェルマー Pierre de Fermat　180
フォイエルバッハ Paul Johann Anselm von Feuerbach　73
フォントネル Bernard Le Bovier de Fontnelle　116
フーシェ Simon Foucher　57
プラトン Platon　20, 22, 84, 206, 268
ブルゲ Louis Bourguet　79, 251, 260
ブレガー Herbert Breger　208, 261
プロティノス Plotinos　22
フローベール Gustave Flaubert　194★6
ヘーゲル Georg Wilhelm Friedrich Hegel　86
ベーコン Francis Bacon　48
ベール Pierre Bayle　58, 80, 270
ベルクソン Henri Bergson　86
ベルヌーイ（ヨハン）Johann Bernoulli　8, 187
ボイネブルク Johann Christian von Boineburg　198, 212
ホイヘンス Chritiaan Huygens　22, 180, 199
ボシュエ Jacques Bénigne Bossuet　272–74
ホッブズ Thomas Hobbes　36, 61, 170
ボドリー Thomas Bodley　212

マ

マティオン　Odet Louis Matthion　199
マテオ・リッチ Matteo Ricci　91, 269
マルピーギ　Marcello Malpighi　73
マルブランシュ Nicolas Malebranche　51, 111, 251, 277
ミル John Stuart Mill　58
モア Henry More　20

ヤ

ユング Carl Gustav Jung　161
ヨハン・フリードリッヒ Johann Friedrich　207, 213, 215–16, 219, 233

ラ

ラッセル Bertrand Arther William Russell　173
ラプラス Pierre–Simon Laplace　180
ルドルフ・アウグスト Rudolf August　223
ルルス　Raimundus Lullus　29–33
レーヴェンフック Antoni van Leeuwenhoek　73, 277
レッシング Gotthold Ephraim Lessing　228
レッシャー Nicholas Rescher　84
レモン NIcholas–François Remond　21, 81–84, 182, 251, 268–69
ローエ Ludwig Mies van der Rohe　194★6
ロック John Locke　26, 46, 116, 179, 275–76, 280
ロンゴバルディ Nicholas Longobardi　91, 269

人名索引

ア

アウグスティヌス Aurelius Augustinus　134
アリストテレス Aristoteles　20, 22, 24, 49, 153, 182, 279
アルノー Antoine Arnauld　58, 78–79, 96, 198–99, 250–51
アントン・ウルリッヒ Anton Ulrich　223
ヴァリニョン Pierre Varignon　68–69, 251
ヴァールブルグ Aby M. Warburg　194★6
ウィルキンズ John Wilkins　30, 35
ヴェランツィオ Faust Verantius　240–41
ヴォルテール Voltaire 本名：François Marie Arouet　148
ヴォルフ Christian Wolff　95
エイトン Eric John Aiton　240
エルスター Jon Elster　230–31
エルンスト・アウグスト Ernst August　215–19, 224, 233
オートレッド　William Oughtred　197

カ

カサナータ Casanata　219
カゼ César Caze　199
カッシーラー Ernst Cassirer　194★6
カトラン François Catelan　51
ガリレオ Galileo Galilei　48, 50163, 197
カント Immanuel Kant　38, 61, 176, 252, 284
キルヒャー Athanasius Kircher　30, 32–34, 39–40
クラーク Samuel Clark　89, 98–99, 102, 162, 252, 268, 272, 283, 286
グリマルディ Claudio Filippo Grimaldi　240, 258
ゲオルク・ルートヴィッヒ Georg Ludwig (George I)　218, 224, 271
ゲーテ Johann Wolfgang Goethe　153
ケプラー Johannes Kepler　50, 116, 137, 206
ケンペル Engerbert Kaempfer　94★3
コイレ Alexandre Koyré　99

サ

シラノ・ド・ベルジュラック Savinien de Cyrano de Bergerac　58
ジャクロ Isaac Jaquelot　170–71
ステッファーニ Agostino Steffani　218
スピノザ Baruch de Spinoza　63, 73, 111, 159, 170, 176, 257, 276
ゼノン Zenon (Elea)　69–70
セール Michel Serres　124★4
ソシュール Ferdinand de Saussure　28, 35
ゾフィー Sophie　215, 220, 259, 271
ゾフィー＝シャルロッテ Sophie-Charlotte　58, 271

タ

ダヴィエ Louis Davillé　259
ダルガーノ George Dalgarno　30, 35
チルンハウス Ehrenfried Walther von Tschirnhaus　31, 38, 46
デ・ウィット Jan de Witt　180
デカルト René Descartes　22, 25–26, 33, 48, 51–53, 56, 59–60, 109–12, 130, 136, 163, 174–75, 178, 251, 257
デ・フォルダー Burchard de Volder　33, 57, 63, 131, 155–57, 169
デ・ボス Baltholomaeus des Bosses　63–64, 67, 94, 96, 154–56, 159, 267–68, 279
トイバー Gottfried Teuber　200
トマジウス Christian Thomasius　228
トマス・アクィナス Thomas Aquinas　84
トーランド John Toland　259
ドリーシュ Hans Adolf Eduald Driesch　153

ナ

ニュートン Isaac Newton　50, 59, 65, 206, 252, 272, 282–83
ネピア John Napier　197, 199
ノーデ Gabriel Naudé　212

ハ

ハッキング Ian Hacking　180–81
パース Charles Sanders Peirce　28
パスカル Blaise Pascal　101, 104, 173, 179–82,

あとがき

ライプニッツが生きた一七世紀の後半から一八世紀の初めにかけては、各地で文化が爛熟した時代であった。イギリスでは名誉革命をはさんで市民の力が増大し近代国家の体制が整いつつあった。フランスでは太陽王ルイ一四世がフランス絶対主義の最高潮を築き上げていた。ロシアでは大帝と言われたピョートル一世がロシアの西洋化を大きく進めていた。中国では清の康熙帝が帝国の地盤を確立し学術文化の振興に努めていた。日本は将軍綱吉の時期を中心に庶民文化が発達した元禄時代であった。それぞれがまったく違った歴史的背景を持ちながらも、ほぼ同じ時期に文化が多様さと活発さの一つのピークに達していた。これはどうしても単なる偶然とは思えないほどである。違いがあるのは当然として、そこには「たまたま」を越えて響き合う何かがあるような予感はする。

こうした予感にライプニッツは最も敏感な人だったように思える。個別の事象に細心の注意を払いながらも、それと共鳴するものを常に探していた。同じ音を求めていたのではない。異なる音がぶつかるときに和音が生じるように、多様な存在の中に調和を求めていた。それだけに、さまざまな分野さまざまなレベルの知識が集積されだしてきたこの時期に生まれたということは、ライプニッツにとって幸運であった。そして、当時のヨーロッパの政治・文化の後進国ドイツに生まれたということも、実は幸運であった。ライプニッツ自身はパリやウィーンに職を望んでいたし最晩年にはロンドンへも行きたがっていたことからすると、中央志向があったようにも見える。しかし本人の意向とは別に、中央ではないドイツにいたからこそコスモポリタンとしての発想と活動ができたのだろう。一歩間違えば偏狭な愛国主義者に成り下がるところだが、中国論に見られるようにきわめてフェアな目を方々に差し向けることができたのは、いつも視点を移動していたからにほかならない。文化の競い合いを望ましいこととして受け入れる素地があったからこそ、多くの知識を吸収することができたのだと私は思う。

ライプニッツはその知識を現実の世界に還元しようとしていた。つまり、どうすれば人々が幸福に暮らすことができるかという課題に結びつけようとしていた。多くの政策や提案がそれを物語っている。各国の事情や歴史は現在と将来とを見据えるための鏡となっていた。そしてさらにそれはまた、現在のわれわれが将来を見据えるための鏡となっている。文化の多様性だ、欧州の統合だ、グローバリズムだと騒がれるが、言葉だけを見ればすでにライプニッツが手がけたことばかりである。ライプニッツは結果を出すことはできなかった。しかし大事なのは問題を見据える目である。あるいは問題を見つけだす嗅覚である。三百年前と比べて現在の人類はどれほど賢くなっているのだろうか。

学問の状況も、ライプニッツの時代と重ね合わせてみることができる。学問は昔からさまざまな仕方で分類されてきた。上級や下級、あるいは第一と第二という仕方で価値的に序列をつけられることもあったが、一番ありふれていてなじみもあるのは対象による分類だ。これに研究の方法論が付随する。近年はそのようなわかりやすさは薄れてきた。それは従来の学問の分類では処理できないようなことがらが続出してきたからで、限界に気付きだした学問自体が異なる分野や異なる方法論との接触を求め始めたからである。その結果、大学には、これまでの常識ではどこに属するのか見当もつかないような学部や学科の名称があふれるようになってきた。「環境」や「情報」や「人間」など、文系、理系という枠組みにさえ収まらないような概念が他の概念と組み合わされて新名称を創り出している。名前に実体が伴うまでにはまだまだ時間が必要だろうが、少しずつ学問の組み替えが進行しつつあることは間違いない。

ライプニッツが生きていた時代は、ちょうど今の学問の混乱状況の裏返し現象が起きていた。近代の学問がその基礎を得、着実に築き上げられようとしていた時期であって、有象無象の雑多な知識がしだいに整理され、怪しげな知の流儀は「学問性」という篩《ふるい》にかけられて捨て去られつつあった。大学に籍を置く「専門家」が公認された学問を独占していくようになる。その結果、学問相互の垣根が築かれ、学者と素人が分断され、理論と実践とが乖離していった。ライプニッツはそれぞれの専門に深く立ち入りつつも、常にその境界を侵犯していた。時代が切り捨てつつある知識や方法にも目を向ける。切り離された分野の間に通路を見つける。その時代に逆行する姿勢がライプニッツに貫かれていた。単純化して言うと、現在が当時の学問状況と逆なら、ライプニッツの姿勢は今日的だということになる。現在は、分野の境界侵犯、専門家と素人の境界侵犯、理論と実践の境界侵犯こそが求められている。大学に一度も職を持つことがなかったライプニッツの姿勢は、現代の学問状況を映す鏡ともなっている。

ライプニッツが映しているのは時代や学問だけではない。「私」という究極の存在もそうだ。「私」をめぐる問題は哲学にとって最重要なものの一つだ。ライプニッツがこれに対して正面から取り組むことはめったになかったが、いわば問わず語りに多くを語っていた。「モナド」が結局はそれなのだ、と私は思う。本書ではほぼ意識的に「モナド」に触れることを避けてきた。その理由は、正直言って私にもモナドが何かよくわからないからである。ただおそらくこれだけは言えると思うのは、私たちが自分自身のことについて思いをめぐらすときに否応なしに迫ってくる感覚がモナドという表現を求めたのである。モナドは私だ、というのではない。「私」と呼べるものをモナドと名付けたのである。私はモナドの一つである。なぜすべて「私」と言わないのかというと、「私」と言えないものにも同類の感覚を共有したいからである。それは姿形がそっくりの人間だけには限らないところがライプニッツらしい。その私というかモナドはどれもが暗黙のうちに全宇宙とのつながりを持っている。それだけを見ると荒唐無稽な話だが、私がいつも他のものの中にあって初めて私であるということは、いやというほど言い表されている。

その私は世界の中に位置を占め、時を刻みながら生きている。そのこともまたモナドという言葉が示している。そして世界は最善だとライプニッツは言った。このおめでたい表現はさんざん馬鹿にされたが、いつも希望を失わない生き方としてみるならば何もおかしいことはない。評価の範囲を小さく限定する見方からは厳しい判断も必要になるかもしれない。実践の場でたびたび手ひどい反発を受けたライプニッツは、「政治のように用心や警戒が問題となっているときには事態を最悪に見積もることが最も確実だ」と言う。しかし「道徳のように他人を傷つけ侮蔑することが問題となるときには事態を最善に見積もらねばならない」とも言う[Grua, 701]。他人をどのような目で見るかに応じて、最悪と最善とが逆転している。人間にとってのオプティミズムはこの両面からなっている。両方あってこその「最善世界」なのである。多くの対立軸を同時に作動させながら希望に結びつけようとする人間像が透けて見えてくる。ライプニッツがモナドに託した意味を私はそう受け取っている。

ライプニッツの考え方になるべく寄り添ってみようというのが本書の意図であった。できあがった作品を一歩離れた位置から鑑賞するのではなく、工房に入り込んで制作の場面に立ち会ってみようとしたのである。それはとりもなおさず、現在に生きる私たちがライプニッツに何を見るかと問うことでもあった。そしてそれは私たちが現在と将来とにどのような目を差し向けるかを問いただすことでもある。そのためのヒントがライプニッツの中にはある。ライプニッツはもっともっといろいろな読み方、接し方があるはずだ。ライプニッツ読みの裾野が広がること、とくに若い読み手が増えることを期待してやまない。本書がそのきっかけになることを切に願う。

気が付いてみたら私は日本のライプニッツ研究者についてはほとんど触れてこなかった。わが国にも数こそ多くはないものの質的にはきわめてすぐれた研究の蓄積がある。私はそれらから直接間接に多くの教えを受けてきた。本書でそれに触れなかったのは、何とか違う切り口でライプニッツに迫ることができないものかという私なりの気負いの結果である。お許し願いたい。それ以外にも当然のことながら多くの方々の知識と知恵を拝借した。中でも、一九九九年ハノーファーのライプニッツ文庫を一緒に訪れたプリンストンのラリモア氏にはいろいろな意味でお世話になった。そのときの経験と刺激がどれほど本書に活かされているか、一口では語り尽くせないものがある。最後になったが、工作舎の十川さんに感謝したい。『ライプニッツ著作集』の翻訳に参加させていただいただけでも余りあるのに、今回あらためて貴重な機会を与えてくださった。多くのアドバイスを得ながら何とか最後までこぎつけることができた。

みなさんに心から感謝いたします。

二〇〇一年九月　　　　佐々木　能章

◉著者紹介

佐々木能章　SASAKI, Yoshiaki（ささき　よしあき）

一九五一年福島県生まれ。東京大学大学院博士課程単位取得退学。三重大学、横浜市立大学を経て、現在東京女子大学教授。

幼少時は大工にあこがれ、中学時代には数学や物理学に惹かれた。高校生の時の級友との語り合いと『三太郎の日記』とから人間に目が向き、大学で哲学を学ぼうと決意した。卒業論文は「ライプニッツの空間・時間論」で、その頃からライプニッツと付き合っていることになる。ライプニッツを選んだのは、あまりメジャーではなかったこと、文系にも理系にもまたがっていたこと、大きな書物がなかった(と思っていた)こと、私の第二外国語がフランス語だったこと、ちょっと読んでみた『モナドロジー』がさっぱりわからなかったこと、などなどである。その後もライプニッツを中心とした哲学・思想史の研究をする一方で、医療技術がもつ現代的意味についても考えている。最近は、四国遍路などの巡礼の意義について実践も含めた研究を楽しんでいる。

訳書に『ライプニッツ著作集』6・7宗教哲学『弁神論』上・下、8前期哲学、9後期哲学(8・9は共訳、工作舎 1989-91)、共編著に『ライプニッツを学ぶ人のために』(世界思想社 2009)などがある。

ライプニッツ術

発行日――二〇〇二年一〇月一〇日第一刷　二〇一〇年四月二〇日第二刷
著者――佐々木能章
エディトリアル・デザイン――宮城安総＋木村里美＋滝沢雅子＋平松花梨
印刷・製本――国際文献印刷社
発行者――十川治江
発行――工作舎　editorial corporation for human becoming
〒104-0052　東京都中央区月島1-14-7-4F
phone：03-3533-7051　fax：03-3533-7054
URL http://www.kousakusha.co.jp
e-mail：saturn@kousakusha.co.jp
ISBN978-4-87502-367-8

ライプニッツ著作集 全10巻

❖第35回日本翻訳出版文化賞受賞
❖監修＝下村寅太郎＋山本信＋中村幸四郎＋原亨吉
❖造本＝杉浦康平ほか／A5判／上製／函入
❖全巻揃　本体100453円＋税
❖各巻とも月報「発見術の栞」・手稿6葉・注・解説・索引付き

1 論理学

澤口昭聿＝訳Û
ライプニッツ生涯の企画書といわれる「結合法論」をはじめ、普遍学構想の基盤となる記号論理学の形成過程を追う。「普遍的記号法の原理」「理性の数学」など。
●416頁●本体10000円＋税

2 数学論・数学

原亨吉＋佐々木力＋三浦伸夫＋馬場郁＋斎藤憲＋安藤正人＋倉田隆＝訳
「普遍数学」の思想的背景、微積分学の創始、ホイヘンスやニュートンとの交渉など、1693年までの数学精神のダイナミズム。
●400頁●本体12000円＋税

3 数学・自然学

原亨吉＋横山雅彦＋三浦伸夫＋馬場郁＋倉田隆＋西敬尚＋長島秀男＝訳
幾何学、代数学にわたる主要業績をはじめ、デカルトを超える動力学の形成プロセス、光学などの自然学論考を集める。
●624頁●本体17000円＋税

4 認識論［人間知性新論…上］

谷川多佳子＋福島清紀＋岡部英男＝訳
イギリス経験論の主柱、ジョン・ロックに対して、生得観念、微小表象、無意識をもって反攻を開始する。
第1部「生得観念について」、第2部「観念について」
●344頁●本体8500円＋税

5 認識論［人間知性新論…下］

谷川多佳子＋福島清紀＋岡部英男＝訳
ロックの代弁者フィラレートとライプニッツの代弁者テオフィルの対話は、いよいよ認識論的論証の佳境に入る。
第3部「言葉について」、第4部「認識について」
●392頁●本体9500円＋税

6

宗教哲学［弁神論…上］

佐々木能章＝訳

ライプニッツの聡明な弟子にして有力な庇護者ソフィ・シャルロッテの追想のために刊行された一書。神の善性、人間の自由、悪の起源についての論証。

●352頁●本体8253円＋税

7

宗教哲学［弁神論…下］

佐々木能章＝訳

「なぜ神はこの世界に悪の侵入を許したのか?」——当時の流行思想家ピエール・ベールの懐疑論を予定説をもって論駁。

●356頁●本体8200円＋税

8

前期哲学

西谷裕作＋竹田篤司＋米山優＋佐々木能章＋酒井潔＝訳

「表出」の哲学を開示した「形而上学叙説」、「アルノーとの往復書簡」を軸に、1702年までの小品を収録。「観念とは何か」「自然の法則の説明原理」など。

●448頁●本体9000円＋税

9

後期哲学

西谷裕作＋米山優＋佐々木能章＝訳

ライプニッツ哲学のエッセンス「モナドロジー」をはじめ、ニュートンの代弁者クラークとの最晩年の論争まで、自然学と不可分の思想を編成。

●456頁●本体9500円＋税

10

中国学・地質学・普遍学

山下正男＋谷本勉＋小林道夫＋松田毅＝訳

イエズス会神父から得た「最新中国情報」、易のシステムに自ら創案した二進法を重ね合せた論考、普遍学へのプログラム。「中国自然神学論」「プロトガイア」など。

●336頁●本体8500円＋税

ライプニッツの普遍計画

◆E・J・エイトン　渡辺正雄＋原純夫＋佐柳文夫＝訳

一七世紀のドイツの哲学者にして数学者。歴史学、神学に通じ、政治家、外交官としても活躍した天才の生涯を丹念に描く。微積分の発見、二進法の考案、計算器の発明と多彩な業績も紹介。

●A5判上製●536頁●定価　本体5340円＋税

英仏普遍言語計画

◆ジェイムズ・ノウルソン　浜口　稔＝訳
曖昧性のない厳密な知識の獲得と交換を可能にし、人知の改善と増進を実現する言語の改革運動が一七世紀ヨーロッパを席捲する。究極の普遍言語を探る言語思想史の決定版。
●A5判上製●420頁●定価　本体4800円＋税

ペルシャの鏡

◆トーマス・パヴェル　江口　修＝訳
ライプニッツの弟子の手になる『批判的注釈』の発見が、主人公をもうひとつの可能的世界へ向かわせる。幻想の書と実在の書が照応しあい、読者の認識を多層化していく迷宮小説。
●四六判上製●168頁●定価　本体1800円＋税

バロックの神秘

◆エルンスト・ハルニッシュフェガー　松本夏樹＝訳・付論
ドイツの小教会に残る一七世紀の祭壇画。図像的解釈とシュタイナーの世界観を通して、当時のキリスト教カバラ＝薔薇十字思想の英知を読み解く。細密カラー図版四八頁収録。
●A5判上製●436頁●定価　本体8000円＋税

地球外生命論争1750—1900

◆マイケル・J・クロウ　鼓　澄治＋山本啓二＋吉田　修＝訳
謹厳な批判哲学者カントから天文学者ハーシェル、数学者ガウス、進化論のダーウィン、火星狂いのロウエルまで、地球外生命に託してそれぞれの世界観を戦わせた熱き論争の全容。
●A5判上製函入●1008頁●定価　本体20000円＋税

色彩論 完訳版

◆ヨーハン・ヴォルフガング・フォン・ゲーテ　高橋義人＋前田富士男他＝訳
文学だけではなく、感覚の科学の先駆者・批判的科学史家として活躍したゲーテ。ニュートン光学に反旗を翻し、色彩現象を包括的に研究した金字塔。世界初の完訳版。
●A5判上製函入●1424頁●定価　本体25000円＋税

ダーウィン

◆A・デズモンド＋J・ムーア　渡辺政隆＝訳
世界を震撼させた進化論はいかにして生まれたのか？　激動する時代背景とともに、思考プロセスを活写する、ダーウィン伝記決定版。英米伊の数々の科学史賞を受賞した話題作。
●A5判上製函入●1048頁●定価　本体18000円＋税